Ute Sonntag, Silke Gräser, Christiane Stock, Alexander Krämer (Hrsg.)
Gesundheitsfördernde Hochschulen

Gesundheitsforschung

Herausgegeben von
Bernhard Badura, Klaus Hurrelmann,
Alexander Krämer und Ulrich Laaser

Ute Sonntag, Silke Gräser, Christiane Stock,
Alexander Krämer (Hrsg.)

Gesundheitsfördernde Hochschulen

Konzepte, Strategien und Praxisbeispiele

Juventa Verlag Weinheim und München 2000

Die Deutsche Bibliothek - CIP-Einheitsaufnahme
Ein Titeldatensatz für diese Publikation ist bei
Der Deutschen Bibliothek erhältlich.

Umschlaggestaltung: Atelier Warminski, 63654 Büdingen
Umschlagfoto: Waltraud Schemmann-Brenneke, Bielefeld
Printed in Germany

ISBN 3-7799-1190-6

Inhalt

Ute Sonntag, Silke Gräser, Christiane Stock, Alexander Krämer
Vorwort ... 7

Klaus Landfried, Präsident der Hochschulrektorenkonferenz
Ein Grußwort ... 11

Gesundheitsfördernde Hochschule – Ansatzpunkte für Strategien und Konzepte

Agis Tsouros
Health Promoting Universities: concept and strategy ... 15

Peter Paulus
Netzwerk "Gesundheitsfördernde Schulen". Übertragbare Erfahrungen und Empfehlungen für ein Netzwerk "Gesundheitsfördende Hochschulen" ... 25

Ute Sonntag, Petra Kolip, Daria Knoch
Frauenspezifische Aspekte einer gesundheitsfördernden Hochschule ... 37

Die Hochschule als gesundheitsfördernder Betrieb

Burkhard Gusy, Dieter Kleiber
Programmatische Überlegungen zu betrieblicher Gesundheitsförderung an Hochschulen ... 53

Peter Franzkowiak
Gesundheitsberichterstattung im Setting Hochschule. Konzeption und Umsetzung ... 71

Eva Arnold
Gesundheitsförderung in der Hochschule durch hochschuldidaktische Qualifizierungsaktivitäten ... 80

Heinz Gastorf, Gundula Neukirchen
Gesundheit im Hochschulalltag aus studentischer Perspektive ... 90

Beiträge zum Forschungsstand

Annette Allgöwer, Christiane Stock, Alexander Krämer
Wie gesund leben Studierende? ... 105

Alexander Krämer, Luise Prüfer-Krämer, Jacques Tshiang Tshiananga, Christiane Stock
Gesundheitssurvey bei ausländischen Studierenden an der Universität Bielefeld ... 115

Christiane Stock, Alexander Krämer
Psychosoziale Belastung und psychosomatische Beschwerden von Studierenden. Ergebnisse einer Längsschnittstudie ... 127

Michael Sobhan-Sarbandi, Christiane Stock, Alexander Krämer
Die Rückengesundheit von Studierenden im Rahmen einer gesundheitsfördernden Hochschule ... 139

Wilfried Belschner
Welche Universitäten brauchen Studierende heute? ... 149

Beispiele guter Praxis

Mark Dooris
Promoting sustainable health within a university setting: a case study ... 163

Evelyne de Leeuw, Gerjo Kok, Frans Nijhuis
SalutUM – Universiteit Maastricht: a health-promoting university ... 170

Sabine Stiehler, Frank Nestmann
Das Dresdner Netzwerk Studienbegleitender Hilfen. Theorie und Praxis eines Modells präventiver Studentenberatung ... 175

Dietmar Chur
Zur Produkt- und Prozeßqualität universitärer (Aus-)Bildung ... 186

Silke Gräser
PsyBe: Ein Modell zur Gesundheitsförderung in der Studienabschlußphase ... 206

Hans-Jürgen Simm, Kristin Unnold
Personalentwicklung als Mittel der Gesundheitsförderung an der Universität Bielefeld ... 218

Verzeichnis der Autorinnen und Autoren ... 229

Ute Sonntag, Silke Gräser, Christiane Stock, Alexander Krämer

Vorwort

Gesundheitsfördernde Hochschulen - Ein Setting-Projekt

Der Begriff des Settings umschreibt ein soziales System. Gesundheitsfördernde Setting-Projekte haben zum Ziel, auf lokaler Ebene initiativ zu werden und dabei die Bedeutung der Rahmenbedingungen, unter denen die Menschen leben, arbeiten und lernen, angemessen zu berücksichtigen. "Ein Setting wird als ein Feld verstanden, das alle relevanten Umwelteinflüsse einer Bevölkerungsgruppe umfaßt....Der Setting-Ansatz ist darauf gerichtet, die Einfluß-, Beteiligungs- und Wahlmöglichkeiten der Menschen zu erhöhen und Optionen für Verhaltensalternativen zu schaffen, indem auf gesundheitsrelevante Rahmenbedingungen Einfluß genommen wird. Der Ansatz vermeidet, die Verantwortung für die Gesundheit einseitig an die betroffenen Individuen zu delegieren" (Grossmann & Scala, 1994).

Mit dem Projekt "Gesunde Städte" hat das europäische Regionalbüro der Weltgesundheitsorganisation (WHO) 1986 das erste Setting-Projekt ins Leben gerufen. Damit hatte die WHO einen bedeutenden Schritt getan, indem sie ihre bis dahin ausschließlich auf nationale Regierungen bezogene Verhandlungsebene auf kleinere soziale Einheiten verlagerte. Städte boten auf Grund ihrer Kleinräumigkeit besonders gute Voraussetzungen für gesundheitsfördernde Maßnahmen. Nach den großen Erfolgen und dem starken Interesse bei den Städten in aller Welt - heute arbeiten ungefähr 2.500 Städte und Gemeinden weltweit teilweise oder umfassend mit diesem Ansatz - avancierte der Setting-Ansatz zur Schlüsselstrategie zur Umsetzung von Projekten im Sinne der Ottawa-Charta (WHO, 1986). Es folgten die WHO-Projekte "Gesundheitsfördernde Schule", "Gesundheitsförderndes Krankenhaus" und "Gesundheitsfördernder Betrieb". Für jedes dieser Setting-Projekte wurde ein Netzwerk, sowohl in den beteiligten Ländern, als auch europaweit aufgebaut. Neuere Ansätze sind "Healthy Prisons", "Healthy Homes", "Healthy Islands" und "Healthy Villages", die jetzt um die "Health Promoting Universities" ergänzt werden.

Seit 1997 ist das Projekt "Health Promoting Universities" offiziell in das Arbeitsprogramm des "Gesunde Städte"-Projektes der WHO miteinbezogen. Ein Europäisches Netzwerk gesundheitsfördernder Hochschulen wird durch die WHO im Rahmen des "Gesunde Städte"-Programmes unterstützt und vorangetrieben (vgl. Tsouros et al., 1998). So wurden Kriterien und Strategien für ein europäisches setting-orientiertes WHO-Netzwerk "Health Promoting Universities" Mitte 1997 auf einem Round Table Gespräch in Lancaster, England, unter Beteiligung des deutschen Arbeitskreises "Gesundheitsfördernde Hochschule", weiterentwickelt. Seit einigen Jahren gibt es auch in Deutschland an einzelnen Hochschulen Ansätze zur gesundheitsfördernden Hochschule. Der Arbeitskreis

"Gesundheitsfördernde Hochschule", koordiniert durch die Landesvereinigung für Gesundheit Niedersachsen e.V., wurde 1995 gegründet. Hier sammelten sich Vertreterinnen und Verteter interessierter Hochschulen zu einem Erfahrungsaustausch mit dem Ziel, an den Hochschulen gesundheitsfördernde Lebens- und Arbeitsbedingungen zu initiieren und zu unterstützen. Am salutogenen Paradigma ausgerichtet, beschäftigt sich der Arbeitskreis mit den zentralen Fragestellungen:

- Welches sind die gesundheitsrelevanten Bedingungen an der Hochschule?
- Wie wird Gesundheit im Setting Hochschule hergestellt und aufrechterhalten?

Wichtige Zielsetzungen des Arbeitskreises sind die Vernetzung bestehender Projekte und die Beteiligung aller Gruppen, die in den Hochschulen arbeiten, lernen und lehren. Ziel ist es, eine strukturelle, aber auch individuelle Förderung von Gesundheit im Lebensraum Hochschule zu ermöglichen.

Die Hochschule ist Lebens- und Arbeitswelt für über 500.000 Beschäftigte und rund 1,8 Millionen Studierende in Deutschland. Als wichtige bildungspolitische Institution übernehmen Hochschulen die Ausbildung von MultiplikatorInnen, potentiellen Führungskräften und Entscheidungsträgern und -trägerinnen. In der Ottawa-Charta heißt es: "Die Art und Weise, wie eine Gesellschaft die Arbeit, die Arbeitsbedingungen und die Freizeit organisiert, sollte eine Quelle der Gesundheit und nicht der Krankheit sein." Eine Hochschule ist Bildungsinstitution und Unternehmen zugleich. Eine gesundheitsfördernde Hochschule muß demnach die Studierenden, die Lehrenden und die Beschäftigten im wissenschaftlichen und nicht-wissenschaftlichen Bereich gleichermaßen einschließen. Neben den "klassischen", oft vorwiegend verhaltensorientierten Feldern der Gesundheitsförderung wie Ernährung, Bewegung oder ergonomische Arbeitsplatzgestaltung sind in einem umfassenden Verständnis auch die hochschulspezifischen Lebenskontexte der Hochschulangehörigen in gesundheitsfördernden Hochschulen miteinzubeziehen.

Das Buchkonzept

Im Oktober 1998 hat der Arbeitskreis in Hildesheim die erste deutsche Fachtagung zum Thema "Gesundheitsfördernde Hochschule" durchgeführt, deren Beiträge eine Grundlage für diesen Band lieferten. Das vorliegende Buch ist die erste deutschsprachige Veröffentlichung in diesem Themenfeld und gibt einen umfassenden Überblick über den Stand der Diskussion, der Forschung und der bereits vorhandenen Praxisprojekte und -ansätze. Die Ministerin für Bildung und Forschung, EDELGARD BULMAHN, sowie der Präsident der Hochschulrektorenkonferenz, KLAUS LANDFRIED, nehmen zu Beginn eine kurze Einordnung und Bewertung des Ansatzes im Hinblick auf die Bildungs- und Hochschulpolitik vor.

Die ersten drei fachlichen Beiträge beschreiben den Gesamtentwurf "Gesundheitsfördernde Hochschule" sowie Ansatzpunkte und Strategien zur konkreten Umsetzung. AGIS TSOUROS, der Koordinator des Regionalbüros der WHO in Kopenhagen für das Netzwerk "Health Promoting Universities", skizziert in einem Grundsatzbeitrag Idee und Möglichkeiten der Umsetzung einer gesundheitsfördernden Hochschule im Sinne der WHO. PETER PAULUS, Evaluator des Netzwerkes "Gesundheitsfördernde Schulen", beschreibt die Dimensionen der Projektentwicklung und überträgt die dort gesammelten Erfahrungen im Projektmanagement auf das Setting Hochschule. UTE SONNTAG, PETRA KOLIP und DARIA KNOCH zeigen auf, warum und an welchen Stellen die Fragen nach geschlechtsspezifischen Differenzierungen sinnvoll sind.

Im zweiten Teil des Buches steht die Hochschule als gesundheitsfördernder Betrieb im Blickpunkt. BURKHARD GUSY und DIETER KLEIBER beschäftigen sich in ihrem Beitrag mit den Möglichkeiten, die Konzepte betrieblicher Gesundheitsförderung für das Setting Hochschule bieten. PETER FRANZKOWIAK stellt das Instrument der Gesundheitsberichterstattung vor und bewertet es im Hinblick auf hochschulpolitische Inhalte, Anwendungen und mögliche Probleme. EVA ARNOLD berichtet über ein Qualifizierungsprojekt für den akademischen Mittelbau, mit dem gesundheitsförderlicheres Lehren ermöglicht wird. Den Alltag einer gesundheitsfördernden Hochschule aus studentischer Sicht beleuchten HEINZ GASTORF und GUNDULA NEUKIRCHEN und leiten daraus konkrete Vorschläge zur Verbesserung ab.

Der dritte Teil des Buches schließlich gibt einen Überblick über aktuelle Forschungen und "Models of Good Practice". In vier Beiträgen werden Forschungsarbeiten der Arbeitsgruppe Bevölkerungsmedizin, Fakultät für Gesundheitswissenschaften an der Universität Bielefeld, zur Frage der gesundheitlichen Situation von Studierenden vorgestellt. ANNETTE ALLGÖWER, CHRISTIANE STOCK und ALEXANDER KRÄMER beschreiben die Ergebnisse einer Querschnittsstudie zur gesundheitlichen Lage von Studierenden. ALEXANDER KRÄMER, LUISE PRÜFER-KRÄMER ET AL. stellen eine Untersuchung zur gesundheitlichen Lage ausländischer Studierender vor. Eine Längsschnittstudie über die Auswirkungen verschiedener Belastungsquellen im Studienverlauf und mögliche Zusammenhänge mit psychosomatischen Beschwerden stellen CHRISTIANE STOCK und ALEXANDER KRÄMER vor. Der Beitrag von MICHAEL SOBHAN-SARBANDI, CHRISTIANE STOCK und ALEXANDER KRÄMER widmet sich der Zunahme von Rückenbeschwerden und Interventionsmöglichkeiten zur Förderung der Rückengesundheit. Abgerundet wird der Forschungsteil mit einer Studie von WILFRIED BELSCHNER von der Universität Oldenburg zur Frage, welche Art von Universität für verschiedene Typen von Studierenden mit ihren unterschiedlichen Anforderungen an Hochschule benötigt wird.

Beispiele guter Praxis aus dem europäischen Ausland und aus Deutschland sind an das Ende des Buches gestellt, um einen Ausblick in Praxismöglichkeiten zu geben, die in Zukunft sicherlich in vielfältiger Weise weitergeführt und ausgebaut werden. Die ersten beiden Beispiele beschäftigen sich mit dem Projekt einer gesundheitsfördernden Hochschule. MARK DOORIS, Koordinator einer der am weitesten gediehenen "Health Promoting University" in Lancashire, beschreibt die Aufbauarbeit und das konkrete Projekt. EVELYNE DE LEEUW, GERJO KOK UND FRANS NIJHUIS skizzieren den Ansatz, den die Universität Maastricht verfolgt. Die Zielgruppe der Studierenden steht im Mittelpunkt der drei folgenden Praxisbeispiele. So berichten SABINE STIEHLER und FRANK NESTMANN von einem Modell präventiver Studienberatung an der Universität Dresden. DIETMAR CHUR beschreibt das Heidelberger Projekt zur Vermittelung von Schlüsselkompetenzen und bezieht die Diskussion um Qualitätsstandards auf einen gesundheitsfördernden Lehr-Lern-Prozeß. Ein Projekt an der Universität Oldenburg, das die Umsetzung gesundheitsfördernder Maßnahmen in der mit besonderen Belastungen verbundenen Studienabschlußphase beinhaltet, von SILKE GRÄSER dargestellt. KRISTIN UNNOLD und JÜRGEN SIMM berichten schließlich von Konzeption und praktischer Umsetzung eines integrierten Ansatzes zur betrieblichen Gesundheitsförderung an der Universität Bielefeld.

Die HerausgeberInnen hoffen, daß dieses Buch zur Nachahmung einlädt und viele Impulse für eine gesundheitsfördernde Hochschulpolitik und -praxis gibt.

Literatur

Grossmann R & Scala K (1994). Gesundheit durch Projekte fördern. Juventa, Weinheim

Tsouros A, Dowding G, Thompson J, Dooris M (1998). Health Promoting Universities – Concept, experience and framework for action. WHO Regional Office for Europe, Copenhagen

WHO (1986). Die Ottawa-Charta In: Trojan A & Stumm B (1992). Gesundheit fördern statt kontrollieren. Fischer, Frankfurt am Main, 84-92

Klaus Landfried
Präsident der Hochschulrektorenkonferenz

Ein Grußwort

"(Orandum est, ut sit) mens sana in corpore sano".

So unwissend, wie Juvenal die Menschen sah, und es deshalb den Göttern überlassen wollte, was ihnen nützlich und passend ist, sind wir sicherlich nicht mehr.

Immer mehr Menschen lernen zu erkennen, daß auch ihr intellektuelles Leistungsvermögen nicht unwesentlich von ihrer körperlichen Leistungsfähigkeit abhängt. Das gilt auch für die in der Hochschule Tätigen – sowohl für die Studierenden als auch für die Beschäftigten, sogar für die Wissenschaftler und Wissenschaftlerinnen...

Diese Einsicht gilt es in einer Zeit wie der unsrigen, in der das berufliche Leben stärker den je von Wettbewerbssituationen geprägt wird, in besonderer Weise umzusetzen. Die Hochschulen in der Bundesrepublik Deutschland spüren dies seit längerem. Sie sind keine Elfenbeintürme mehr, sondern Teil und Spiegelbild der Gesellschaft. Sie stehen im Wettbewerb mit anderen Politikbereichen um knappe öffentliche und private Geldmittel. Die früher uneingeschränkte Leistungsvermutung zu ihren Gunsten ist der kritischen Nachfrage über die optimale Verwendung der ihnen zugewandten Mittel gewichen. Hochschulen müssen heutzutage und künftig Staat und Gesellschaft von der Notwendigkeit, Wichtigkeit und Qualität ihrer Leistungen in Forschung, Lehre und Studium sowie den Dienstleistungen überzeugen und nachweisen, daß sie ihrerseits alle Möglichkeiten der Effizienz- und Effektivitätssteigerung ausgeschöpft haben.

Diese Effizienzsteigerung ist also kein Selbstzweck. Ziel ist vielmehr, die in den Hochschulen vorhandenen Innovationspotentiale noch stärker als bisher zu motivieren, um die Qualität ihrer Leistungen nicht nur zu erhalten, sondern zu verbessern und somit im Wettbewerb bestehen zu können.

Die deutschen Hochschulen begreifen diese Entwicklung als Herausforderung, nicht als Niedergang. Sie haben diese Herausforderung zur Innovation angenommen: Ihre Reformprojekte umfassen Bereiche wie Veränderung der Binnenstruktur, Verwaltungsmanagement, leistungs- und belastungsorientierte Mittelverteilung, Strategiebildung und Zielvereinbarung (mit Profilbildung) im Innern wie mit dem Staat, Evaluation von Forschung *und* Lehre, Einführung modularisierter Studiengänge, Multimedia-Einsatz, Absolventenbetreuung und Öffentlichkeitsarbeit.

Jede, aber erst recht die wettbewerbsorientierte Hochschule muß eine gesundheitsfördernde Hochschule sein. D.h. bei der Schaffung gesundheitsfördernder Arbeits- und Umweltbedingungen für Beschäftigte und Studierende, bei der Integration von Inhalten der Gesundheitsförderung in Lehre und Forschung sowie bei der Verbreitung gesundheitsfördernder Ideen handelt es sich nicht nur um eine individuelle, sondern auch um eine institutionelle Aufgabe. Dies gilt es, bei der Reform der Strukturen und der Arbeits- und Willensbildungsprozesse der Institution "Hochschule" zu beachten.

Ich begrüße deshalb das Buchprojekt "Gesundheitsfördernde Hochschulen", bitte für die Umsetzung der Ergebnisse um Unterstützung in den Hochschulen, der Politik und der Gesellschaft und wünsche gutes Gelingen.

Gesundheitsfördernde Hochschule
- Ansatzpunkte für Strategien und Konzepte -

Agis D. Tsouros

Health Promoting Universities: concept and strategy

Introduction

Universities can do many things to promote and protect the health of students and staff, to create health-conducive working, learning and living environments, to protect the environment and promote sustainability, to promote health promotion in teaching and research and to promote the health of the community and to be a resource for the health of the community. The challenge is to develop health-promoting university projects that encourage all these aspects. There is considerable enthusiasm for and interest in the concept of the health-promoting university. Demand for guidance is also growing. WHO published in 1998 a book that explores, visualises and develops the health-promoting potential of universities using the settings-based approach to health promotion (Tsouros et al., 1998).

Universities committed to the principles of Health for All and sustainable development can be a tremendous asset to their staff and students, to the communities in which they are located and to the wider society where their students and trainees will eventually assume professional roles. The approach and guidance offered in the WHO book were firmly rooted in the principles of Health for All and sustainable development, the Ottawa Charter for Health Promotion and the theory of and experience with settings-based projects. Introducing such concepts as the settings approach to health promotion and organizational development for health promotion could be impossible without first grasping health in its broadest sense. Indeed, broadening the understanding of health among university executives and academic disciplines is a crucial step in any attempt to introduce and encourage comprehensive health-promoting university projects.

This book was mainly the result of two key events: the First International Conference on Health Promoting Universities, in 1996, which was organised by Lancaster University in collaboration with the WHO Regional Office for Europe, and a WHO round table meeting on the criteria and strategies for a new European Network of Health Promoting Universities in 1997. The WHO support and input was provided through the Healthy Cities Project Office (Part of the WHO Centre for Urban Health).

Developing the concept and the strategic approach

The concept of the health-promoting university is powerful. The challenge is to give it, from the very start, a broad and strategic scope, objectives that reflect the philosophy and principles of Health for All and sustainability and tools that are appropriate for a settings-based approach to health promotion. The concept of the health-promoting university means much more than conducting health education and health promotion for students and staff. It means integrating health into the culture, processes and policies of the university. It means understanding and dealing with health in a different way and developing an action framework that blends such factors as empowerment, dialogue, choice and participation with goals for equity, sustainability and health-conducive living, working and learning environments. Universities can potentially develop into model health-promoting settings. They have the intellectual capacities, the skills, the authority and the credibility for this purpose. Universities are also a valuable resource for the communities in which they are located. Investing in the health-promoting university is above all an investment in the future.

The strategies and experience of Healthy City projects can be used as a reference framework for developing the concept of health-promoting university projects. The following aspects thus need to be defined and developed:

- aim and mission statement
- philosophy and principles
- objectives
- the qualities of the health-promoting university
- processes for change and development
- expected outcome
- monitoring and evaluation
- project infrastructure
- project leadership and management
- start-up process.

The 10 qualities of a healthy city (Tsouros, 1991) have contributed significantly in explaining and developing the Healthy Cities project. Implementing strategies based on settings for health promotion and Health for All requires explicit political commitment, enabling infrastructure, openness to innovation and institutional reform, broadly based ownership and effective leadership.

Why universities should get involved?

Universities that become involved in health-promoting university projects may obtain several benefits, including improving their public image, the profile of the university, the welfare of students and staff and working and living conditions.

Public image
Environmental and health standards are becoming more highly valued as the twenty-first century approaches.

The profile of the university
A project raises the profile of a university in all health matters locally, regionally, nationally and internationally.

The welfare of students and staff
A project identifies the strengths and weaknesses of the organization in staff and student welfare and improves the opportunities for both students and staff to improve their health.

Working and living conditions
A project improves the environments in which people work and study, live and socialize.

The aims

The aims of the Health Promoting Universities project are based on the philosophy and principles of the WHO strategy for Health for All in the 21st century (WHO Regional Office for Europe, 1999), the Ottawa Charter for Health Promotion (1986a; 1986b) and local Agenda 21 (United Nations, 1992). In particular, the principles of health development, equity, sustainability and solidarity represent the pillars of the health-promoting university, and these are underpinned by intersectoral and interdisciplinary co-operation and mechanisms for participation and empowerment.

The main challenge and goal of the health-promoting university is to integrate health into the culture, structures and processes of the university. The health-promoting university aims:

- to create healthy working, learning and living environments for students and academic and non-academic staff;
- to increase the health promotion aspects of teaching and research;
- and to develop health promotion links with and to support health development in the community.

The qualities of the health-promoting university

Promoting the merits of the Health Promoting Universities project to laypeople and also to university executives, students and staff who are not familiar with modern approaches to health promotion is often challenging. As in the Healthy Cities project, it is generally useful to describe any given healthy (health-promoting) setting in terms of a set of qualities rather than just principles and strategies. A health-promoting university should strive to manifest characteristics that reflect its commitment and investment in health. These characteristics or qualities are the practical and successful achievement of the objectives and should be visible and evident to students, staff and the community. A health-promoting university should:

- demonstrate a clear commitment to health, sustainability and equity in its mission statement and policies and also equal opportunities in all spheres of university activity;
- offer clean, safe and health-conducive physical environments and sustainable practices that minimise the health and environmental impact of the university at the local, regional and global levels;
- provide high-quality welfare, medical and health-related support services that are sensitive to the needs of all students and staff;
- provide opportunities for everyone in the university to develop healthy and useful personal and life skills, including responsible global citizenship;
- make available social, leisure, sports and cultural facilities that reflect the diverse composition of the student population and offer healthy choices at every opportunity;
- promote a high level of participation by students and staff in the decisions that affect their learning, working and social experiences;
- encourage interest in and incentives for promoting health in curriculum development and research across disciplines and departments;
- create mechanisms that facilitate effective listening and communication horizontally and vertically throughout the university, between students and staff, among the students and among the staff;
- and comprise a resource of valuable skills and expertise for the local community and be a willing partner in developing health.

This list represents a framework. Each university can develop lists of qualities and indicators to market and monitor the progress of its own project. Further, a health-promoting university is not one that has achieved a particular level of health; it is one that is conscious of health and striving to improve it.

The process

The experience of other WHO projects has confirmed that organizational development requires time, energy, commitment and skills. The process involves four elements (WHO Regional Office for Europe, 1997):

- generating visibility - increasing the profile and understanding of health issues;
- securing commitment by senior-level management - placing health and sustainability high on the agenda of decision-makers and securing their commitment;
- institutional and cultural changes - embedding the principles and aims of the project into the organizational structures and culture and developing the organization's capacity and ability to maintain and promote health;
- and innovative action for health promotion and sustainability - implementing healthy policy and health promotion interventions that emphasize the interconnected relationships between people, environments, lifestyles and health.

Project management and coordination

Effective leadership and good project management are essential. Projects are an important means of achieving change and tools for dealing with uncertainty and building alliances (Tsouros, 1995; Hastings, 1993; Grossmann & Scala, 1993). Health-promoting universities should establish internal structures to develop and implement the project, including:

- a project steering group;
- a project coordinator;
- and a clearly defined role for health-related support services and other potential stakeholders.

The steering group

A steering group should be established to provide legitimacy and leadership for the project within the university.

Terms of reference
The steering group should be responsible for providing the leadership, vision and drive needed to take the project forward. The steering group may allocate certain tasks to various working groups but should retain overall responsibility for directing and implementing the project.

Membership and representation
The steering group should have representatives from both students and staff (academic and non-academic). It should involve:

- the top decision-makers of the university, including representatives of the key executive committees of the university;
- representatives from a range of functions and sections of the university whose activities influence health;
- representatives of those whose health is affected by the decisions made in the university;
- specialists or experts in key areas to be tackled: for example, specialists in health promotion or public health;
- representatives of the local community;
- and representatives of other stakeholder agencies such as the local health care services, health-related support services, religious and spiritual leaders and the local business community.

Accountability
The steering group should be integrated with and linked, where appropriate, to other senior executive committees of the university.

Working groups and task forces
Subgroups may be set up for leading specific programme areas and for carrying out specific pieces of work and should report back to the steering group.

Administrative support
Adequate administrative support should be provided to enable the steering and working groups to run efficiently and effectively.

The project coordinator

A project coordinator should be appointed or nominated as a visible symbol of the university's commitment to the project and should be responsible for advising the steering group and managing and coordinating the overall project.

Profile
The project coordinator should preferably be full time, especially in the start-up period, and in any case no less than 50% full-time equivalent. It is advisable that the project coordinator have a background in social, health or environmental sciences with experience and expertise in public health or health promotion based on the principles of Health for All. Due consideration should be given to the profile of the project coordinator within the university.

Organizational base
The project's base should be clearly located in the university. The project may be based within administration or within an academic department. In any case, the remit of the project should span across both areas and have clear links established to both. The resources for the project may stem from a variety of sources. Whatever the source of funding, the project must be based in the university.

Responsibilities
The project coordinator's main responsibilities should include:

- managing and coordinating the action undertaken by the project;
- advising the steering group on best practice in health promotion;
- facilitating high visibility of the project;
- maintaining links with networks of health-promoting universities;
- and communicating and disseminating the outcome of the project internally and externally.

Creation of a WHO European Network of Health Promoting Universities

The European Network will consist of a limited number of designated universities that are fully committed to implementing the project for five years. The development of complementary networks at the national and international levels will also be encouraged. These will be for universities that are interested but not necessarily fully committed to implementing all aspects of the project. A quota system of universities for each European country to encourage broad geographical and political representation in the European Network, is recommended. In the first phase the total number of WHO designated health-promoting universities is expected to grow from a handful to around 25 in the first phase.

Criteria for membership
Universities will be invited by WHO to become partners in the European Network subject to a set of criteria for membership as outlined later. Those meeting the criteria will be designated as health-promoting universities. It is recommended that a lower level of commitment be required for membership of national or subnational networks through a set of minimum criteria based on a similar format to the criteria for the WHO European Network.

Nature of the European Network
In some of the other networks of health promotion settings, such as Health Promoting Schools, organizations are linked to the network via a national agency. In the European Network of Health Promoting Universities, designated universities will participate directly in the European Network and in national or subnational networks.

Links between the European Network and national and subnational networks
In the first phase, the designated universities will be expected to:

- lead in creating national or subnational networks;
- provide a link between the European Network and national or subnational networks;
- and assist in identifying support centres for national or subnational networks.

When more than one university is designated to participate in the European Network in one country, they will be expected to agree on a framework for sharing these responsibilities.

Auditing network members
The WHO Regional Office for Europe or a qualified WHO collaborating centre will assess the initial applications for membership and will designate universities as members of the European Network. The work of European Network members will be evaluated at appropriate intervals by a combination of external and peer auditing mechanisms.

Support for the European Network
The European Network will function via business meetings and conferences, communication and information exchange means, which will require developmental support through various mechanisms and systems. The available options depend on the availability of resources and the interest and offers by institutions willing to play a supportive role. The resources needed depend on the size and the intensity of the European Network.

The role of WHO
The project will be an integral part of the WHO Urban Health/Healthy Cities programme. WHO will seek to:
- identify core funding for the Health Promoting Universities project;
- provide leadership, political and strategic support;
- coordinate and technically support the development of the project and the coordination of the European Network or delegate this to an interested institution or WHO collaborating centre;
- and make links with the European Union, national governments and nongovernmental organizations.

Standards for the health-promoting university: criteria for membership of the European Network

Universities applying to become designated universities in the European Network will be required to make a commitment to:

- become involved in a process of change for health for five years; and
- network with WHO and other designated universities during that time.

Designated universities will be required to demonstrate that they are committed to the philosophy, aims and objectives of the project, have an organizational structure to implement a project, are committed to implementation and are committed to networking.

Commitment to the philosophy, aims and objectives
The chief executive officer of the university should prepare a policy statement that is ratified by the university senate or equivalent body.

Organizational structure for a health-promoting university project
The university must have a clear internal project structure based on interdisciplinary and interdepartmental collaboration to implement the goals of the project. A steering group should be designated whose core membership involves:

- key decision-makers and senior managers in the university;
- student and staff representatives;
- representatives of the local community and other stakeholder agencies.

A project coordinator should be appointed to coordinate the project. This post should be at least half time with appropriate support and a clearly defined base and job description. The role of health and health-related support services in the project should be clear. Resources should be reallocated to the project or new resources should be identified. Mechanisms should be established to ensure that the project is accountable to the university community.

Commitment to implementation
The university must be able to demonstrate plans to implement the goals, products and organizational changes required by the project, including:

- developing and adopting a health development and sustainability policy, strategy and implementation plan for the entire university;
- assessing the health needs of the university, especially emphasising the needs of disadvantaged groups and ethnic minorities and preparing a university health profile;
- formulating and implementing several clearly defined interventions in health promotion and sustainability;
- and designing and implementing an evaluation strategy that runs parallel with the project.

Commitment to networking
The university must be committed to:

- participating in the project business meetings and conferences and hosting these events in turn;
- investing in formal and informal partnerships and cooperation for health at the local, national and international levels;
- assisting in developing national or subnational networks;
- and reporting back regularly to WHO and the European Network and actively sharing information and experience with other universities in the European Network.

Example of a timetable for a health-promoting university

A health-promoting university project should prepare a timetable for action for the first five years of the project. The following is an example of such a timetable. In the first year, the project should:

- create an established infrastructure to implement the goals of the health-promoting university;
- adopt an internal policy statement of the aims and objectives of the health-promoting university project and widely publicize it internally and externally;
- assess the health needs of the university population, especially emphasizing the needs of disadvantaged groups; publish a health profile of the university (and a new profile every two years), based on a consensus of indicators that reflect the health of the university;
- and establish an evaluation framework and identify an evaluating body

During years two to five, the project should:

- adopt a comprehensive health and sustainability policy and strategy for action;

- review and reform existing health promotion activity;
- design and implement several clearly defined interventions that clearly address the objectives of the health-promoting university project;
- publish annual reports on the progress of the health-promoting university project.

Epilogue

It is very encouraging that since the publication of WHO Health Promoting Universities book, numerous universities from around Europe have expressed keen interest to become members of the first WHO European Health Promoting Universities network.

References

Grossmann R & Scala K (1993). Health promotion and organisational development: developing settings for health. Vienna, IFF/Health and Organisational Development, (WHO European Health Promotion Series, No 2), WHO Regional Office for Europe, Copenhagen

Hastings C (1993). The new Organisation - growing the culture of organisational networking. McGraw-Hill, London

Ottawa Charter for Health Promotion (1986a). Health Promotion Int, 1 (4):iii-v Ottawa-Charter for Health Promotion (1986b). Can J Public Health, 77 (6):425-430

Tsouros AD (1995). Healthy Cities: state of the art and future plans. Health Promotion Int, 10 (2):133-141

Tsouros AD, Dowding G, Thompson J, Dooris M (1998). Health Promoting Universities: Concept, experience and framework for action, WHO Regional Office for Europe, Copenhagen

Tsouros AD (1991). World Health Organisation Healthy Cities project: a project becomes a movement. FADL Publishers and Milan, SOGESS, Copenhagen

United Nations (1992). Agenda 21: Earth Summit - the United Nations Programme of Action from Rio. United Nations, New York

WHO Regional Office for Europe (1999). Health 21-Health for All in the 21st century. (European Health for All series No. 6). WHO Regional Office for Europe, Copenhagen

WHO Regional Office for Europe (1997). Twenty steps for developing a healthy cities project (3rd edition). WHO Regional Office for Europe, Copenhagen

Peter Paulus

Netzwerk "Gesundheitsfördernde Schulen"

Übertragbare Erfahrungen und Empfehlungen für ein Netzwerk "Gesundheitsfördernde Hochschulen"

Einleitung

Im April 1998 fand am Weltgesundheitstag in Bonn eine Veranstaltung zum 50jährigen Bestehen der Weltgesundheitsorganisation (WHO) statt. Das Thema der Tagung lautete: "Netzwerke der Gesundheitsförderung in Deutschland" (vgl. Bundesvereinigung für Gesundheit & Deutsche Koordinierungsstelle für Gesundheitswissenschaften, 1998). Es zeigte sich, daß es mittlerweile eine erkleckliche Anzahl von Netzwerken zur Gesundheitsförderung in Deutschland gibt, die zumeist in umfassendere europäische Netzwerke der Gesundheitsförderung, wie z.B. in das der gesunden Städte, der gesundheitsfördernden Krankenhäuser bzw. Schulen oder auch der Gesundheitsförderung im Betrieb eingebunden sind. Es war aber auch wahrnehmbar, daß diese Netzwerke weitgehend allein für sich arbeiten und nicht oder nur in sehr geringem Umfang ihre Erfahrungen untereinander austauschen. Es fehlte dazu allerdings auch an Gelegenheiten. Erst zwei Jahre zuvor, im Oktober 1996, hatte die WHO-Konferenz "Networking for Health" erstmals Vertreterinnen und Vertreter verschiedener europäischer Netzwerke (Regions for Health in Europe, Healthy Cities, Health Promoting Hospitals, Baby-Friendly Hospitals, Health Promoting Schools und CINDI - Countrywide Integrated Noncommunicable Diseases Intervention) zu einem Erfahrungsaustausch über Inhalte, Probleme und Perspektiven des Networking zusammengeführt (vgl. World Health Organization, 1997).

Auf der Bonner Veranstaltung entstand weiterhin der Eindruck, daß jedes dieser Netzwerke auch wenig Kontakt nach außen, z.B. in die Gemeinde oder in die kulturell-politische Öffentlichkeit hinein hat. Ihre Bekanntheit reicht kaum über begrenzte Experten- und Insider-Zirkel hinaus. Zumeist nur anläßlich der von Zeit zu Zeit stattfindenden "Events" (z.B. Tagungen, Gesundheitsmärkte, Gesundheitstage) finden sie in der Presse Aufmerksamkeit. Das ist zu bedauern. Denn damit aus den "Modellen guter Praxis", die oft nur projektgebunden finanziert sind, eine "Praxis guter Modelle" werden kann, die nachhaltig wirksam ist, braucht die Gesundheitsförderung geeignete politische und die damit oft verknüpften angemessenen finanziellen Rahmenbedingungen. Mit weitestgehender medialer Abstinenz, mit kaum entwickelter und wenig professioneller Öffentlichkeitsarbeit wird ihre Botschaft keine Resonanz und Unterstützung finden. Wie die Gesundheitsförderung in der Gesundheitsreform 1997 durch Gesundheitsminister Seehofer gegen das fast einhellige Expertenvotum "abgewickelt" werden konnte, hat diese Schwäche der Gesundheitsförderung deutlich gezeigt. Vielleicht gelingt es beim Aufbau eines Netzwerkes "Gesundheitsfördernde Hochschulen", daß zumindest ein Transfer des Wissens und der Erfahrungen aus anderen Netzwerken der Gesundheitsförderung geleistet werden kann. Das wäre ein Schritt zu einem praktizierten "Networking the Networks", das über den angesprochenen Erfahrungsaustausch, wie er üblicherweise auf Kongressen stattfindet, hinausgeht. Vielleicht gelingt auch mit dem entstehenden Netzwerk etwas mehr an Außenwirkung für die Gesundheitsförderung insgesamt.

Aus Sicht der gesundheitsfördernden Hochschule ist neben dem Gesunde Städte Netzwerk und dem auf der Konferenz nicht vertretenen Europäischen Netzwerk zur Gesundheitsförderung im Betrieb sicher das Europäische Netzwerk "Gesundheitsfördernde Schulen" dasjenige, von dem die gesundheitsfördernde Hochschule im Erfahrungsaustausch noch am ehesten etwas lernen kann (Burgher et al., 1999; Abb. 1). Schule und Hochschule sind beides Bildungsinstitutionen, die bei aller Verschiedenheit viele organisatorische Gemeinsamkeiten aufweisen. Gleichwohl sind auch Erfahrungen aus dem Bereich betrieblicher Gesundheitsförderung von nicht zu unterschätzender Bedeutung, denn Hochschule wie Schule sind auch Betriebe, bieten Arbeitsplätze für viele tausende Beschäftigte und zumindest die Hochschulen stellen in ihren Regionen oft bedeutende Wirtschaftsfaktoren dar. Die Verknüpfung von Hochschule und Schule mit der Stadt, dem Stadtteil, der Gemeinde und der Region liegt damit auf der Hand. Eine gesundheitsfördernde Stadt muß ihre Schulen und Hochschule(n) als Ressourcen mit einbeziehen. Umgekehrt stellt sie aber auch eine wichtige Ressource für eine gesundheitsfördernde Schule bzw. Hochschule dar, wenn es darum geht, KooperationspartnerInnen zu finden und Aktionen zu verwirklichen, die die Verzahnung von (Hoch-)Schule thematisieren, wie z.B. der sichere Schulweg oder der umweltfreundliche Weg zur Hochschule.

Netzwerk als Settingansatz

Was unter einer gesundheitsfördernden Hochschule zu verstehen ist, ist nicht klar, weil unter Gesundheitsförderung unterschiedliche Konzepte und Strategien subsumiert werden (Becker 1997; Trojan et al., 1997; Waller, 1997). Bevor man also danach fragt, welche Erfahrungen und welche daraus abgeleiteten Empfehlungen aus dem Bereich der gesundheitsfördernden Schule weitergegeben werden können, ist eine Klärung notwendig. Sonst nutzt man möglicherweise die gleichen Begrifflichkeiten, meint aber nicht dasselbe damit oder umgekehrt. In jedem Fall schafft dies nur Verwirrung in der Kommunikation. Für das entstehende Netzwerk "Gesundheitsfördernde Hochschulen" bedeutet dies zunächst, einen Selbstklärungsprozeß zu vollziehen. Für eine klare Kommunikation nach innen zwischen Konzeptentwicklerinnen und Projektmitarbeitern, aber auch für die Kommunikation nach außen mit möglichen Partnerinnen, Sponsoren oder anderen Netzwerken der Gesundheitsförderung sind klare Positionsbestimmungen hilfreich und auch notwendig. Dies ist eine der Erfahrungen aus dem Netzwerk "Gesundheitsfördernde Schule", die schon vorab weitergegeben werden kann: Konzeptionelle Unklarheiten führen zu wenig überzeugenden Umsetzungen bzw. Ergebnissen.

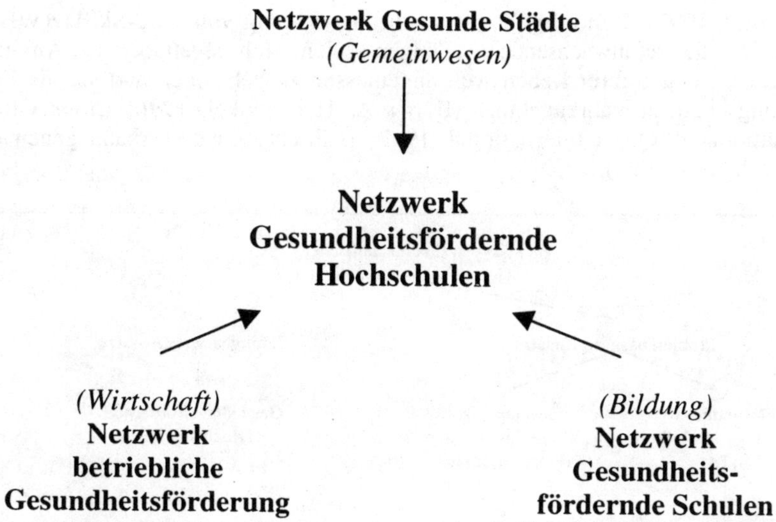

Abb. 1 Das Netzwerk "Gesundheitsfördernde Hochschulen" im Kontext anderer Netzwerke der Gesundheitsförderung

Das Netzwerk "Gesundheitsfördernde Schulen", von dessen Erfahrungen hier zu berichten ist, hat den Settingansatz der Gesundheitsförderung zu seiner Grundlage gemacht (Baric, 1992) und davon ausgehend Konzeptionen entwickelt (Barkholz & Paulus, 1998; Barkholz et al., 1998; Paulus, 1999). In zwei Modellversuchen, die jeweils von der Bund-Länder-Kommission (BLK) gefördert worden sind, haben Schulen aus allen Bundesländern bis auf Bayern an der Entwicklung und Umsetzung gearbeitet. Der Modellversuch Netzwerk Gesundheitsfördernde Schulen lief von 1993-1997, im letzten Jahr an ca. 100 Schulen. Für die Jahre 1997-2000 ist mit OPUS (Offenes Partizipationsnetz und Schulgesundheit - Gesundheitsförderung durch vernetztes Lernen) ein weiterer Modellversuch genehmigt worden. An ihm nehmen zur Zeit ca. 300 Schulen teil.

In Anlehnung an eine Unterscheidung, die auf Leo Baric (1992) zurückgeht, kann der in den Modellversuchen erprobte setting-basierte Ansatz von problembasierten Ansätzen schulischer Gesundheitsinterventionen abgegrenzt werden. Die folgende Abbildung (s. Abb. 2) macht diese Unterscheidung deutlich. Sie läßt sich auch leicht auf den Hochschulbereich übertragen.

Die problembasierten Ansätze wählen gesundheitsproblematisches Verhalten als ihren Ausgangspunkt. Traditionelle Ansätze der Gesundheitserziehung und -aufklärung, die Risikofaktoren ins Zentrum rücken, versuchen, personbezogen ein angemessenes Gesundheitsbewußtsein, -wissen, -verhalten und problembewußte Einstellungen zu erzeugen. Die dabei häufig praktizierte "Zeigefingerpädagogik" und "Abschreckungsdidaktik" war allerdings nur wenig erfolgreich. Ansätze, die als neue Prävention bezeichnet werden können, haben sich als wirksamer erwiesen. Sie nutzen moderne gesundheitswissenschaftliche Erkenntnisse über kognitiv vermittelte Verhaltenssteuerung und -kontrolle auf der Grundlage differenzierter kognitionspsychologischer Modelle (Dlugosch, 1994;

Schwarzer, 1997). Zentral geht es um die Ausbildung von Life-Skills (WHO, 1994), die die Heranwachsenden befähigen sollen, sich gegenüber den An- und Herausforderungen ihrer Lebenswelt angemessen zu behaupten und sie als Entwicklungschancen wahrzunehmen (Burow & Hanewinkel, 1996; Lions Clubs International & Quest International, 1997; Badischer Landesverband gegen die Suchtgefahren, 1998).

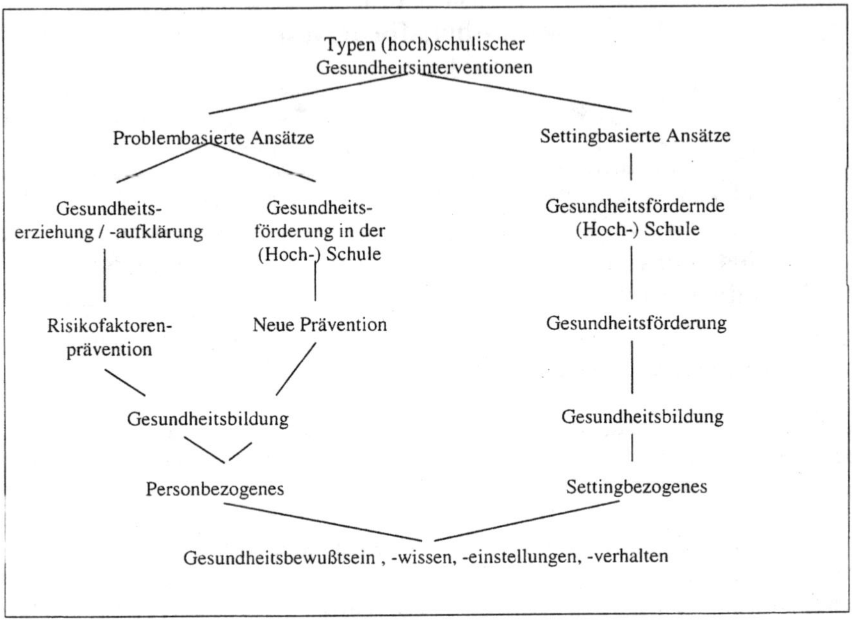

Abb. 2 Typen (hoch)schulischer Gesundheitsinterventionen

Settingbasierte Ansätze fokussieren demgegenüber "die Rahmenbedingungen, unter denen Menschen leben, lernen, arbeiten und konsumieren" (Grossmann & Scala, 1996). Sie richten ihre Interventionen deshalb auf soziale Systeme und nicht auf einzelne Menschen mit ihrem persönlichen Gesundheits- bzw. Risikoverhalten. Relevant ist im Settingansatz vielmehr das settingbezogene Gesundheitsbewußtsein und -wissen. Es geht um gesundheitsbezogene Einstellungen und Verhaltensweisen, die im Setting von Bedeutung sind. Der settingbezogene Ansatz ist sowohl ein entwicklungsbezogener als auch ein organisationsbezogener Ansatz. Beide Aspekte verbinden sich im Konzept der Organisationsentwicklung (Pelikan et al., 1993).

Schulen, die im Settingansatz Gesundheit zum Thema ihrer Schule machen wollen, sind aufgerufen, sich als Organisation so zu verändern, daß sie den in ihr Lehrenden, Lernenden und anderweitig Tätigen einen gesünderen Arbeits- und Lernplatz bieten können. Insofern ist dieser Ansatz auch ein Personalentwicklungsansatz. Gesundheitsbildung, dies sei noch hinzugefügt, kann je nach ihrem Selbstverständnis einer der beiden Interventionsformen zugeordnet werden (Homfeldt, 1994; Blättner, 1998).

Entwicklungsbezogener Ansatz

In dem Netzwerk "Gesundheitsfördernde Schulen" sollten interessierte Schulen darin unterstützt werden, sich zu Gesundheitsfördernden Schulen zu entwickeln. Dazu ist ein Modell der "Schritte der Gesundheitsfördernden Schule" entwickelt worden (Paulus, 1995). Schulen bzw. Schulprojektteams oder ProjektkoordinatorInnen in den Schulen ist damit ein Leitfaden zum Vorgehen an die Hand gegeben worden, der sich für die Schulen als hilfreich erwiesen hat. In diesem Konzept der "Schritte" entwickeln sich die Schulen auf zweierlei Weise. Sie schaffen sich Strukturen bzw. neue Strukturelemente, die die Realisierung von Projekten begünstigen (z.B. Projektteams, Runde Tische, Arbeitsgruppen) und sie verwirklichen Projekte, die dauerhaft die Schule als Setting verändern können. Diese neuen Strukturen sind in sich selbst gesundheitsförderlich, denn sie basieren auf Prinzipien der Partizipation und des Empowerments (Stark, 1996; Herriger, 1997). Sie schaffen Möglichkeiten, damit aus *Betroffenen* in der Schule *Beteiligte* an schulischen Veränderungsprozessen werden können (Barkholz et al., 1998; Freitag, 1998). Dies ist ein elementarer Schritt der Gesundheitsförderung in Institutionen.

All dieses gilt natürlich auch für die gesundheitsfördernde Hochschule. Die folgende Abbildung (s. Tab.1) gibt zu den einzelnen Schritten einen kurzen Überblick und zeigt parallel dazu, wie Entwicklungsschritte für das Projekt einer gesundheitsfördernden Hochschule in einem solchen Setting aussehen könnten. Im Setting Hochschule sind verschiedene Handlungsebenen denkbar, auf denen sich die Entwicklungen vollziehen können: Institute, Fachbereiche und die Hochschule insgesamt. Natürlich sind auch Kombinationen möglich, die hier aber nicht berücksichtigt sind.

Organisationsbezogener Ansatz

Damit Schulen sich im Sinne der Gesundheitsförderung verändern können, ist auf Seiten der Akteurinnen und Akteure Organisationswissen notwendig, sonst gelingt z.B. schon eine Organisationsdiagnose nicht. Dieses Wissen ist in den Schulen im Netzwerk gesundheitsfördernder Schulen zu Beginn nur unzureichend vorhanden gewesen. Zur Unterstützung der Schulen auf ihrem Weg ist deshalb zunächst mit einem einfach strukturierten Modell gearbeitet worden ("Stern der gesundheitsfördernden Schule"), das von Handlungsfeldern schulischer Gesundheitsförderung ausgeht (s. Abb. 3).

Im Zentrum steht die eigene Schule. Ausgehend von ihr sind strahlenförmig die verschiedenen Handlungsfelder als Dimensionen angeordnet. Zum besseren Verständnis seien sie hier kurz erläutert: Die *curriculare Dimension* bezieht sich auf den Unterricht, die Inhalte und die Vermittlungsformen. Die *soziale Dimension* berücksichtigt die Intra- und Intergruppenkommunikation der verschiedenen Personengruppen der Schule. Die *Fort- und Weiterbildungsdimension* bezeichnet die Dienstleistungen der Schule für einzelne Lehrkräfte, für das Kollegium oder auch für das nicht unterrichtende Personal. Die *ökologische Dimension* bezieht sich auf die schulische Umwelt (u.a. Schulgebäude, Einrichtung, Ausstattung,

Versorgung) und das Umfeld der Schule (z.B. der Schulweg). Die *kommunale Dimension* beinhaltet die Beziehungen und Kooperationsformen der Schule zu Institutionen und Organisationen der Gemeinde bzw. des Stadtteils. Die *Organisationsdimension* betrifft das psychosoziale Klima der Schule bzw. des Kollegiums. Die *Akzeptanzdimension* bezeichnet die Akzeptanz der Idee der gesundheitsfördernden Schule bei den in der Schule lehrenden, lernenden und anderweitig tätigen Personengruppen und bei den Eltern. Die *Konzeptdimension* betrifft die Verbreitung und Kenntnis der Idee der gesundheitsfördernden Schule in der Schule und bei den Eltern.

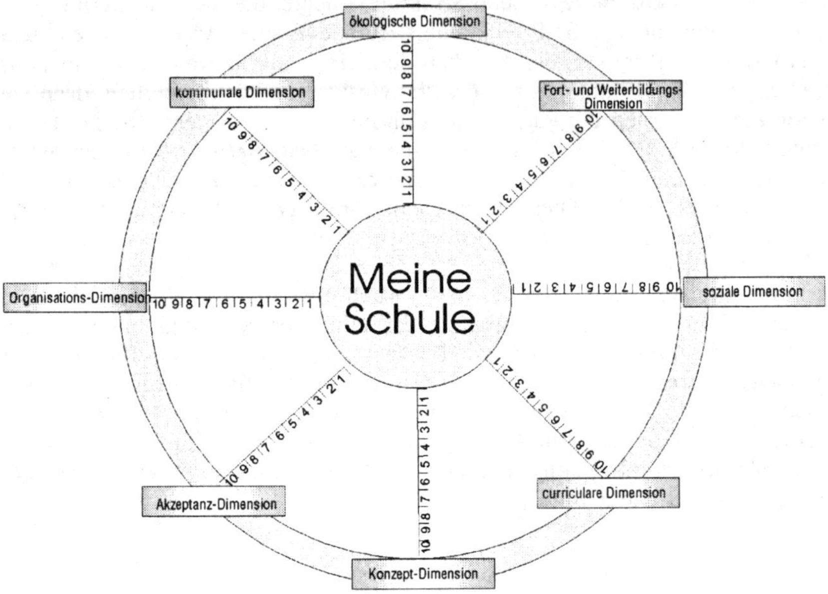

Abb. 3 Der Stern der Gesundheitsfördernden Schule. In dem Modellversuch "Netzwerk Gesundheitsfördernde Schulen" sind für diese Dimensionen Fragebogenskalen zur Selbsteinschätzung für die SchulkoordinatorInnen bzw. Schulprojektteams entwickelt worden. Die jeweils erreichten Summenwerte werden normiert und können zur Veranschaulichung auf den Achsen in der Abbildung mit der Skalierung 1 bis 10 abgetragen werden. (aus: Paulus, 1995)

In dem Konzept der gesundheitsfördernden Schule werden die Aktivitäten der Schule in den verschiedenen Handlungsfeldern in den Gesundheitsplena zusammengeführt und bewertet. Es geht auch um Entscheidungen über das weitere Vorgehen, z.B. um die Implementation des Projektes und/oder um die Dissemination der Projektergebnisse. Um hier konstruktiv die gesundheitsfördernde Schule weiterentwickeln zu können, ist auf konzeptioneller Ebene eine Orien - tierung an organisationswissenschaftlichen Modellen nützlich. Auf ein solches Modell, das sich an Organisationsebenen orientiert und für die schulische Gesundheitsförderung adaptiert worden ist, sei hier beispielhaft verwiesen (Barkholz et al., 1998). Danach ist im System Schule ein (a) *kulturell-politisches,* ein (b) *strukturell-soziales* und ein (c) *technisch-instrumentelles Subsystem* zu unterscheiden (s. Tab. 2).

Tab. 1 Schritte auf dem Weg zu einer gesundheitsfördernden (Hoch)Schule

Schritte auf dem Weg zu einer gesundheitsfördernden Hochschule			
		Gesundheitsfördernde Schule	*Gesundheitsfördernde Hochschule*
1.	*Interessierte verbünden sich!*	Bildung eines Schulprojektteams. Erste Klärung von Vorstellungen und Ideen.	Bildung eines Projektteams auf der Handlungsebene von Instituten, Fachbereichen oder der Hochschule. Erste Klärung von Vorstellungen und Ideen.
2.	*Die Idee verbreiten!*	Fördernde und unterstützende Personen in und außerhalb der Schule finden.	Fördernde und unterstützende Personen in und außerhalb der Handlungsebene der Institute/Fachbereiche/der Hochschule finden (z.B. Verwaltung; Personalvertretungen; psychosoziale und Studienberatungsstellen; Studentenwerk; Studentische Vereinigungen und Initiativen; Gleichstellungsbeauftragte; Sicherheitsingenieure; Betriebsärztlicher Dienst).
3.	*Wo drückt der "Gesundheitsschuh"? Wo sitzt er ganz bequem?*	Umfassende Bedürfnis- und Erwartungsanalysen unter Beteiligung aller relevanten Personengruppen in und außerhalb der Schule.	Umfassende Bedürfnis- und Erwartungsanalysen unter Beteiligung aller relevanten Personengruppen auf der jeweiligen Handlungsebene.
4.	*Was tun wir nicht schon alles!*	Umfassende Bestandsanalyse aller gesundheits- und nicht-gesundheitsbezogener Aktivitäten, Initiativen etc. in und außerhalb der Schule.	Umfassende Bestandsanalyse aller gesundheits- und nicht-gesundheitsbezogener Aktivitäten, Initiativen etc. in und außerhalb der Handlungsebene.
5.	*Alle Beteiligten an einen runden "Gesundheitstisch"*	Einrichtung eines "Gesundheitsplenums" in der Schule.	Einrichtung einer "Fachgruppe". bzw. "Kommission" auf der entsprechenden Handlungsebene.
6.	*Was ist bei uns los und was ist uns wichtig?*	Gesamtanalyse der Gesundheitssituation der Schule und Prioritätensetzung für Projekte. Rückmeldung an die Schulkonferenz zur Entscheidung.	Gesamtanalyse der Gesundheitssituation der Handlungsebene der Hochschule und Prioritätensetzung für Projekte. Rückmeldung z.B. an die Institutskonferenz, den Fachbereichsrat, den Senat.
7.	*An die Planungsarbeit!*	Bildung von Gesundheitsarbeitsgemeinschaften in der Schule.	Bildung von Gesundheitsarbeitsgemeinschaften auf der entsprechenden Handlungsebene.
8.	*Wir brauchen Unterstützung!*	Aufbau eines "Komitees zur Förderung der schulischen Gesundheit"; Kooperation mit verwandten Initiativen in der Schule.	Aufbau eines "Komitees zur Förderung einer gesünderen Hochschule"; Kooperation mit verwandten Initiativen, z.B. universitären Agenda-21 Gruppen.
9.	*Ideen werden Wirklichkeit!*	Durchführung von Schulprojekten.	Durchführung von Projekten.

Tab. 2 Kernelemente und Subsysteme der gesundheitsfördernden Schule (aus: Barkholz et al., 1998)

Kernelemente und Subsysteme der gesundheitsfördernden Schule		
Element	Inhalte	Subsystem
1. Identität	Gesundheitsförderung der WHO als Leitbild; ganzheitlicher Gesundheitsbegriff; Gesundheit als hoher Wert; Gesundheit in Selbstverantwortung; Beschluß der Schulkonferenz, eine gesundheitsfördernde Schule zu werden.	Kulturell-politisches Subsystem
2. Strategie	Ausgehen von den Bedürfnissen, Wünschen und Hoffnungen der Betroffenen; Betroffene zu Beteiligten machen; Einbeziehung aller an der Schule beteiligten Personengruppen; Gesundheit geht alle an.	
3. Aufbau-struktur	Schulprojektkoordinatorin und - koordinator; Schulprojektteam; Gesundheitsplenum; Gesundheitsarbeitsgruppen;	Strukturell-soziales Subsystem
4. Menschen, Beziehungen	Gesundheitsbewußte Mitglieder der Schule; Gesundheitskompetente Mitglieder; gesundes psychosoziales Schulklima.	
5. Organe, Funktionen	*Schulprojektkoordination:* Planung; Unterstützung von konkreten, gesundheitsbezogenen Maßnahmen; Öffentlichkeitsarbeit. *Gesundheitsplenum:* Diskussion und Bewertung gesundheitsbezogener Maßnahmen; Vorschläge an die Schulkonferenz; schulinterne Gesundheitsberichtserstattung. *Gesundheitsarbeitsgemeinschaften:* Durchführung von gesundheitsbezogenen Maßnahmen	
6. Ablauf-struktur	gemeinsame, abgestimmte und sorgfältige Planung; Transparenz der Entscheidungen; Diskussionen von Entscheidungen unter Beteiligung aller Betroffenen bzw. ihrer Vertreterinnnen und Vertreter; gesundheitsförderlicher Unterricht; gesundheitsförderlicher Tages- und Arbeitsablauf; gesundheitsförderliches psychosoziales Schul-, bzw. Klassenklima.	Technisch-instrumentelles Subsystem
7. Bauliche Realität, mat. Umwelt	gesundheitsförderliche Gestaltung der Schulräume, des Schulhofes; des schulischen Umfeldes, des Schulweges; Aufenthalts- bzw. Ruheräume, Disco, Cafeteria; gesundheitsgerechte Schulmöbel; gesundheitsschonende Reinigung der Schule	

Solche Analyseraster erscheinen auch für die gesundheitsfördernde Hochschule die geeigneteren zu sein, denn sie bieten zusätzlich zu den Ergebnissen der Bedürfnis- und Erwartungsanalysen im Modell der "Schritte der gesundheitsfördernden Schule" Entscheidungshilfen zur Wahl von "Entry Points" und zur Priorisierung von Projekten (Wagner, 1995). Dies ist ja in Zeiten knapper finanzieller und damit oftmals auch personeller Ressourcen von entscheidender Bedeutung.

Dieses in Tabelle 2 skizzierte Modell schulischer Organisation ist sehr nach innen ausgerichtet und geht von der einzelnen Schule aus. Im Modellversuch "Netzwerk Gesundheitsfördernde Schulen" ist hierzu ein zentrales, distributiv angelegtes Unterstützungsnetzwerk aufgebaut worden, um Schulen bei diesen Entwicklungsschritten zu unterstützen.

Als ein sinnvoller nächster Schritt zur Unterstützung der Schulen hat sich die Vernetzung der Schulen mit anderen Schulen erwiesen, die sich auch auf den Weg gemacht haben. Dieses neue Modell, multizentrisch partizipativ angelegt, wird im gegenwärtig laufenden OPUS-Modellversuch erprobt. Es ist von der Idee getragen, daß durch partizipative Vernetzung mehr eigenverantwortliche Beteiligung möglich wird und sich die eigenen Gestaltungsspielräume erweitern können. Damit sollen auch mehr quantitative Entwicklungsmöglichkeiten geboten werden. Schon jetzt kann aber gesagt werden, daß diese Form der Vernetzung, die den Settingansatz konsequent weiterentwickelt, für die beteiligten Schulen vielfältigere und selbstbestimmtere Wege für ihre schulische Gesundheitsförderung anbietet. Erste Ergebnisse zur Netzwerkarbeit und Nutzung der Vernetzung bestätigen dies. Schulen nutzen das Netzwerk z.B. zur Weitergabe und zum Austausch von Informationen, als Diskussionsforum, zur gegenseitigen Unterstützung und Stärkung bei der eigenen Projektentwicklung, zur Planung gemeinsamer Aktivitäten und Projekte. Für die interessierten Hochschulen könnte sich diese Form der Vernetzung als fruchtbarer Einstieg erweisen. Sie bietet einen hohen Grad an Eigenständigkeit und autonomer Entwicklung bei gleichzeitiger effektiver Nutzung vorhandener Ressourcen. Da die Hochschulen in der Regel geographisch weit voneinander entfernt liegen, ist auch die Nutzung des Internets für die Vernetzung sinnvoll.

Einschätzung

Die Erfahrungen, die in den Modellversuchen zur gesundheitsfördernden Schule in Deutschland in den letzten Jahren gesammelt worden sind, können für die Entwicklung einer gesundheitsfördernden Hochschule und eines Netzwerks "Gesundheitsfördernde Hochschulen" von Nutzen sein, wenn sie sich auf den Setting-Ansatz der Gesundheitsförderung verständigen können. Es werden aber weniger einzelne Aktionen der Schulen im Sinne der "Modelle guter Praxis" sein, die von den Hochschulen übernommen werden. Vielmehr sind es die Erfahrungen, die im Bereich der Projektentwicklung und des Projektmanagements gesammelt worden sind, die für die Hochschulen von Interesse sein werden. Umgekehrt ist in Zukunft aber auch ein Transfer von den gesundheitsfördernden Hochschulen an die Schulen zu erwarten. Besonders im Bereich der multimedialen Vernetzung und Netzwerkarbeit kann erwartet werden, daß die Erfahrungen der gesundheitsfördernden Hochschulen auf Grund ihrer größeren Kompetenz und besseren Ausstattung mit dazu beitragen werden, die Netzwerkarbeit der Schulen zu inspirieren und zu optimieren.

Literatur

Badischer Landesverband gegen die Suchtgefahren (Hrsg.) (1998). Prävention und Gesundheitsförderung im Kindesalter. Konzept und Arbeitshilfen für die Praxis. Badischer Landesverband gegen die Suchtgefahren, Renchen

Baric L (1992). Workshop on planning and evaluation of health promoting schools. Salford, U.K. (Unpubl. Paper)

Barkholz U & Paulus P (1998). Gesundheitsfördernde Schulen. Konzepte, Projektergebnisse, Möglichkeiten der Beteiligung. Verlag für Gesundheitsförderung, Gamburg

Barkholz U, Israel G, Paulus P, Posse N (1998). Gesundheitsförderung in der Schule. Ein Handbuch für Lehrerinnen und Lehrer aller Schulformen. Verlag für Schule und Weiterbildung, Soest

Becker P (1997). Prävention und Gesundheitsförderung. In: Schwarzer R (Hrsg.). Gesundheitspsychologie. Ein Lehrbuch. Hogrefe, Göttingen, 517-534

Blättner B (1998). Gesundheit läßt sich nicht lehren. Klinkhardt, Bad Heilbrunn

Bundesvereinigung für Gesundheit & Deutsche Koordinierungsstelle für Gesundheitswissenschaften (Hrsg.) (1998). Netzwerke der Gesundheitsförderung. Informationsbroschüre zum Weltgesundheitstag 1998. Verlag für Gesundheitsförderung, Gamburg

Burgher St, Barnekow-Rasmussen V, Rivett D (1999). The European Network of Health Promoting Schools. The alliance of education and health. WHO, Copenhagen

Burow F & Hanewinkel R (1996). Fit fürs Leben. Persönlichkeitsförderung an Schulen. Manual für die erste und zweite Klasse. Ministerium für Bildung, Wissenschaft, Forschung und Kultur des Landes Schleswig-Holstein, Kiel

Dlugosch GE (1994). Modelle in der Gesundheitspsychologie. In: Schwenkmezger P & Schmidt LR (Hrsg.). Lehrbuch der Gesundheitspsychologie. Enke, Stuttgart, 101-117

Freitag M (1998). Was ist eine gesunde Schule? Einflüsse des Schulklimas auf Schüler- und Lehrergesundheit. Juventa, Weinheim

Grossmann R & Scala K (1996). Setting-Ansatz in der Gesundheitsförderung. In: Bundeszentrale für Gesundheitliche Aufklärung (Hrsg.). Leitbegriffe der Gesundheitsförderung. Sabo, Schwabenheim, 100-101

Herriger N (1997). Empowerment in der Sozialen Arbeit. Eine Einführung. Kohlhammer, Stuttgart

Homfeldt HG (1994). Anleitungsbuch zur Gesundheitsbildung. Ernähren, Bewegen, Kleiden, Naturerleben (2. korr. Aufl.). Schneider, Hohengehren

Lions Clubs International, Quest International (Hrsg.) (1997). Erwachsen werden. Lehrerhandbuch zum Programm: Erwachsen werden – Persönlichkeitsentfaltung von Jugendlichen. Lions Clubs International, Wiesbaden

Paulus P (1995). Die Gesundheitsfördernde Schule. Der innovativste Ansatz gesundheitsbezogener Interventionen in Schulen. Deutsche Schule, 87: 262-281

Paulus P (1999). Wie sich die Gesundheitsfördernde Schule buchstabiert. Das ABC der zentralen Begriffe. Barmer Ersatzkasse, Wuppertal

Pelikan JM, Demmer H, Hurrelmann K (1993). Gesundheitsförderung durch Organisationsentwicklung. Konzepte, Strategien und Projekte für Betriebe, Krankenhäuser und Schulen. Juventa, Weinheim

Schwarzer R (1997). Gesundheitspsychologie. Ein Lehrbuch. Hogrefe, Göttingen

Stark W (1996). Empowerment. Neue Handlungskompetenzen in der psychosozialen Praxis. Lambertus, Freiburg

Trojan A, Stumm B, Süß W (1997). Ansätze der Prävention und Gesundheitsförderung. In: Hazard B (Hrsg.). Humanökologische Perspektiven in der Gesundheitsförderung. Westdeutscher Verlag, Opladen, 103-126

Wagner RH (1995). Praxis der Veränderung in Organisationen. Was Systemtheorie, Psychologie und Konstruktivismus zum Verstehen und Handeln in Organisationen beitragen können. Hogrefe, Göttingen

Waller H (1997). Gesundheitsförderung in der Praxis. In: Geiger A & Kreuter H (Hrsg.). Handlungsfeld Gesundheitsförderung. 10 Jahre nach Ottawa. Verlag für Gesundheitsförderung, Gamburg, 93-101

World Health Organization (Hrsg.) (1994). Life skills education in schools. Part 1 and 2. WHO, Genf

World Health Organization (Hrsg.) (1997). Networking for Health. Report of the Fourth Annual Conference of the Regions for Health Network. WHO, Copenhagen

Ute Sonntag, Petra Kolip, Daria Knoch

Frauenspezifische Aspekte einer gesundheitsfördernden Hochschule

Einleitung

Die Hochschule ist eine Bildungseinrichtung, die durch ein hohes Ausmaß an Chancen und Entwicklungsmöglichkeiten gekennzeichnet ist. Zudem ist sie eine Institution, die nach Abschluß des Studiums vielfältige Karrieremöglichkeiten offenbart, da sie – im besten Falle – auf einen angesehenen Beruf vorbereitet. Und schließlich ist die Hochschule ein anregender Arbeitsort, der verglichen mit vielen anderen Arbeitsplätzen einen hohen Gestaltungsspielraum offenbart und von Autonomie gekennzeichnet ist.

Ein Blick auf geschlechtsspezifische Aspekte der Institution zeigt aber auch, daß die Hochschule streng geschlechtshierarchisch strukturiert ist – die Maßnahmen zur Qualifizierung und Karriereförderung von Frauen in den letzten Jahren haben daran wenig geändert. Aber nicht nur die Personalpolitik folgt geschlechtsspezifischen Mustern, auch die Inhalte, die an der Hochschule vermittelt und erforscht werden, sind von einem persistenten Androzentrismus gekennzeichnet, und dies, obwohl in vergangenen Jahren geschlechtsspezifische Fragestellungen in den meisten Einzeldisziplinen diskutiert wurden und die Gender-Forschung beeindruckende Resultate geliefert hat (für einen Überblick siehe z.B. Dausien et al., 1999). Dennoch fristen geschlechtsspezifische Themen nach wie vor ein randständiges Dasein und sind weit davon entfernt, die "Mutterdisziplinen" nachhaltig zu prägen.

Wenn also von einer gesundheitsfördernden Hochschule die Rede ist, scheint es dringend geboten zu sein, die Fragen nach geschlechtsspezifischen Ressourcen und Belastungen sowie genderbezogenen Ansatzpunkten für Gesundheitsförderung zu stellen. In anderen Feldern der Prävention und Gesundheitsförderung wird diese Frage schon länger gestellt, und in einigen Bereichen – zum Beispiel der schulischen Gesundheitsförderung – wurden bereits Praxiskonzepte entwikkelt und erprobt, die der geschlechtsspezifischen Verteilung von Ressourcen und Risiken Rechnung tragen (für einen Überblick siehe z.B. Franzkowiak et al., 1996).

Der folgende Beitrag versteht sich nicht als umfassende Abhandlung frauenspezifischer Aspekte einer gesundheitsfördernden Hochschule. Dies wäre auch gar nicht möglich, sind doch die Lebens- und Arbeitsbedingungen der verschiedenen Statusgruppen durchaus unterschiedlich. So stellen die Arbeitsbedingungen in Technik und Verwaltung ganz andere Anforderungen an eine geschlechtsspezifische oder frauengerechte Gesundheitsförderung als die Studienbedingungen von ErstsemesterInnen oder die Arbeitsbedingungen des wissenschaftlichen Mittelbaues. Auch weisen Universitäten und Fachhochschulen zu beachtende

Unterschiede auf. Viele Fragen und Themen bleiben deshalb ausgeklammert oder werden allenfalls angerissen, die im weiteren Sinne auch im Zusammenhang mit einer frauenspezifischen Gesundheitsförderung an der Hochschule zu diskutieren wären, z.B. sexuelle Belästigung, frauenspezifische Personalentwicklung als Gesundheitsförderung oder die Vereinbarkeit von akademischer Karriere und Familiengründung. Wir wollen in diesem Beitrag vielmehr exemplarisch einzelne Themen herausgreifen und in Form von Thesen aufzeigen, warum und an welchen Stellen die Fragen nach geschlechtsspezifischen Differenzierungen sinnvoll sind. Zuvor jedoch wird ein Blick auf die strukturellen Rahmenbedingungen geworfen, die die gesundheitliche Situation der Studierenden und Beschäftigten beeinflussen.

Strukturelle Rahmenbedingungen für Wissenschaftlerinnen

Trotz Gleichstellungspolitik, Frauenförderplänen und frauenspezifischer Elemente in den Hochschulsonderprogrammen ist die Hochschule nach wie vor durch eine Geschlechtshierarchie gekennzeichnet. Diese Rahmenbedingungen prägen den Gestaltungsspielraum, den die geschlechtsspezifische Gesundheitsförderung an der Hochschule ausschöpfen kann.

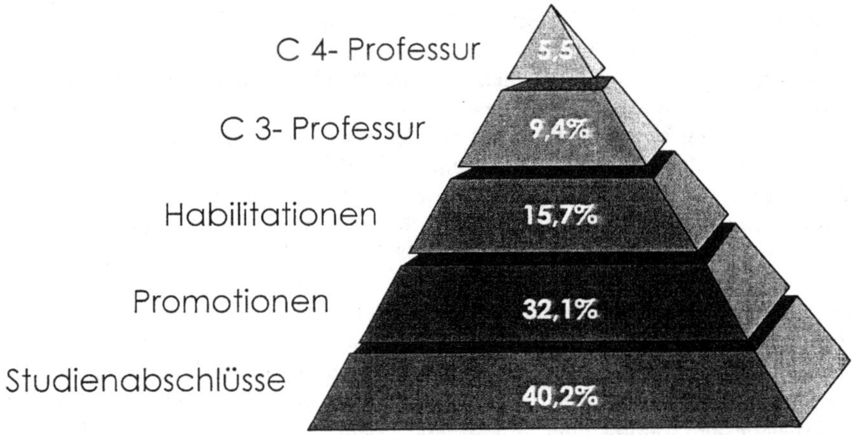

Abb. 1 Frauenanteile auf den verschiedenen Ebenen der akademischen Laufbahn (Quelle: Statistisches Bundesamt, 1998a)

Für die Universitäten läßt sich folgendes Bild zeichnen (siehe Abbildung 1; für die folgenden Zahlen siehe Statistisches Bundesamt 1998a, b): 1997 lag der Frauenanteil bei den StudienanfängerInnen bei 48,0%, ist also nahezu ausgewogen. Aber deutlich weniger Frauen als Männer wagen nach Abschluß des Studiums eine Promotion, der Frauenanteil lag hier im Jahre 1997 bei 32,1%. Noch weniger Frauen habilitierten sich – ihr Anteil lag 1997 bei 15,7%. Zwar ist der Frauenanteil an den Habilitationen in den letzten 10 Jahren angestiegen; betrachtet man allerdings die neuen und alten Bundesländer getrennt voneinander, so läßt sich der Anstieg nur für die alten Bundesländer feststellen, während der Anteil habilitierter Frauen in den neuen Bundesländern drastisch gesunken ist.

Immerhin fast 10% der C3-Professuren an den Universitäten sind mittlerweile mit einer Frau besetzt (Fachhochschulen: 6,4 %), bei den C4-Professuren sind es mit 5,5% gerade mal halb soviel (Fachhochschulen: eine von 16) – angesichts der oben erwähnten Frauenförderpläne und dem Zusatz "Bei gleicher Qualifikation werden Frauen bevorzugt eingestellt", der sich in fast allen Stellenausschreibungen finden läßt, eine eher "magere Ausbeute". So berichten die Gleichstellungsbeauftragten der Fakultäten und Universitäten davon, daß die Gleichstellungsformel in Berufungen immer wieder ausgehebelt wird. Qualifizierte Frauen machen so in vielen Fällen die Erfahrung, in Berufungsverfahren nicht zum Zuge zu kommen. Oder sie müssen feststellen, daß unterlegene Männer ihnen den ersten Listenplatz streitig machen, indem ihre Leistung in der "Scientific Community" herabgewürdigt wird oder männliche Konkurrenten sogar mit Gleichstellungsargumenten vor Gericht ziehen. Die Erfahrung, daß die eigenen Qualifikationen nicht angemessen gewürdigt werden, ist für viele Akademikerinnen eine kränkende Erfahrung, die sich negativ auf das Selbstwertgefühl auswirken und als Belastung erlebt werden kann.

Für den geringen Frauenanteil in den höheren akademischen Sphären sind eine Vielzahl von Gründen verantwortlich. Anders als noch vor 20 Jahren ist die Hochschule ein unsicherer Arbeitsplatz geworden. Die Entscheidung, zu promovieren und anschließend womöglich noch zu habilitieren, ist für Frauen und Männer zu einem großen Wagnis geworden. Für viele erweist sich die Habilitation als Sackgasse, denn angesichts der Sparzwänge der Hochschulen einerseits, die viele freiwerdenden Stellen unbesetzt lassen, und der hohen Konkurrenz andererseits, ist es nicht mehr selbstverständlich, nach der Habilitation auch eine Professur zu erhalten. Für Frauen ist die Chance, eine Professur zu erhalten, ungleich kleiner, denn die etablierten Diskriminierungsmechanismen (z.B. die ungleiche Bewertung akademischer Leistung, die – ausgesprochene oder unausgesprochene – Berücksichtigung von Familienplanungswünschen bei der Einstellung sowie Macht- und Statusvorteile der Männer) halten sich trotz Frauenförderplänen hartnäckig. Die Gleichstellungsbeauftragten der Universitäten beobachten sogar einen Gegenschlag (der Männer), der darauf schließen läßt, daß die Zeit der zähneknirschend-wohlwollenden, politisch korrekten Befolgung der akademischen Gleichstellungspolitik vorbei ist.

Das Durchschnittsalter zum Zeitpunkt der Habilitation liegt bei 38 (Männer) bzw. 40,1 Jahren (Frauen), etwa 3 1/2 Jahre dauert es dann durchschnittlich bis zur ersten Berufung. In einem Alter, in dem viele AltersgenossInnen vielleicht den zeitweiligen beruflichen Aus- oder Umstieg planen oder beginnen, die Jahre bis zur Berentung zu zählen, sind viele AkademikerInnen noch immer in beruflich unsicheren Positionen. Die Bezeichnungen "Akademischer Nachwuchs" und "JungakademikerInnen", die in einigen Disziplinen selbst für 40-Jährige verwendet werden, belegen die Abhängigkeiten, die das akademische System produziert.

Die geringe Frauenquote bei den Habilitationen erstaunt angesichts dieser Umstände nicht. Für viele Frauen fällt die Zeit der akademischen Weiterqualifikation mit der Familiengründung zusammen. Die Hochschule ist noch immer nicht darauf eingerichtet, daß Personen, seien sie weiblichen oder männlichen Geschlechts, sich neben der akademischen Weiterqualifikation in nennenswertem Umfang um die Erziehung von Kindern kümmern. Vielmehr wird von jedem Habilitanden, jeder Habilitandin erwartet, sich mehr als 100%ig für die Weiterqualifikation einzusetzen. Assistentinnen und Dozentinnen stoßen auf Strukturen, die von ihrer Tradition her den Bedürfnissen frauentypischer Lebensentwürfe keinen Platz einräumen. So sind die Hochschulkarrieren auf die traditionelle Männerbiographie und Arbeitsteilung zugeschnitten und erschweren es Frauen, Familie und Wissenschaft zu verbinden. Frauen mit Familienwunsch entscheiden sich so eher gegen eine Karriere in der Hochschule.

Gesundheitsförderung an der Hochschule und Maßnahmen einer gesundheitsfördernden Hochschule dürfen sich deshalb nicht darauf beschränken, die individuellen Ressourcen der Studierenden und Beschäftigten zu fördern. Vielmehr müssen auch die strukturellen Rahmenbedingungen reflektiert und gegebenenfalls verändert werden. Nimmt man die Vereinbarkeit von Beruf und Familie als Beispiel, müssen für weibliche Biographien auch entsprechende Rahmenbedingungen auf der strukturell-institutionellen Ebene geschaffen werden (Hornung & Knoch, 1999). Beispiele hierfür sind die Schaffung von Teilzeitstellen, auch auf der Ebene der Professorinnen und Professoren, der Ausbau von Kinderkrippen und Kindertagesstätten, eine flexiblere Gestaltung der Arbeitszeit, eine Lockerung des Dienstrechtes sowie die Abschaffung rigider Altersgrenzen für die Einstellung. Es ist zu hoffen, daß durch diese Veränderung struktureller Rahmenbedingungen sich schrittweise neue Normen zur Gestaltung akademischer Biographien durchsetzen.

Thesen zu frauenspezifischen Aspekten einer gesundheitsförderlichen Hochschule

These 1: Einer der Schwerpunkte der Gesundheitsförderung an der Hochschule sollte auf die Studieneingangsphase und hierbei insbesondere auf die weiblichen Studierenden gelegt werden

Studienanfängerinnen und Studienanfänger vollziehen in ihrem Lebenslauf einen Wechsel in den für sie neuen Status der Studentin bzw. des Studenten. In dieser Statuspassage sehen sich die Studierenden sowohl im Privatbereich als auch im Feld studentischer Öffentlichkeit mit vielfältigen, bisher ungewohnten Aufgaben konfrontiert. Sie müssen sich von Bekanntem und Vertrautem verabschieden und auf Neues einlassen, zuweilen einen Ortswechsel vollziehen, sich in die Rolle der Studentin bzw. des Studenten einleben, sich in einem neuen sozialen Umfeld und der noch unbekannten Institution Hochschule zurechtfinden und einen selbständigen Arbeitsstil herausbilden. Eine solche Loslösung aus der bisherigen Umgebung, aus gewohnten Beziehungen und Kommunikationsformen hebt die Betroffenen aus den Angeln ihrer bisherigen Lebensstrukturen und kann somit eine vorübergehende Orientierungslosigkeit und vielfältige psychische Belastungen hervorrufen (Friebertshäuser, 1992). Diese wiederum beeinträchtigen das physische und psychische Wohlbefinden bzw. bewirken eine erhöhte Anfälligkeit für psychische Störungen und körperliche Erkrankungen.

Der Studienbeginn stellt demnach innerhalb der persönlichen Biographie einen Einschnitt dar, der als kritische gesundheitsgefährdende Übergangsphase zu werten ist (Hornung, 1999). Aus geschlechtsspezifischer Sichtweise stellt sich die Frage, ob sich diese Übergangsphase auf weibliche und männliche Studierende in gleicher Weise gesundheitsgefährdend auswirkt, bzw. ob die Lebensbedingungen der Hochschulumwelt ähnliche Auswirkungen auf die Gesundheit von Studienanfängerinnen und Studienanfängern zeitigen. Die nachfolgenden Ausführungen basieren auf Ergebnissen einer großangelegten Befragung, die bei Studierenden beider Zürcher Hochschulen durchgeführt wurde. Die Resultate beziehen sich auf den universitären Kontext, sind aber auf die Fachhochschule übertragbar. Ausführliche Informationen zum Untersuchungsdesign finden sich in Bachmann et al. (1999).

Um es vorwegzunehmen: Der Studienbeginn ist bei weiblichen Studierenden im Vergleich zu ihren männlichen Studienkollegen mit stärkeren Gefährdungen ihrer psycho-physischen Gesundheit verbunden. So zeigen die Ergebnisse der Längsschnittanalyse, daß das erste Studienjahr zwar sowohl bei den weiblichen als auch bei den männlichen Studierenden zu einer signifikanten Abnahme ihrer Vitalität und ihres innerpsychischen Gleichgewichtes führt. Diese Abnahme ist jedoch bei Studienanfängerinnen stärker ausgeprägt als bei Studienanfängern. Bezüglich der psychischen Gesundheit läßt sich ein weiterer geschlechtsspezifischer Effekt feststellen: Während die Häufigkeit depressiver Symptome bei Studienanfängerinnen signifikant zunimmt, erfahren Studienanfänger im ersten Studienjahr entweder keine diesbezügliche Veränderung oder sogar eine Verbesserung (Brunner & Bachmann, 1999). Dieses Faktum stimmt insofern nachdenklich, als vor Studienbeginn kein entsprechender Unterschied zwischen Frauen und Männern auszumachen war. Dies weist darauf hin, daß die festgestellten Ergebnisse nicht bedingt sind durch die bei Frauen oft erwähnte ausgeprägtere Selbstwahrnehmung und Sensibilität gegenüber psychophysischen Vorgängen oder durch deren Bereitschaft, wahrgenommene Befindlichkeitsbeeinträchtigungen eher mitzuteilen.

Nicht nur bezüglich der psychischen Gesundheit hat der Studieneintritt eine geschlechtsspezifische Bedeutung. Auch die physische Gesundheit verändert sich im Laufe des ersten Jahres geschlechtsspezifisch: Die Zahl der psychosomatischen Beschwerden nimmt bei den Studenten im ersten Studienjahr ab, während sie bei den Studentinnen ungefähr gleich bleibt (ebd.). Daß sich die universitäre Studiensituation unterschiedlich auf Studienanfängerinnen und Studienanfänger auswirkt, wird auch dadurch deutlich, daß Frauen während des ersten Studienjahres signifikant häufiger Studien- bzw. Lebenskrisen durchlaufen. Stärkster Faktor für das Nicht-Eintreten einer Krise ist bei Männern die Selbstwirksamkeit, d.h. der Glaube, in problematischen oder kritischen Situationen geeignete Maßnahmen ergreifen zu können, bei Frauen die Zufriedenheit mit der sozialen Unterstützung im jeweiligen Studienfach (Fabian, 1999). Dieser Befund deutet darauf hin, daß es bei Studentinnen und Studenten unterschiedliche Ressourcen sind, die Krisen vorbeugen, und daß die Förderung der Ressourcen demzufolge geschlechtsspezifisch erfolgen sollte.

Zusammenfassend ist als durchgängiger Befund die stärkere Gefährdung der physischen und vor allem der psychischen Gesundheit der weiblichen Studierenden in der Übergangsphase Studienbeginn festzustellen. Dies spricht für die Notwendigkeit einer geschlechtsspezifischen Gesundheitsförderung an Hochschulen und zeigt, daß trotz der formalen Gleichstellung und Gleichberechtigung die mit der neuen Lebenssituation an der Hochschule verbundenen Bedingungen den Bedürfnissen von Studienanfängerinnen nicht genügend gerecht werden. Diese spezifisch erschwerenden Studienbedingungen für Frauen gilt es näher zu identifizieren und zu verändern.

Eine erschwerende Studienbedingung für Studentinnen liegt sicherlich in der Tatsache, daß die Hochschulen gesellschaftliche Institutionen darstellen, die noch immer durch die männliche Hegemonie und somit auch durch die entsprechenden männlichen Werte geprägt sind. Dies dokumentiert sich in der allseits bekannten zunehmenden Abwesenheit von Frauen, je höher die Position ist (vgl. Abb. 1). Den Studentinnen mangelt es an positiven Vorbildern weiblicher Wissenschaftlerinnen und Professorinnen, was die Identifizierung mit der Institution Hochschule und dem Arbeitsfeld Forschung erheblich erschwert.

Eine weitere Schwierigkeit für Studentinnen – die allerdings auf der individuellen Ebene liegt und nicht auf die Studieneingangsphase begrenzt ist – liegt in der negativen Einschätzung gegenüber ihren eigenen (Studien-)Kompetenzen und Fähigkeiten. Dies führt zu einer erhöhten Gesamtbelastung, die wiederum gesundheitliche Folgen haben kann. Hier sollte die Gesundheitsförderung auf der individuellen, personbezogenen Ebene erfolgen, etwa durch die persönliche Rückmeldung der Lehrenden und die Sensibilisierung der Dozentinnen und Dozenten für die potentiell ressourcenstärkenden Aspekte ihrer Tätigkeit bei den Studentinnen und Studenten (Hornung & Knoch, 1999).

These 2: Neben einer allgemeinen Betrachtung der gesundheitlichen Situation von Studentinnen sind fächerspezifische Differenzierungen vorzunehmen

Die Hochschule ist in eine Reihe dezentraler Einheiten gegliedert, die sich nicht bloß durch ihren wissenschaftlichen Gegenstand und die verwendeten Methoden unterscheiden. Die verschiedenen Studienfächer sind so vielfältig strukturiert (z.B. hinsichtlich der Anzahl Pflichtstunden, der Repräsentanz der Geschlechter und der unterschiedlichen Lehrkultur), daß eine Fixierung auf die Hochschule als Einheit wenig plausibel scheint. Studierende ein und derselben Hochschule erleben unterschiedlich sozial verfaßte Umwelten; sie studieren und agieren in fachkulturellen Settings. Den Einfluß dieser jeweiligen Fachumwelten auf die Gesundheit von Studentinnen und Studenten gilt es näher zu analysieren. So ist die Frage zu stellen, ob bzw. inwiefern die unterschiedliche Geschlechterverteilung in den einzelnen Studienfächern einen geschlechtsspezifischen Einfluß auf die sozialen Netze ihrer Mitglieder ausübt.

Werden Studentinnen und Studenten ohne Berücksichtigung ihrer Fachzugehörigkeit bezüglich Ressourcen, Belastungen und/oder Gesundheitsindikatoren verglichen, wird das Geschlecht als fach- bzw. kontextlos betrachtet. Um aber die spezifischen Bedingungen der Gesundheit von Studentinnen und Studenten detailliert analysieren zu können, erscheint es angebracht, den Studienfach-Kontext einzubeziehen. Auf diese Weise läßt sich feststellen, ob bzw. weshalb in den verschiedenen Studienfächern unterschiedliche Zusammenhänge zwischen Geschlecht und Gesundheit bestehen. Erweist sich das Geschlecht in einigen Fächern als ein bedeutenderer Prädiktor für die Gesundheit als in anderen Fächern, so können fachspezifische Bedingungen identifiziert werden, die diese gesundheitlichen Geschlechtsunterschiede erklären. Auf diesem Wege lassen sich spezifische Ansatzpunkte für eine effektive frauenspezifische Gesundheitsförderung finden.

Besonderes Augenmerk ist in diesem Zusammenhang auf die Situation von Studentinnen zu legen, die in ihrem Studiengang in einer extremen Minderheitensituation sind, wie dies in vielen naturwissenschaftlichen und technischen Studiengängen der Fall ist. Wolffram (1999) benennt als Studienbelastungen von Studentinnen technischer Fächer die Minderheitensituation als Hauptbelastung. Rundnagel (1986) fand einen Zusammenhang zwischen der Quote von Frauen, die ihr Technikstudium abbrechen, und dem Anteil von Frauen im Studiengang: je geringer der Anteil im Studiengang, desto höher ist die Abbrecherinnenquote. Wolffram beschreibt, wie der Minderheitenstatus im Studium zu relevanten Studienbelastungen führt. Zum einen fehlen weibliche Identifikationspersonen. Es ist zudem unmöglich, in geschlechtshomogenen Arbeitsgruppen zu arbeiten. Ingenieursstudiengänge gelten, so schreibt sie, als unterkühlt. "Isolation und soziale Kontaktschwierigkeiten sind typische Studienprobleme von Ingenieurstudenten... Sie (Frauen) leiden mehr als die Männer unter dem isolierten Arbeiten und unpersönlichen und ausschliesslich fachlich bezogenen Lehr- und Lernformen" (S. 27). Das soziale Klima schließe soziale und emotionale Bezüge aus.

Da sich der Kommunikationsstil der beiden Geschlechter stark unterscheidet, ist es wesentlich, welches Geschlecht in gemischtgeschlechtlichen Gruppen in der Mehrheit ist. Untersuchungen an einer finnischen Schule (Skinningsrud, 1984) haben festgestellt, daß, wenn Mädchen die Mehrheit stellten (doppelt so viele), der Kommunikationsstil von einer Kontextnorm der Kooperation geprägt war. In dieser Klasse beteiligten sich die Mädchen sehr viel mehr am Unterricht als in den anderen Klassen. Im Gegensatz dazu war in den Klassen mit Jungenöffentlichkeit ein Kommunikationsstil zu finden, der von der Kontextnorm der Konkurrenz geprägt war. Übertragen auf die Minderheitensituation von Studentinnen bedeutet dies, daß diese keine Chance haben, ihren Kommunikationsstil durchzusetzen. Sie geraten dabei in eine Dilemma-Situation. Wollen sie erfolgreich sein, müssen sie sich der Kontextnorm der Konkurrenz anpassen, aggressiv sein, statusorientiert und dominant. Von Studentinnen wird im Gegensatz dazu eher ein solidarisches kooperatives Verhalten erwartet. Zudem ist aus den genannten Gründen das gesamte Klima für Studentinnen viel weniger lernförderlich als für Studenten.

Eine kontextuelle Perspektive der geschlechtsdifferenzierenden Sicht auf eine gesundheitsförderliche Hochschule begreift Geschlecht demnach nicht als universell wirksame Kategorie, sondern fragt danach, unter welchen Bedingungen (bzw. in welchen Kontexten) diese Kategorie relevant wird. Eine allgemeine zu prüfende Frage wäre, wie geschlechtsspezifische Ressourcen der Studierenden mit Ressourcen und Belastungen des jeweiligen Studienfach-Kontextes interagieren und welche Auswirkungen auf die Gesundheit der Studentinnen und Studenten sich daraus ergeben.

These 3: Gesundheitsförderung an der Hochschule muß geschlechtsspezifisch verteilte Ressourcen wahrnehmen, analysieren und praxiswirksam fördern

Gesundheit und Wohlbefinden sind keine statischen Zustände, sondern ergeben sich aus dem Wechselspiel zwischen Risiken und Belastungen einerseits und Ressourcen andererseits. Dies lenkt den Blick auf die Frage, welche positiven und negativen Faktoren einen Einfluß auf Gesundheit und Wohlbefinden ausüben. Studentinnen und Studenten unterscheiden sich offenbar in ihren Belastungen, aber auch in ihren Ressourcen. Diese zu identifizieren und gezielt zu fördern, sollte das Ziel einer (frauenspezifischen) Gesundheitsförderung an der Hochschule sein. Die oben erwähnte Zürcher Studie liefert auch hier erste Hinweise (Eggli, 1999). So zeigt die Befragung, daß bei männlichen und weiblichen Studierenden die personalen Ressourcen Autonomie, Optimismus, Selbstwertgefühl, Empathie und Humor im Laufe des Studiums abnehmen; zwei dieser Ressourcen – Autonomie und Optimismus – verringern sich dabei bei den Frauen stärker als bei den Männern. Dieses Ergebnis stimmt nachdenklich, denn geht man davon aus, daß ein Studium persönlichkeitsbildend wirkt und eine entscheidende, vitale und kreative Lebensphase darstellt, muß man sich fragen, weshalb es nicht gelingt, die personalen Ressourcen zu fördern. Nimmt man als weiteres Ergebnis der Studie hinzu, daß die Bedeutung der sozialen Ressourcen für die Bewältigung des Studiums groß ist, werden die Ansatzpunkte für die Förderung personaler und sozialer Ressourcen im Studium deutlich (Bachmann, 1999).

Zentrale Ziele einer gesundheitsfördernden Hochschule sollten sein, die Netzwerke von Studierenden zu fördern, Gestaltungsspielraum einzuräumen sowie Feedback-Schleifen einzubauen, die eine realistische und selbstwertfördernde Beurteilung der eigenen Leistung zulassen. Die Einrichtung von kleineren Lern- und Arbeitsgruppen wäre hier ein erster Schritt, von dem vor allem die weiblichen Studierenden profitieren könnten, denn die vorliegenden Studien zeigen auch, daß soziale Netzwerke und soziale Unterstützung für Frauen eine bedeutendere Ressource darstellen als für Männer. Zudem zeigt die Zürcher Studie, daß Studentinnen an das Studium höhere Erwartungen haben sowohl bezüglich der persönlichen Weiterentwicklung als auch bezüglich der Entwicklung kommunikativer und kooperativer Fähigkeiten (Berta, 1999). Diese Erwartung wird bei vielen Studierenden enttäuscht: Etwa zwei Drittel sind nach zwei Semestern der Ansicht, daß das Studium weder inhaltlich noch von den angebotenen Vermittlungsformen her auf Kommunikation und Kooperation ausgerichtet ist! Auch das Ergebnis der Bielefelder Studie erstaunt nicht, daß Studentinnen häufiger als Studenten unter dem sozialen Klima in den Lehrveranstaltungen, unter "Kommunikationsstreß" und unter einem unfreundlichen Betriebsklima leiden (vgl. Stock & Krämer in diesem Band). Zwar wird Kommunikations- und Kooperationsfähigkeit in vielen Studiengängen als zu vermittelnde Schlüsselqualifikation hochgehalten, die Arbeits-, Lehr-/Lern- und Organisationsformen stehen diesem Ziel aber diametral entgegen – und das nicht nur in den Massenfächern. Eine Ursache hierfür ist sicherlich auch darin zu suchen, daß "Empowerment" und "Partizipation" universitäre hierarchische Strukturen in Frage stellen.

Aber nicht nur Netzwerke von Studentinnen untereinander sind zu fördern. Ein Netzwerk-Beispiel, das sich der Studentinnen besonders in den kritischen Statuspassagen Studienbeginn und Berufseinstieg annimmt, ist das Mentorinnen-Netzwerk für Frauen in naturwissenschaftlich-technischen Fächern an hessischen Universitäten und Fachhochschulen. Durch dieses Netzwerk soll der Zugang von Frauen zu technischen Studiengängen und Führungspositionen gefördert werden, da die dort vorhandenen strukturellen Barrieren nicht mit individuellen Strategien alleine zu beseitigen sind. An der TU Darmstadt und an der Fachhochschule Frankfurt am Main vermitteln Koordinationsstellen Kontakte zwischen potentiellen Mentorinnen aus Unternehmen und Institutionen und Mentees, den zu Fördernden. Schülerinnen, Studentinnen und Absolventinnen werden systematisch in ihren Lebensphasen Studieneinstieg, Studium und Berufseinstieg begleitet. Auch Studentinnen höherer Semester und ehemalige Studentinnen werden einbezogen, da ihnen Vorbildcharakter zukommt. Es ist anzunehmen, daß dieses Netzwerk auch gesundheitsförderliche Wirkungen zeitigen wird.

Auch andere Statusgruppen können mit Netzwerken zu einer Stabilisierung krisenhafter Lebensphasen beitragen. An der Universität Oldenburg hatte es sich der Arbeitskreis Nachwuchswissenschaftlerinnen zur Aufgabe gemacht, sich gegenseitig in der oft sehr isolierten Arbeitssituation als Promovendin oder Habilitandin zu fördern, Hemmnisse und Barrieren zu analysieren und Lösungsstrategien zu entwickeln.

These 4: Auch frauenspezifische Gesundheitsförderung an der Hochschule sollte alle Statusgruppen umfassen

Die WHO setzte bei der Etablierung des Gesundheitsförderungsgedankens zu Recht auf den sogenannten "Setting-Ansatz". Die Hochschule ist dabei erst vor kurzer Zeit als ein für die Gesundheitsförderung relevantes Setting definiert worden. Aber bereits jetzt wird deutlich, daß bei den Zielgruppen vor allem Studierende ins Zentrum der Aufmerksamkeit gerückt werden, nicht zuletzt deshalb, weil sie die größte Personengruppe an der Hochschule ausmachen. So wurden die ersten groß angelegten Gesundheitsbefragungen, etwa in Zürich und Bielefeld, ausschließlich mit Studentinnen und Studenten durchgeführt, während über die Gesundheitssituation der anderen Statusgruppen – des akademischen Mittelbaus, der Professorinnen und Professoren und der Personen in Verwaltung und Technik – sehr wenig bekannt ist (für eine Ausnahme siehe z.B. Kuhlmann, 1996). Gesundheitliche Belange dieser Gruppen werden allenfalls in anderen Kontexten diskutiert, etwa im Zusammenhang mit dem Arbeitsschutz. Gerade für den Bereich der Verwaltungs- und Sekretariatsarbeit hat es aber einige interessante Ansätze gegeben, die auch im Bereich der frauenspezifischen Gesundheitsförderung Erwähnung finden sollten. So wurde an der Universität Bielefeld vor etwa 10 Jahren unter dem Stichwort "Humanisierung der Arbeit" eine Reform der Sekretariatsarbeit diskutiert. Ziel war die Einführung einer gruppenorientierten und eigenverantwortlichen Arbeitsorganisation und Integration von Verwaltungsaufgaben in die Sekretariatsarbeit, die im Rahmen eines Modellversuches an der in Gründung befindlichen Fakultät für Gesundheitswissenschaften eingeführt und erprobt werden sollte (Sickendiek, 1994). Da dieser Modellversuch sich auf einen frauentypischen Arbeitsplatz konzentrierte und die Steigerung der Arbeitszufriedenheit und des Wohlbefindens sowie den Abbau von Gesundheitsstörungen zum Ziel hatte, kann er als gutes Beispiel für frauenspezifische Gesundheitsförderung an der Hochschule gelten. Er zeichnete sich zudem dadurch aus, daß er nicht auf die Verhaltensebene fokussierte, sondern auf die Veränderung struktureller Rahmenbedingungen setzte.

Leider wurde das Konzept nie in die Praxis umgesetzt. Die Gründe hierfür sind vielfältig: Neben dienstrechtlichen und finanziellen Restriktionen – die Höherqualifizierung der Sekretärinnen hätte mit einer besseren Entlohnung verknüpft werden sollen – traten Bedenken der Beteiligten. Vor allem die Aufhebung der direkten Zuordnung einer Sekretärin zu einem Professor gab Anlaß zu Widerstand, interessanterweise nicht nur auf Seiten der Professoren, sondern auch auf Seiten der Sekretärinnen selbst. Trotz dieses Scheiterns läßt sich viel aus dem Modellversuch lernen. Drei Punkte seien hier erwähnt:

- Sekretärinnen spielen als Zielgruppe der Gesundheitsförderung eine untergeordnete Rolle. Dabei verdient gerade diese Gruppe, die sich an der Schnittstelle zwischen Verwaltung und Wissenschaft bewegt, mit einem komplexen Anforderungsprofil versehen ist, aber deren Arbeit aufgrund eines unflexiblen Besoldungsrechts schlecht entlohnt wird, besondere Aufmerksamkeit.
- Gesundheitsförderung – oder in diesem Fall: Humanisierung des Arbeitsplatzes –, ohne die Perspektive der "Geförderten" einzubeziehen, kann auf wenig Gegenliebe hoffen. Es war sicherlich ein großes Manko des Modellversuches, daß diejenigen, die hiervon am meisten hätten profitieren sollen, nur unzureichend bei der Planung berücksichtigt wurden. Dieser Umstand sollte allen zu denken geben, die bei zielgruppenspezifischen Interventionen auf Top-down-Ansätze setzen.
- Die Veränderung der Rahmenbedingungen, verhältnisbezogene Intervention im besten Sinne, ist vermutlich der sinnvollste, effektivste und nachhaltigste Ansatz frauenspezifischer Gesundheitsförderung. Er ist aber zugleich derjenige, der mit den größten Widerständen rechnen muß.

These 5: Das Selbstwertgefühl der weiblichen Studierenden und Lehrenden wird durch den Geschlechter-Bias systematisch angegriffen

In der Gesundheitsforschung wird dem Selbstwertgefühl als Indikator für Gesundheit ein hoher Stellenwert eingeräumt (Becker & Minsel, 1986; Anderson, zit. nach Hildebrandt & Trojan, 1987). Um Selbstwertgefühl aufzubauen, benötigt die Person ein Referenzsystem, das ein In-Bezug-Setzen mit dem eigenen Ich und der eigenen Lebenswelt ermöglicht. Auf die Situation in der Hochschule bezogen, bleiben für Frauen ihre Lebensbezüge, die Gegenstände ihres Handelns, ihre Sichtweisen durch einen androzentrischen oder geschlechtsunsensiblen Lehr- und Lernstoff ausgeklammert. Die Alma Mater kreist um die männlichen Lebensbezüge, um ein männlich geprägtes Denken und um männliche Theorien und Modelle. Sexismus und Androzentrismus in Forschung und Lehre führen dazu, daß sich Frauen nicht in dem Untersuchungsgegenstand wiederfinden. Zum einen werden dadurch Identifikationsprozesse blockiert. Zum anderen wird eine wesentliche Voraussetzung für nachhaltiges Lernen, der Bezug zur Erfahrungswelt der Lernenden (vgl. Chur in diesem Buch), nicht erfüllt, was, wenn diese Erfahrungswelt so systematisch ausgeschlossen wird, einer Benachteiligung gleichkommt. Daß dies auch Auswirkungen auf das Wohlfühlen im Studium und auf die Schwierigkeiten mit dem Lernstoff haben und damit zu einem Streßfaktor werden kann, ist direkt einleuchtend.

Die systematischen Verzerrungen, die sich aus Sexismus ergeben, der Genderbias, sind von Margrit Eichler (1998) methodisch-methodologisch aufgearbeitet worden. "Die häufigste Form von Sexismus ist die Geschlechtsinsensibilität. Eine Grundform besteht darin, Geschlecht als soziale Variable einfach zu ignorieren. Anstatt Geschlechtsunterschiede oder -gemeinsamkeiten zu untersuchen, wird ein Thema generalistisch behandelt, mögliche Geschlechtsdifferenzen werden nicht beachtet" (Eichler, 1998, S. 35). Eine weitere Form des Gender-Bias ist der Androzentrismus. Androzentrismus bedeutet, Frauen werden in der Forschung einfach ignoriert. Z.B. wird eine Studie ausschließlich mit männlichen Probanden durchgeführt, die Ergebnisse aber als für beide Geschlechter gültig generalisiert. Die Frauenforschung hat jedoch nachgewiesen, wie wichtig die Differenzierung nach Geschlecht als sozialer Kategorie ist und daß Ergebnisse durch den Androzentrismus verfälscht werden. Es gibt noch weitere Aspekte eines Geschlechter-Bias wie Geschlechterdichotomie, Überverallgemeinerung oder ein doppelter Bewertungsmaßstab, die hier nur kurz benannt werden sollen (vgl. Eichler, 1998). Mit diesen systematischen Fehlern, die Forschung und Lehre durchziehen, sind Möglichkeiten der Identifizierung und Spiegelung nicht gegeben, stärkende Erfahrungen, motivierende Inhalte nicht präsent. Was vorenthalten wird, sind nicht nur einzelne Fakten. Ein ganzer Resonanzraum geht verloren.

Um deutlich zu machen, was fehlt, soll ein Beispiel aus einem US-amerikanischen Frauencollege angeführt werden. Sigrid Metz-Göckel hat das Wellesley College, eines der stolzen "Seven Sisters" an der Ostküste der USA, der sieben Colleges, die vor mehr als 100 Jahren als Gegengewicht zu den Männercolleges gegründet wurden, besucht und dort durch teilnehmende Beobachtung und Interviews versucht, dem Geheimnis des Erfolges auf die Spur zu kommen. "Eine Kultur der Anerkennung begegnet den Studentinnen in den Kursen, mehr aber noch in den Verkehrsformen, kontinuierlichen Rückmeldungen und dem respektvollen Umgang, den das College als Institution mit seinen Studentinnen pflegt" (Metz-Göckel, 1997, S. 55). Wie diese Kultur der Anerkennung sich auswirkt, beschreibt folgende Szene, die in einer Vorlesung im Statistik-Kurs, einem Teil der Ökonomieausbildung spielt. Ein älterer Ökonom hält eine klassische Vorlesung über Regressionsanalyse. "Viele der Studentinnen machen aktiv mit, stellen Fragen, Nachfragen, äußern Kritik und Korrekturen. Mir wird nach einer Weile klar, daß die Studentinnen erwarten, den Stoff in der unmittelbaren Lehrsituation zu verstehen. Der ältere Herr geht liebenswürdig mit ihnen um, es ist keinerlei Herablassung oder Abwertung spürbar. ..... Die ganze 'class' schreibt nicht einfach nur mit, sie schwingt mit. Es ist ein viel aktiveres Lernen, als ich in meinem Studium erlebt habe" (Metz-Göckel, 1997, S. 57).

Schlussbemerkung: Gesundheitsförderung durch Gender Mainstreaming

Eine umfassende Strategie, die Gleichstellung der Geschlechter zu erreichen, ist das Konzept des Gender Mainstreaming (Council of Europe, 1998). Dieser von der Europäischen Kommission im Vierten Aktionsprogramm der Gemeinschaft zur Chancengleichheit zwischen Frauen und Männern als zentrale Strategie aufgenommene Ansatz zielt darauf, eine geschlechterbezogene Sichtweise in alle Konzepte, Programme, Maßnahmen einzubringen. Es soll ein Kulturwandel stattfinden, nicht nur kosmetische Änderungen in Richtung Gleichstellung.

Für eine gesundheitsfördernde Hochschule würde dies bedeuten, die Chancengleichheit in das Leitbild der Hochschule explizit aufzunehmen. Alle Hierarchieebenen würden sich mit den unterschiedlichen Lebensweisen von Frauen und Männern auseinandersetzen, sich ein entsprechendes Hintergrundwissen aneignen und sich schulen lassen, dieses Wissen in die Alltagsroutinen zu übersetzen. Mit Gleichstellungsverträglichkeitsprüfungen (Gender Impact Assessment) würden alle Maßnahmen, der Lehrstoff, die Alltagsroutinen der in der Hochschule Lehrenden und Lernenden daraufhin untersucht, ob sie die Bedürfnisse von Frauen und Männern in gleicher Weise berücksichtigen und beiden nützen. Dies ist ein umfassendes, in Organisationsentwicklungsprozesse einzuspeisendes Konzept, das durch Bewußtseinsbildungsprozesse, aufbauend auf den bisherigen Gleichstellungsstrategien, als Top-down-Ansatz einen kulturellen Wandel herbeiführen könnte. Erst dieser kulturelle Wandel, eine andere Normensetzung, eine Kultur der Anerkennung, von der Frauen nicht länger ausgeschlossen sind, geht den Ursachen auf den Grund, die für viele gesundheitliche Beeinträchtigungen am Lern- und Arbeitsort Hochschule verantwortlich zeichnen.

Literatur

Anderson R. zit. nach: Hildebrandt H & Trojan A (1987). Gesündere Städte - kommunale Gesundheitsförderung. Sozialwissenschaften und Gesundheit, Hamburg, 110

Bachmann N (1999). Die Bedeutung sozialer Ressourcen im Studium. In: Bachmann N, Berta D, Eggli P, Hornung R (Hrsg.). Macht Studieren krank? Die Bedeutung von Belastung und Ressourcen für die Gesundheit der Studierenden. Hans Huber, Bern, 105-132

Bachmann N, Berta D, Eggli P, Hornung R (1999). Macht Studieren krank? Die Bedeutung von Belastung und Ressourcen für die Gesundheit der Studierenden. Hans Huber, Bern

Becker P & Minsel B (1986). Psychologie der seelischen Gesundheit. Bd. 2: Persönlichkeitspsychologische Grundlagen, Bedingungsanalysen und Förderungsmöglichkeiten. Hogrefe, Göttingen

Berta D (1999). Studienmotive und Studienerwartungen. In: Bachmann N, Berta D, Eggli P, Hornung R (Hrsg.). Macht Studieren krank? Die Bedeutung von Belastung und Ressourcen für die Gesundheit der Studierenden. Hans Huber, Bern, 63-75

Brunner S & Bachmann N (1999). Psychische und physische Gesundheit im Verlauf des Studiums. In: Bachmann N, Berta D, Eggli P, Hornung R (Hrsg.). Macht Studieren krank? Die Bedeutung von Belastung und Ressourcen für die Gesundheit der Studierenden. Hans Huber, Bern, 77-92

Council of Europe (1998). Gender Mainstreaming. Konzeptueller Rahmen, Methodologie und Beschreibung bewährter Praktiken. Straßburg

Dausien B, Herrmann M, Oechsle M, Schmerl C, Stein-Hilbers M (1999). Erkenntnisprojekt Geschlecht. Feministische Perspektiven verwandeln Wissenschaft. Leske und Budrich, Opladen

Eggli P (1999). Personale Ressourcen. In: Bachmann N, Berta D, Eggli P, Hornung R (Hrsg.). Macht Studieren krank? Die Bedeutung von Belastung und Ressourcen für die Gesundheit der Studierenden. Hans Huber, Bern, 133-154

Eichler M (1998). Offener und verdeckter Sexismus. Methodisch-methodologische Anmerkungen zur Gesundheitsforschung. In: Arbeitskreis Frauen und Gesundheit im Norddeutschen Forschungsverbund Public Health (Hrsg.). Frauen und Gesundheit(en) in Wissenschaft, Praxis und Politik. Hans Huber, Bern, 34-49

Fabian C (1999). Erlebte Krisen und Bedingungen der Inanspruchnahme von Therapie- und Beratungsangeboten durch Studierende. In: Bachmann N, Berta D, Eggli P, Hornung R (Hrsg.). Macht Studieren krank? Die Bedeutung von Belastung und Ressourcen für die Gesundheit der Studierenden. Hans Huber, Bern, 171-187

Franzkowiak P, Helfferich C, Weise E (1996). Praxisansätze und Theorieentwicklung der geschlechtsbezogenen Suchtprävention in der Jugendphase. Ein Forschungsbericht im Auftrag der Bundeszentrale für gesundheitliche Aufklärung. Bundeszentrale für gesundheitliche Aufklärung, Köln

Friebertshäuser B (1992). Übergangsphase Studienbeginn. Eine Feldstudie über Riten der Initiation in eine studentische Fachkultur. Juventa, Weinheim

Hornung R (1999). Leben an der Hochschule: eine Einführung in den Problem- und Forschungsbereich. In: Bachmann N, Berta D, Eggli P, Hornung R (Hrsg.). Macht Studieren krank? Die Bedeutung von Belastung und Ressourcen für die Gesundheit der Studierenden. Hans Huber, Bern, 11-16

Hornung R & Knoch D (1999). Zusammenfassende Überlegungen und Schlussfolgerungen. In: Bachmann N, Berta D, Eggli P, Hornung R (Hrsg.). Macht Studieren krank? Die Bedeutung von Belastung und Ressourcen für die Gesundheit der Studierenden. Hans Huber, Bern, 189-198

Kuhlmann E (1996). Subjektive Gesundheitskonzepte. Eine empirische Studie mit Professorinnen und Professoren. Lit-Verlag, Münster

Metz-Göckel S (1997). Perlen oder Sand im Getriebe? Women's Colleges in den USA. Eine ethnographische Analyse am Beispiel von Wellesley. Zeitschrift für Frauenforschung, 3:52-72

Rundnagel R (1986). Die Studiensituation in Ingenieurstudiengängen der Fachhochschule Gießen-Friedberg unter der besonderen Berücksichtigung der Situation der Studentinnen. In: Gießen-Friedberg FH (Hrsg.). Hochschule für Technik und Wirtschaft, Projekte Nr. 1, 8:39-78

Sickendiek U (1994). Humanisierung der Sekretärinnen-Arbeit. Ein Reformversuch ohne Chance an der Reformuniversität. In: Budde A, Ebel B, Kampmann B, Kuhnt C, Lenninger M (Hrsg.). .../innen -Ansichten. 25 Jahre Universität Bielefeld. Ein Frauenlesebuch zum Jubiläum. Universität Bielefeld, 19-22

Skinningsrud T (1984). Mädchen im Klassenzimmer - warum sie nicht sprechen. Frauen und Schule, 5:21-23

Statistisches Bundesamt (1998a). Bildung und Kultur. Fachserie 11, Reihe 4.4: Personal an Hochschulen 1997. Metzler Poeschel, Stuttgart

Statistisches Bundesamt (1998b). Bildung und Kultur. Fachserie 11, Reihe 4.3.1: Nichtmonetäre Hochschulstatistische Kennzahlen 1980 – 1997. Metzler Poeschel, Stuttgart

Wolffram A (1999). Studienbelastungen im Alltag von Studentinnen technischer Fächer. Koryphäe, 25:26-30

Die Hochschule als gesundheitsfördernder Betrieb

Burkhard Gusy, Dieter Kleiber

Programmatische Überlegungen zu betrieblicher Gesundheitsförderung an Hochschulen

Einleitung

"Lean Management", "Total Quality Management", "lernende Organisationen", "teilautonome Arbeitsgruppen" wie auch "Sozialmanagement" und "New Public Management" sind Schlagworte, die in den letzten Jahren den raschen Wandel von Organisationen begleiten. Sie sind Ausdruck der Anpassung, der Ausdifferenzierung und oft auch der radikalen Umgestaltung von Organisationen an sich wandelnde Marktbedingungen. Erfaßt wurde zunächst der Bereich industriell gefertigter Produkte. Marktdynamiken, Konjunkturschwankungen und andere sich wandelnde Umweltbedingungen erzeugten in Folge einen Anpassungsdruck, von dem kaum ein Bereich verschont blieb - die Verwaltung, das Gesundheitswesen, das Bildungswesen wurden ebenso von dieser Dynamik erfaßt. Diese Entwicklung rückte die Ressourcen eines Unternehmens stärker in den Vordergrund. Gesunde Mitarbeiterinnen und Mitarbeiter gelten als flexibler, motivierter und leistungsfähiger, bei zunehmendem Konkurrenzdruck somit als unschätzbarer Wettbewerbsvorteil. Dies wiegt um so mehr in personalintensiveren kommunikativen Arbeitsfeldern (wie z.B. der Hochschule), in denen der Automatisierung Grenzen gesetzt sind. Die Gesundheit der Mitarbeiterinnen und Mitarbeiter zu erhalten und zu fördern wird zur Zukunftsaufgabe moderner Unternehmen und markiert somit den Ausgangspunkt betrieblicher Gesundheitsförderung. Auch an den Hochschulen beginnt sich das Thema "Gesundheit" zu etablieren. Vorläufer waren diesbezüglich Aktivitäten in Forschung und Lehre, die mit der Etablierung gesundheitswissenschaftlicher Studiengänge verbunden waren. Doch langsam werden auch die hochschuleigenen Strukturen selbst zum Gegenstand gesundheitswissenschaftlich fundierter Interventionen. Entwickelt werden derzeit Pläne für betriebliche Gesundheitsförderungsprojekte. Diese könnten durch ein WHO-Netzwerk "Gesundheitsfördernde Hochschulen" unterstützt und vorangetrieben werden. Vorerst allerdings gilt es noch, die Erträge aus anderen Bereichen zu resümieren und sie auf die Übertragbarkeit für die besondere Situation der Hochschulen hin zu prüfen.

Hochschulen im Wandel

Ein vor wenigen Jahren von der OECD durchgeführter Vergleich der Anteile der Ausgaben für den Hochschulbereich am Bruttoinlandsprodukt dokumentierte, daß die Bundesrepublik Deutschland unter 21 betrachteten Staaten auf dem fünftletzten Platz lag. Beim Vergleich der Anteile der Bildungsausgaben an den gesamten Staatsausgaben lag die Bundesrepublik sogar auf dem letzten Platz (vgl. Hochschulrektorenkonferenz, 1996). Um ein erstes Zeichen zu setzen, den durch Unterfinanzierung entstandenen Investitionsstau in den Hochschulen allmählich abzubauen, kündigte die Bundesregierung an, die Mittel für die "Gemeinschaftsaufgabe Hochschulbau" in 1999 um 200 Millionen Mark anzuheben. Nach dem Willen der Regierungskoalition sollten Bildungs-, Forschungs- und Technologiepolitik wieder einen herausragenden Stellenwert bekommen. Zusätzliche Mittel und veränderte rechtliche Rahmenbedingungen, so heißt es, sollten dazu beitragen, daß Hochschulen ihre Aufgaben als "Zukunftswerkstätten" wieder besser erfüllen können; Investitionen für Forschung wurden angekündigt und die Forschungsförderung sollte entbürokratisiert werden. Diese angekündigten Investititonen lassen auf sich warten, ihre Dringlichkeit nimmt hingegen zu, folgt man der Einschätzung der Bundesministerin für Bildung und Forschung, Frau Bulmahn, daß unser größtes Potential für die Zukunft in der Ausbildung junger Menschen und der Qualitätssteigerung von Wissenschaft und Forschung liegt.

Fragt man in bundesdeutschen Hochschulen nach, so wird die Realität dort noch ganz anders wahrgenommen. Eine Umfrage der Hochschulrektorenkonferenz bei ihren Mitgliedshochschulen wies aus, daß die Haushaltszuwächse von nominal ca. 2 % in den letzten Jahren nicht einmal dazu ausreichten, Preissteigerungen und Restriktionen, die sich aus dem Haushaltsvollzug ergaben, aufzufangen. Für vorhandene Stellen wurden deshalb bei Neubesetzung Sperren von bis zu zwei Jahren verhängt, neu eingerichtete Stellen wurden mit vorläufigen Besetzungssperren belegt, Stelleneinsparungen von bis zu 10% des Stellenbestandes müssen durch Vakanzen vorfinanziert werden. Dies hat die Ausbildungsbedingungen in den letzten Jahren weiter deutlich verschlechtert. Der Vizepräsident der Freien Universität Berlin - die besonders stark von Einschnitten betroffen ist -sprach anläßlich einer Festrede zum 50. Jubiläum seiner Hochschule (Gaethgens, 1999) von einem Schrumpfungsprozeß, der nach Umfang und vor allem Geschwindigkeit seinesgleichen sucht.

Von immer mehr Menschen wird das derzeitige System Hochschule als Auslaufmodell betrachtet. Reformen der Hochschulausbildung, die Module mit kürzeren Durchlaufzeiten vorsehen, sind bereits in der Erprobung. Nach einem zukünftig sechssemestrigen, mit dem international weit verbreiteten Grad eines "Bachelors" abschließenden Studium sollen zukünftig spezifische Weiterqualifikationen angeschlossen werden, die mit dem akademischen Grad "Master" abschließen. Auch neue Lehrtechniken und -angebote via Internet sind in der Erprobung. Private Hochschulen entdecken zunehmend "Eliteförderung" als ihre Kernaufgabe und bedienen sich zu ihrer Realisierung spezifischer Firmeninteressen. All dies führt zu Bewegung im Bildungswesen und zwingt die Hochschulen, sich einem stärkeren Wettbewerb zu stellen. Um diesen bestehen zu können, bedarf es neuer, flexiblerer und flacherer Organisationsstrukturen, die kurze Entscheidungswege vorsehen. Der Umbau der Hochschulen in diese Richtung hat vielerorts bereits begonnen. Neben strukturellen Änderungen steht eine Modernisierung der Unternehmenskultur an, in der auch die gesundheitsfördernde Gestaltung der Arbeit einen festen Platz einnehmen könnte.

Rahmenbedingungen betrieblicher Gesundheitsförderung

Die Rahmenbedingungen betrieblicher Gesundheitsförderung haben sich in den letzten Jahren immer wieder geändert. Eingeführt im Rahmen des Gesundheitsreformgesetzes (1988) als beitragsfinanziertes Angebot der gesetzlichen Krankenversicherung, erlebte die betriebliche Gesundheitsförderung in den 90er Jahren wohl ihren deutlichsten Aufschwung. Die Krankenkassen gründeten vielerorts Institute, die sich in Kooperation mit den Betrieben dieser Herausforderung mit großem Engagement stellten. 1996 wurde Gesundheitsförderung im Rahmen des Beitragsentlastungsgesetzes aus dem (beitragsfinanzierten) Leistungsspektrum herausgelöst und der Beitrag der Krankenkassen verändert, in Richtung Mitwirkung bei der Verhütung arbeitsbedingter Gesundheitsgefahren in Kooperation mit den Trägern der gesetzlichen Unfallversicherung. Zu unterrichten sind die Letztgenannten über Erkenntnisse, die die Krankenkassen über Zusammenhänge zwischen Erkrankungen und Arbeitsbedingungen gewonnen haben (Neufassung des § 20 SGB V). Die Folge war, daß die meisten Institutionen, die betriebliche Gesundheitsförderung im Auftrag der Krankenkassen (bis 1996) durchführten, ihre Arbeit einstellen mußten. An der Entwicklung tragfähiger Kooperationen zwischen den Trägern der gesetzlichen Unfallversicherung und den Krankenkassen wird derzeit gearbeitet; erste Rahmenvereinbarungen sind unterzeichnet, die den Akteurinnen und Akteuren Hinweise zur Ausgestaltung und Erfüllung des gesetzlichen Auftrages zur Zusammenarbeit bei der Verhütung arbeitsbedingter Gesundheitsgefahren geben.

Parallel zu dieser Entwicklung wurde 1996 das Arbeitsschutzgesetz[1] novelliert, das mit seinem umfassenden Präventionsansatz mit Spielräumen in Richtung Gesundheitsförderung die wohl bedeutendste Reform des Arbeitsschutzes darstellt. Hervorzuhebende Neuerungen sind insbesondere:

1. Es wurde eine einheitliche Rechtsgrundlage für alle Tätigkeitsbereiche und Beschäftigtengruppen geschaffen (auch für den Öffentlichen Dienst).

2. Neben der Verhütung arbeitsbedingter Gesundheitsgefahren wird die humane Gestaltung der Arbeit in den Arbeitsschutz integriert.

3. Ein Gestaltungsauftrag für Arbeitsprozesse wird formuliert, der eine Gefährdung für Leben und Gesundheit möglichst ausschließt bzw. weitestgehend minimiert. Gesicherte arbeitswissenschaftliche Erkenntnisse sind dabei zu berücksichtigen.

4. Eine Systematisierung des Arbeits- und Gesundheitsschutzes wird angestrebt und als Querschnittsaufgabe aller relevanten betrieblichen Funktionen beschrieben.

---

[1] Gesetz zur Umsetzung der Rahmenrichtlinie Arbeitsschutz und weiterer Arbeitsschutzrichtlinien auf der Grundlage der EU-Rahmenrichtlinien 89/391/EWG von 1989 und 91/383/EWG von 1991

5. Der Arbeitsschutz wird in das betriebliche Geschehen integriert. Auf der Grundlage von Gefährdungsbeurteilungen[2] sollen Gefahrenpotentiale ermittelt und darauf bezogene Interventionsprozesse angeregt werden.

6. Eine Beratungspflicht für Arbeitgeber wurde festgelegt (auf der Grundlage der das Arbeitsschutzgesetz konkretisierenden Unfallverhütungsvorschriften für Betriebsärzte und Fachkräfte für Arbeitssicherheit).

7. Spielräume mit Blick auf Gesundheitsförderung gibt es in der konkreten betrieblichen Umsetzung sowohl in bezug auf die Prioritäten für betriebliche Gesundheitsschutzprogramme, als auch bei der Ausgestaltung der Gefährdungsanalysen.

Mit dem neuen Arbeitsschutzgesetz existiert ein international harmonisiertes Gesetzeswerk, mit dem der betriebliche Arbeits- und Gesundheitsschutz systematisiert und für nahezu alle Beschäftigtengruppen geregelt wurde. Weiterreichende Regelungen, wie sie z.T. in anderen EU-Staaten, wie z.B. Schweden oder den Niederlanden, vorgesehen sind, waren in der Bundesrepublik Deutschland bisher nicht durchsetzbar. Zentraler Träger der bundesdeutschen Maßnahmen im Bereich des betrieblichen Arbeits- und Gesundheitsschutzes ist die gesetzliche Unfallversicherung, die jedoch zunächst der *Verhütung arbeitsbedingter Gesundheitsgefahren* verpflichtet ist. Jüngst erst veränderte Zuständigkeiten haben zu einer Schwerpunktverschiebung geführt und sehen nun auch Gesundheitsförderungs- und betriebliche Präventionsmaßnahmen als Kernaufgaben des betrieblichen Gesundheitsschutzes vor. Daß diese Aufgaben betrieblicherseits aufgegriffen werden, ist derzeit zumeist noch nicht klar erkennbar. Möglichkeiten gäbe es sowohl im Rahmen der Gefährdungsbeurteilung, als auch bei darauf bezogenen (humanen) Gestaltungsprozessen der Arbeit.

Zusammenfassend läßt sich festhalten, daß betriebliche Gesundheitsförderung als Begriff derzeit in den einschlägigen Gesetzestexten keine explizite Erwähnung findet; indirekt aber wird sie z.B. durch den Begriff der "gesundheitsgerechten Gestaltung der Arbeit" im Arbeitsschutzgesetz angesprochen. Ob der Stellenwert betrieblicher Gesundheitsförderung in naher Zukunft gestärkt wird - wie in den Koalitionsvereinbarungen zwischen der SPD und Bündnis 90/Die Grünen ausgehandelt - bleibt abzuwarten.

Akteurinnen und Akteure und Anspruchsgruppen betrieblicher Gesundheitsförderung

Im Rahmen betrieblicher Gesundheitsförderungsprojekte stehen die Mitarbeitenden als Garanten der Leistungsfähigkeit und des Erfolges eines Unternehmens im Zentrum der Betrachtung. Sie tragen dazu bei, den Unternehmensauftrag/-zweck zu erfüllen, indem sie zur Erzeugung und Weiterentwicklung eines Produktes oder einer Dienstleistung beitragen. Vorrangig agieren in Gesund-

[2] Gefährdungsbeurteilungen waren auch in den alten Regelungen enthalten, entfalteten aber aufgrund fehlender Dokumentationspflicht (die in der Neufassung des Arbeitsschutzgesetzes nunmehr enthalten ist) kaum Wirkung.

heitsförderungsprojekten also die Belegschaft eines Unternehmens oder Teile davon und das Management/die Geschäftsleitung bzw. ihre Interessenvertreter mit unterschiedlichen Erwartungen. Erhoffen sich das Management/die Geschäftsleitung alles in allem Effekte, die die Investitionskosten zumindest ausgleichen (z.B. durch Imagegewinne, Reduktion der Fehlzeiten), versprechen sich Mitarbeiterinnen und Mitarbeiter zumeist gesundheitsgerechte, attraktive und sichere Arbeitsplätze.

Komplexer wird das Anspruchsgeflecht, wenn der außerbetriebliche Rahmen mitbedacht wird. Mindestens zwei weitere Gruppen sind zu nennen, die (mittelbar) den Rahmen für betriebliche Gesundheitsförderungsprojekte mitbestimmen. Dies sind zum einen die (potentiellen) Abnehmerinnen und Abnehmer der Leistungen eines Unternehmens, die ein ihren - meist sehr heterogenen - Interessen am meisten entgegenkommendes Angebot an Produkten und Dienstleistungen einfordern. An den Hochschulen sind dies z.B. die Studierenden oder Unternehmen als mögliche spätere Arbeitgeber sowie gesellschaftliche Gruppen oder Institutionen, die auf die Gestaltung von Hochschule und Bildungssystem insgesamt Einfluß nehmen (z.B. der Wissenschaftsrat, forschungsfördernde Einrichtungen wie z.B. die Deutsche Forschungsgemeinschaft, Arbeitgeberverbände, Gewerkschaften). Interventionen dieser Gruppen werden zum Teil direkt wirksam, z.B. durch Kürzungen der Hochschul- bzw. Forschungsförderung, haben prozeßsteuernden Einfluß, z.B. durch Förderrichtlinien, die die Rahmenbedingungen von Forschungsprojekten festlegen, oder gewinnen erst mittelfristig an Bedeutung, z.B. in Form von Angebotssteuerung auf der Grundlage von Evaluationsstudien (z.B. zum Lehrangebot).

Das Leistungsspektrum der Hochschulen beschränkt sich aber nicht nur auf den Verkauf fertiger "Produkte", sondern ist in Teilen, wie z.B. der Lehre, ein Leistungsangebot in Form von Vermittlung von Wissen, Fähigkeiten und Fertigkeiten. Die Umformung zum "Produkt" erfolgt durch die Studierenden, die in die Lage versetzt werden sollen, die erworbenen Fähigkeiten, Fertigkeiten und Kenntnisse anzuwenden bzw. weiterzuentwickeln. Die Studierenden sind nicht nur Konsumierende, sondern integraler Bestandteil des "Produktionsprozesses". Ein maximaler Nutzen des Leistungsangebotes Lehre in den Hochschulen ist somit nicht nur an das Engagement der dort Lehrenden, sondern darüber hinaus an die Leistungsvoraussetzungen und -bereitschaft der Studierenden gebunden. Dies könnte zur Perspektivenerweiterung betrieblicher Gesundheitsförderung an Hochschulen führen, und zwar, an Schnittstellen wie z.B. der Lehre, die Studierenden bei betrieblichen Gesundheitsförderungsprojekten zu beteiligen. Hinweise hierzu liefert z.B. eine Studie von Stock et al. (1997), in der Bielefelder Studierende u.a. zu ihren Wünschen nach strukturellen Maßnahmen der Gesundheitsförderung befragt wurden. Veränderungen der Sitze in den Hörsälen (Zustimmungsrate 80,2%) und der Gebäudearchitektur (Zustimmungsrate: 79,5%) wurden am häufigsten genannt. Daß diese Faktoren die Lernatmosphäre beeinflussen, bedarf keines gesonderten Nachweises.

Hochschulen sind darüber hinaus Orte, an denen Studierende häufig im Anschluß an ihr Elternhaus sozialisiert werden und eigenverantwortliches, gesundheitsbezogenes Verhalten entwickeln und festigen (vgl. Abercrombie et al., 1998). In der oben zitierten Studie von Stock et al. (1997) wurde eine Diskrepanz zwischen Gesundheitsbewußtsein und gesundheitsfördernden Verhaltensweisen der Studierenden festgestellt, die durch unterstützende Angebote, z.B. in Form von Gesundheitsberatung und life-skill-trainings, minimiert werden könnte. Großer Bedarf und Nachfrage wäre vorhanden, so das Ergebnis der Studie.

Das Anliegen betrieblicher Gesundheitsförderung

Unter dem Etikett "betriebliche Gesundheitsförderung" werden derzeit eine Vielzahl von Projekten zusammengefaßt, deren Gemeinsamkeit darin besteht, daß gesundheitsbezogene Fragen in Betrieben thematisiert werden. Prävention und Gesundheitsförderung werden meist synonym verwendet, sollten aber eher als ergänzende Strategien mit unterschiedlichen Zielsetzungen betrachtet werden: Gesundheitsförderung zielt auf den Ausbau biologischer, psychischer und sozialer Widerstandskräfte und Schutzfaktoren zur Förderung des Wohlbefindens - unabhängig von bestehenden Beeinträchtigungen -, Prävention hingegen auf den Abbau oder die Minderung identifizierter Risiken spezifischer Erkrankungen (vgl. Tab. 1).

Die synonyme Verwendung der Begriffe ist auch darin begründet, daß mit einer Maßnahme sowohl präventive, als auch gesundheitsförderliche Effekte evoziert werden können. So kann z.B. eine Maßnahme, die zeitliche Planungsspielräume erhöht, beanspruchungsreduzierend (und somit präventiv) wirken, indem Zeitdruck vermieden wird; die salutogene Wirkung kann im Erleben größerer Gestaltungsspielräume durch Zeitsouveränität bestehen. Wenn es also im Folgenden um Ressourcen in der Arbeit[3] geht, sind primär Merkmale angesprochen, denen in der arbeitswissenschaftlichen Literatur (u.a.) eine salutogene Wirkung zugesprochen wird. Unterschieden werden *situative* und *personale* Ressourcen, auf die im Folgenden genauer eingegangen wird.

Situative Ressourcen der Arbeit

Situative Ressourcen der Arbeit sind lange schon Gegenstand empirischer Forschungsprogramme zur menschengerechten Gestaltung von Arbeit (wie z.B. im Rahmen des BMFT-Förderprogrammes zur "Humanisierung des Arbeitslebens"[4]). Im Fokus stehen Merkmale der Arbeitsaufgabe und der Aufgabengestaltung. Angesprochen wird die *Ganzheitlichkeit* einer Arbeitsaufgabe, die planende, ausführende und evaluative Anteile in einer Person/Arbeitsgruppe vorsieht, die *Autonomie* (aufgabenbezogen, zeitlich und sozial), *Lern- und Entwicklungsmöglichkeiten* in der Arbeit für die Beschäftigten, *Kommunikations- und Kooperationserfordernisse* in der Tätigkeit mit Raum auch für nicht aufgabenbezogene Themen, sowie die *Sinnhaftigkeit* der Tätigkeit allgemein (vgl. Oesterreich & Volpert, 1999; Ulich, 1994; Mohr & Udris, 1997). Die salutogene Wirkung dieser Variablen konnte vielfach belegt werden. Gestal-

---

[3] Maßnahmen zur Belastungssenkung, die präventiven Charakter haben, werden aufgrund der Zielstellung des Artikels nicht behandelt (vgl. hierzu Bamberg & Metz, 1998)

[4] Mitte der achtziger Jahre umbenannt in "Arbeit und Technik" beim heutigen BMBF

tungsempfehlungen zu diesen Aspekten der Arbeits- und Aufgabengestaltung sind in Tabelle 2 enthalten.

Tab. 1 Interventionsfelder, -typen, Zielgruppen und Terminologien

Zustand	Gesundheit und Wohlbefinden	spezifische und unspezfische Gesundheitsrisiken, Befindlichkeitsstörungen	behandlungsfähige Befunde ohne Symptome	akute und chronische Erkrankungen, Behinderungen
Zielgruppe	Gesamtbevölkerung	Risikogruppen	Patienten	Rehabilitanden
Interventionsansatz	ökologisch	vorbeugend	korrektiv	kompensatorisch
Bezeichnung	Gesundheitsförderung	Primärprävention, Belastungssenkung und Gesundheitsförderung	Sekundärprävention, Früherkennung und Frühbehandlung, Belastungssenkung und Gesundheitsförderung	Tertiärprävention,medizinische Behandlungen, medizinische, berufliche und soziale Rehabilitation; Pflege; Belastungssenkung und Gesundheitsförderung

Anmerkung: Es handelt sich hierbei um eine von Rosenbrock (1998) um Angaben von Laaser & Hurrelmann (1998) erweiterte Tabelle im Handbuch Gesundheitswissenschaften. Gesundheitsförderung ordnen Laaser & Hurrelmann dem Zustand "Gesundheit und Wohlbefinden" (Spalte 2) zu, Rosenbrock dagegen beschreibt Gesundheitsförderung als Interventionsfeld, unabhängig vom Gesundheitszustand (Spalte 3-5).

Neben diesen werden noch weitere (situative) Ressourcen in der Literatur genannt, deren empirische Bestätigung noch aussteht. Hierzu zählen die Berufsarbeit an sich, die Sicherheit des Arbeitsplatzes, Möglichkeiten zur Mitbestimmung und Partizipation, ein gutes Arbeitsklima, eine positive Beziehung zu Vorgesetzten, Anerkennung/Erfolg, Organisationsstrukturen mit flachen Hierarchien und dezentralen Entscheidungskompetenzen sowie ein mitarbeiterinnenorientierter Führungsstil (vgl. Bamberg & Metz, 1998).

Tab. 2 Gestaltungsmerkmale und -empfehlungen für Aufgaben und Arbeitsprozesse mit salutogener Wirkung

	Gestaltungsempfehlungen	
Gestaltungs-merkmal	Bamberg & Metz (1998)	Ulich (1994)
Ganzheitlichkeit (Identität, Variabilität, Vielfalt, Rückkopplung)	...Aufgaben, die unterschiedliche Anforderungen beinhalten, und mit planenden, ausführenden und kontrollierenden Anteilen verbunden sind ...Aufgaben mit festgelegten, eindeutigen Bewertungskriterien, die eine "gerechte" Gratifikation ermöglichen	...Aufgaben mit planenden, ausführenden und kontrollierenden Elementen und der Möglichkeit, Ergebnisse der eigenen Tätigkeit auf Übereinstimmung mit gestellten Anforderungen zu prüfen ...Aufgaben mit unterschiedlichen Anforderungen an Körperfunktionen und Sinnesorgane
Autonomie (aufgabenbezogen, zeitlich, sozial)	...Aufgaben mit Freiheitsgraden in bezug auf Terminplanung, Reihenfolge der Bearbeitungsschritte und -weise mit wählbaren KooperationspartnerInnen ...flexible Arbeitszeiten	...Aufgaben mit Dispositions- und Entscheidungsmöglichkeiten ...Schaffen von Zeitpuffern bei der Festlegung von Vorgabezeiten
Lern- und Entwicklungsmöglichkeiten	...anspruchsvolle Arbeitsinhalte mit Denk- und Planungserfordernissen	...problemhaltige Aufgaben, zu deren Bewältigung vorhandene Qualifikationen eingesetzt und erweitert bzw. neue Qualifikationen erworben werden müssen
Sinnhaftigkeit der Arbeit	...Einordnung individueller/kollektiver Tätigkeit in Gesamtzusammenhang	...Produkte, deren gesellschaftlicher Nutzen nicht in Frage steht ...Produkte und Produktionsprozesse, deren ökologische Unbedenklichkeit überprüft und sichergestellt werden kann
Kommunikations- und Kooperationserfordernisse (Möglichkeiten zur sozialen Interaktion)	...Aufgaben mit arbeitsbezogenen Kooperations- und Kommunikationserfordernissen ...Raum und Zeit für Kommunikation auch zu nicht arbeitsbezogenen Themen	

Personale Ressourcen

Personale Ressourcen dienen dem Ausbau oder Erhalt des bestmöglichen Gesundheitsstatus eines Menschen. Angesprochen sind also Voraussetzungen einer Person, die arbeitsbezogen erworben werden können, aber nicht müssen und meist nicht nur im Arbeitsprozeß wirksam werden. Am deutlichsten zuzuordnen ist hier eine beschäftigungsadäquate *Qualifikation*, die der optimalen Passung zwischen beruflichen Anforderungen und persönlichen Leistungsvoraussetzungen dient und durch Ausbildung, Weiterbildung oder Schulungen dem aktuellen Bedarf immer wieder angepaßt werden kann. Diese ist als Voraussetzung für das Erleben von Erfolg und Wirksamkeit in der Arbeit zu betrachten. *Soziale Kompetenz* verbessert die (arbeitsbezogenen) Interaktionsmöglichkeiten und wird in betrieblichen Kommunikations- und Kooperationssituationen sichtbar, wie z.B. der Unterweisung oder der Gruppenarbeit. Soziale Kompetenz kann direkt trainiert werden, indem z.B. die Möglichkeiten, emotional aufgeladene Themen zu besprechen, verbessert werden oder auch abträgliche Verhaltensweisen bzw. Persönlichkeitsmerkmale verändert werden. Als weitere Ressource gilt der *Umgang mit belastenden Ereignissen* oder Situationen (das Streßmanagement). Der Aufbau aktiver Strategien zur Problembewältigung kann als (generalisierte) Strategie auch prospektiv wirksam werden, indem vormals belastende Situationsmerkmale abgebaut werden und so (Mit-) Gestaltungsmöglichkeiten sicht- und nutzbar werden.

Über diese unstrittig im Arbeitsprozeß wirksamen Faktoren hinaus werden auch außerberufliche Ressourcen diskutiert, die der Gesundheitsförderung dienen. Dies sind sowohl Aktivitäten, die dem Erhalt oder dem Ausbau der körperlichen Konstitution und Elastizität dienen (wie z.B. moderate sportliche Betätigung, gesunde Ernährung), Freizeitaktivitäten, wie z.B. das Erlernen von Fremdsprachen oder die Mitarbeit in Bürgerinitiativen, die der Persönlichkeitsentfaltung dienen und die aktive Teilhabe am gesellschaftlichen Leben fördern.

Schlüsselmerkmale betrieblicher Gesundheitsförderungsprojekte

Betriebliche Gesundheitsförderer und -förderinnen werben vielfach mit Produktivitätssteigerungen des Betriebes - nach erfolgreichem Abschluß der Interventionen - z.B. aufgrund gestiegener Leistungsbereitschaft der Mitarbeiterinnen und Mitarbeiter oder infolge sinkender Abwesenheitsquoten. Diese Argumentation knüpft am unterstellten Eigeninteresse des Managements an, den Betrieb als zweckrationales, primär unter betriebswirtschaftlichen Gesichtspunkten geführtes Unternehmen zu betreiben, in dem Investitionen für gesundheitsbezogene Maßnahmen von der erwarteten Kosten-Nutzen-Relation abhängig gemacht werden. Mehrdimensionale Interventionsstrategien, in denen neben personalen Voraussetzungen (verhaltensändernde Maßnahmen) auch Merkmale der Arbeitsumgebung (verhältnisgestaltende Maßnahmen) verändert werden, sind hier besonders gut geeignet, da von ihnen ein deutlich höherer gesundheitsbezogener Nutzen erwartet werden kann, als von rein verhaltensorientierten Strategien (vgl. Wickström, 1992). "Viel Verhaltensprävention (80%), wenig Verhältnisprävention (20%)", lautet dagegen das Ergebnis einer Studie von Schwager & Udris (1998) für betriebliche Gesundheitsförderungsprojekte in Schweizer Unternehmen, das auch für andere Länder in dieser deutlichen Tendenz bestätigt wurde (Demmer & Bindzius, 1996). Zweckrationalität scheint offenbar nicht alleiniges und auch nicht handlungsleitendes Kriterium für Interventionsentscheidungen zu sein. Die Bedeutung betrieblicher Erfahrungen in der Wahrnehmung, Thematisierung, Aushandlung und Umsetzung zurückliegender Probleme bzw. Problemlösungen, die von konkurrierenden Interessen geprägt sind, wird vielfach unterschätzt. Die Relation verhältnisgestaltender zu verhaltensorientierten Maßnahmen läßt sich als Ausdruck betrieblicher Machtkonstellationen interpretieren, in denen Interventionen an der Peripherie (z.B. Kantine, Trainingskurse) vereinbart werden können, "betriebliche Kernfunktionen", wie z. B. die Arbeits- und Aufgabengestaltung, hingegen nicht zur Disposition stehen.

Größe und Dynamik gesundheitlicher Probleme im Betrieb, Wissensstand über Möglichkeiten der Prävention und Gesundheitsförderung, Verfügbarkeit von Expertinnen und Experten zur Umsetzung der Projekte, wirtschaftliche Lage des Unternehmens, Kosten-Nutzen- oder Kosten-Effektivitätskriterien sind keine bestimmenden Faktoren für die Chancen betrieblicher Gesundheitsförderungsprojekte. Mehr Gewicht haben betriebliche Faktoren wie eine Verbindung zu Themen ohne direkten oder nur vordergründigen Bezug zu Gesundheit (Lenhardt & Rosenbrock, 1998), die Koalitionen mit anderen Akteursgruppen ermöglichen und zügige Umsetzung garantieren. Die Motive zur Unterstützung des Interventionsprozesses können dabei divergieren. Maßnahmen der Arbeitsgestaltung können zum Beispiel sowohl auf Effizienzsteigerung als auch auf Gesundheitsförderung abzielen.

So ist die Entscheidung zur Realisierung betrieblicher Gesundheitsförderung zwar Eingangsvoraussetzung, bietet jedoch breite Variationsmöglichkeiten in der Ausgestaltung der Projekte. Inhalte, Reichweite, Effekte sowie die Nachhaltigkeit dergestalter Projekte werden verhandelt und werden beeinflußt vom Grad

1. *der Unterstützung durch das Management*
   als Garanten für die Implementation von Veränderungsprojekten. Hierbei zählt die aktive Beteiligung des (gesamten) Managements besonders.
2. *der Autonomie der zu verändernden Organisationsbereiche,* die die Gestaltungsspielräume für Interventionen markiert. Interventionen können dann z.B. nicht immer mit Verweis auf die Abhängigkeit von Arbeitsabläufen anderer organisatorischer Einheiten abgelehnt werden.
3. *der Kooperativität des Führungsstils,* in dem die verschiedenen Organisationseinheiten - trotz konkurrierender Interessen - an Prozessen der Aushandlung, Erarbeitung und Durchführung betriebsbezogener Maßnahmen aktiv beteiligt werden.
4. *der Kontinuität des Prozesses und der Personen:*
   Ziel betrieblicher Gesundheitsförderung ist es, neben der salutogenen Gestaltung einzelner Aspekte der Arbeit Gesundheit als Kriterium in betriebliche Entscheidungsprozesse einzuführen. Dies ist meist nur durch eine Abfolge aufeinander aufbauender Interventionen möglich, die personelle Kontinuität voraussetzen.

5. *der Lernbereitschaft der Mitarbeiterinnen und Mitarbeiter:*
Mitwirkung der Belegschaft setzt neben Interesse auch Lernbereitschaft voraus. Der (positive) Effekt gesundheitsfördernder Interventionen kann nur dann stabilisiert werden, wenn die Belegschaft die initiierten Änderungen aktiv stützt und nicht z.B. durch Rückkehr zu alten Routinen torpediert.
6. *der Möglichkeit der Beteiligung am Prozeß:*
Gesundheitsfördernde Interventionen lassen sich nicht verordnen, sondern können nur dann optimale Wirksamkeit entfalten, wenn sie von der Belegschaft und ihren InteressenvertreterInnen getragen werden. Dies setzt Foren zur Artikulation der Vorstellungen der Belegschaft bzw. ihrer InteressenvertreterInnen voraus, in denen die verschiedenen Interessen erwogen und ein breitestmöglicher Kompromiß ausgehandelt werden kann. Prozeßbeteiligung wird somit zur Voraussetzung für eine mehr oder minder aktive Rolle im Interventionsprozeß.
7. *des Erfolges/Gewinnes:*
Erfolg ist ein Motor für die Implementation bzw. das Aufrechterhalten von Prozessen. Haben die Beschäftigten die Erfahrung gemacht, daß bisherige Interventionen (aus ihrer Sicht) nichts Positives bewirkt haben, lassen sie sich schwerlich auf neue Unterfangen ein oder arbeiten aktiv in Prozessen mit, von deren Ergebnissen sie sich im "besten" Fall keine Verschlechterungen erwarten. Erfolg oder Gewinn sollten konkret erfahren werden können.

Im Rahmen begrenzter betrieblicher Gesundheitsförderungsprojekte kann eine Sensibilisierung für das Thema "Gesundheit" erfolgen und zum Aufbau unterstützender betrieblicher Strukturen führen, die langfristig eine Verankerung von Gesundheit als handlungsleitendes Kriterium in der Unternehmensphilosophie ermöglichen. Dies ist ein langwieriger (aber lohnenswerter) Prozeß, der viel Moderationsgeschick, viel Engagement und Durchhaltevermögen seitens der InitiatorInnen/AkteurInnen voraussetzt.

Phasen betrieblicher Gesundheitsförderungsprojekte

Die Praxis betrieblicher Gesundheitsförderung ist stark durch die Aktivitäten der Krankenkassen auf diesem Sektor geprägt. In der konstituierenden Phase wird ein betrieblicher Steuerkreis unter Beteiligung aller relevanten Gruppen eingerichtet. Gesundheitsbezogene (betriebliche) Daten dienen zur Feststellung der Ausgangssituation eines Betriebes und bilden den Hintergrund für die Auswahl, Implementation und Begleitung des Interventionsprozesses, an den sich im optimalen Fall die Evaluation/Qualitätssicherung der erfolgten Intervention anschließen sollte, in der neue Projekte verabredet werden (vgl. Tab. 4). Die Initiative zu betrieblicher Gesundheitsförderung an Hochschulen geht i.d.R. von Mitarbeiterinnen und Mitarbeitern aus, die mit dem Thema in Forschung, Lehre (z.B. Gesundheitswissenschaftler und Gesundheitswissenschaftlerinnen) oder in der Praxis befaßt sind (z.B. der Betriebsärztliche Dienst oder Fachkräfte für Arbeitssicherheit). Der Ablauf eines Gesundheitsförderungsprojektes wird nachfolgend in einem vier Phasen umfassenden Modell beschrieben (vgl. Tab. 3), mögliche Aufgaben in diesen Projektphasen sind in Tabelle 4 enthalten.

Tab. 3 Phasen betrieblicher Gesundheitsförderungsprojekte

Phase 1	*Phase 2*	*Phase 3*	*Phase 4*
Konstituierung	Analyse & Diagnose	Interventionsauswahl, -implementation und -begleitung	Evaluation/ Qualitätssicherung

Phase 1: Konstituierung

In dieser Phase ist der Blick auf den Anlaß und die Initiatorinnen und Initiatoren betrieblicher Gesundheitsförderungsprojekte gerichtet. Gesundheit scheint ein "sperriges" Thema zu sein, das allein in Betrieben wenig Handlungsanreize schafft. In einer Studie der Europäischen Stiftung zur Verbesserung der Lebens- und Arbeitsbedingungen (1998) wird berichtet, daß gesundheitsförderungsaktive Unternehmen ihr Engagement in diesem Bereich nicht mit der Verbesserung der Gesundheit, sondern z.B. mit der Verbesserung ihres öffentlichen Images begründen. Lenhardt & Rosenbrock (1998) kommen auf der Basis von Fallstudien zu dem Ergebnis, daß die Reichweite und Veränderungstiefe gesundheitsbezogener Maßnahmen von ihrer Einbettung in andere Themenkomplexe abhängig ist, die vordergründig keine Verbindung zu Gesundheit aufweisen müssen. Aus den Fallbeispielen wird deutlich, daß betriebliche Gesundheitsförderung als eigenständige Aktivität (z.B. das wiederholte Angebot von Rückenschulen in einem Allgemeinkrankenhaus) keinen Ausstrahlungseffekt in andere Bereiche (des Krankenhauses) hat. Maximale Wirksamkeit ist dann möglich, wenn Gesundheitsaspekte in nahezu allen Entscheidungsprozessen eines Unternehmens bedacht werden. Für die konstituierende Phase betrieblicher Gesundheitsförderung an Hochschulen empfiehlt sich daher nicht die "Ausgrenzung" dieses Themenkomplexes durch die Schaffung eigener unabhängiger Strukturen, sondern die Implementation einer Strategie, die aktiv die Verbindung zu anderen Themenkomplexen sucht und entsprechende Gestaltungsvorschläge unterbreitet. Im Rahmen von Reorganisationsprozessen können z.B. salutogene Unternehmens- und Arbeitsstrukturen implementiert werden (z.B. Einführung von Gruppenarbeit). Ziel wäre die Integration betrieblicher Gesundheitsförderung in eine zukunftsweisende Personal- und Unternehmenspolitik.

Phase 2: Analyse und Diagnose

In der Analyse- und Diagnosephase werden Informationen zusammengetragen, die für den Interventionsprozeß als hilfreich erachtet werden. Bekannt aus den Kooperationsprojekten zwischen Krankenkassen und Betrieben sind sog. "Gesundheitsberichte[5]", in denen Daten der Krankenkassen zu Arbeitsunfähigkeitstagen und Diagnosen mit betrieblichen Daten, z.B. zu Aufgaben- und Beschäftigungsbereichen der jeweiligen Mitarbeiterinnen und Mitarbeiter, zu-

---

[5] Gesundheitsberichte der Krankenkassen enthalten - anders als der Begriff vermuten läßt - ausschließlich Daten zu krankheitsbedingten Fehlzeiten und entsprechenden ärztlichen Diagnosen. Sie bilden das *Krankheitsgeschehen* der Versicherten dieser Kasse in einem Unternehmen ab.

sammengeführt werden und durch Ergebnisse aus MitarbeiterInnenbefragungen, z.B. zum Wohlbefinden oder zur Arbeitszufriedenheit, angereichert werden. Auf der Grundlage identifizierter Gesundheitsrisiken werden Veränderungsstrategien erarbeitet. Die Aussagen dieser Berichte sind als Gestaltungshintergrund für präventive und korrektive Interventionen wertvoll, zur betrieblichen Gesundheitsförderung im Sinne einer Ressourcenerweiterung allerdings nur bedingt geeignet. Maximalen Nutzen für die Interventionsplanung versprechen Analyseverfahren, mit denen Ursachen-Wirkungsabschätzungen möglich sind und gesundheitliche Gefahrenquellen identifiziert werden können. Ob z.B. Trainingsprogramme oder Veränderungen der Arbeitsorganisation geeignete Interventionsmaßnahmen sind, sollte ursachenabhängig entschieden werden, wobei der Maßnahme Vorrang einzuräumen wäre, die den höchsten gesundheitsbezogenen Nutzen erwarten läßt.

Betriebliche Gesundheitsanalysen können im Rahmen der gesetzlich vorgeschriebenen Gefährdungsanalyse (§5 in Verbindung mit §6 des Arbeitsschutzgesetzes von 1996) erfolgen, die betriebliche Spielräume zur Ausweitung um gesundheitsförderliche Aspekte der Arbeit bietet. Diese Möglichkeit sollte künftig konsequenter genutzt werden.

Phase 3: Interventionswahl, -implementation und -begleitung

Während Analyse und Diagnose eher datengestützt erfolgen und dem Unternehmen rückgemeldet werden, ist die Interventionswahl erneut Gegenstand betrieblicher Aushandlungs- und Entscheidungsprozesse und der damit verbundenen Dynamik, an der gesundheitsbezogene Fragen nur einen kleinen Anteil haben. Zunächst ist die Bereitschaft eines Unternehmens von Bedeutung, sich mit meist unbequemen Sachverhalten auseinanderzusetzen. Neben den materiellen Aufwendungen des Betriebes sind auch die immateriellen Kosten salutogener Arbeitsgestaltung zu berücksichtigen. Werden z.B. die Gestaltungsspielräume der Mitarbeiterinnen und Mitarbeiter erweitert und Arbeitssysteme etabliert (wie z.B. Gruppenarbeit), die zur Verlagerung von Entscheidungskompetenzen (in die Gruppe) führen, werden gewachsene betriebliche Strukturen und Hierarchien in Frage gestellt. Daß dies auch Widerstände erzeugt, liegt auf der Hand und verdeutlicht die besondere Bedeutung der Moderation in dieser Phase.

Will betriebliche Gesundheitsförderung maximalen Nutzen herbeiführen, gilt es, den Anteil verhältnisgestaltender Interventionen durch Mitwirkung an der Arbeits- und Aufgabengestaltung zu vergrößern. Ulich (1994) kennzeichnet drei Strategien der Arbeitsgestaltung: die *korrektive* Strategie (1) zielt auf die Berichtigung erkannter Mängel, die *präventive* (2) auf die vorwegnehmende Vermeidung gesundheitlicher Schädigungen und Mängel und die *prospektive* (3) auf die Schaffung von Möglichkeiten zur Persönlichkeitsentwicklung (vgl. Tab. 5). Während korrektive und präventive Maßnahmen auf Schädigungsfreiheit zielen, wird in der prospektiven Strategie die Nähe zu den mit Gesundheitsförderung verbundenen Zielen deutlich. Entwicklungsmöglichkeiten zu schaffen ist das entscheidende Kriterium für prospektive Arbeitsgestaltung. Der Auf- und Ausbau von Ressourcen, die auf die größtmögliche Verwirklichung der Gesundheitspotentiale abzielen, ist zentrales Kennzeichen der Gesundheitsförderung. Bei der Interventionswahl sind die Reichweiten der verschiedenen Strategien zu berücksichtigen. Korrektive Arbeitsgestaltung zielt auf Mängelbeseitigung, während prospektive Strategien ressourcenerweiternd sind und damit einen höheren gesundheitsbezogenen Nutzen erwarten lassen. Die unterschiedlichen Reichweiten der vorab genannten Strategien sowie deren Nachhaltigkeit in bezug auf den Erhalt und die Förderung der Gesundheit werden den an betrieblicher Gesundheitsförderung interessierten Unternehmen i.d.R. nicht vermittelt.

Tab. 4 Aufgaben in den verschiedenen Phasen eines betrieblichen Gesundheitsförderungsprojektes

	Aufgaben	
Phasen	*Stein & Westermayer (1996)*	*Ducki (1998)*
Konstituierung	Erfassen der impliziten Hypothesen der FunktionsträgerInnen im Unternehmen über die Verursachung des Krankenstandes, Beschreibung der dynamischen Struktur der Hypothesen im innerbetrieblichen Rollengefüge	Gründung eines Steuerkreises unter Beteiligung aller relevanten Gruppen, konsensuale Zielfindung und Problemdefinition
Analyse und Diagnose	Operationalisierung der Hypothesen Überprüfen der Hypothesen Datenfeedback Formulierung neuer Hypothesen Festlegen von meßbaren Veränderungszielen	Differenzierte Problembeschreibung und Ursachenanalyse mit Hilfe verschiedener Analysemethoden Durchführung der Analysen Auswertung der Analysen z.B. in Hypothesenworkshops
Interventionsauswahl Implementation Begleitung	Entwicklung geeigneter Interventionsschritte Umsetzung von Intervention in Pilotabteilungen	Auswahl geeigneter Interventionen auf Basis der Ursachenanalyse Planung und Vorbereitung der Intervention Festlegung der Evaluationskriterien Festlegung von Verantwortlichkeiten, Zuständigkeiten, Zeitrahmen
Evaluation/ Qualitätssicherung	Evaluation der Veränderungen Unternehmensweite Implementierung erfolgreicher Veränderungen Implementierung eines kontinuierlichen Verbesserungsprozesses	Auswertung der erfolgten Intervention nach vorher festgelegten Kriterien, ggf. Änderung der Intervention Prüfung der Übertragbarkeit der Intervention auf andere Bereiche

Aufgrund der unterschiedlichen betrieblichen Bedingungen kann es keine standardisierten Lösungen geben: "Maßanfertigungen" sind geboten. Zur Erprobung der Eignung und Paßgenauigkeit konzipierter Maßnahmen können Pilotprojekte durchgeführt werden, deren Ausdehnung auf weitere Unternehmensteile nach der Auswertung der Pilotphase möglich ist. Eine Aufgabe der Interventionsbegleitung in betrieblichen Gesundheitsförderungsprojekten besteht in der Fortentwicklung der Maßnahmen durch die Beseitigung von Hindernissen und die Absicherung der Kontinuität des Prozesses. Wurden z.B. neue Anforderungen durch die Veränderungen der Arbeitsorganisation geschaffen, sind Interventionen zur Verbesserung der personalen Ressourcen (z.B. durch Qualifikation) sinnvolle Ergänzungen.

Tab. 5 Ziele unterschiedlicher Strategien der Arbeitsgestaltung

	Strategien der Arbeitsgestaltung		
	prospektiv	*präventiv*	*korrektiv*
Ziele	Schaffung von Möglichkeiten der Persönlichkeitsentwicklung	vorwegnehmende Vermeidung gesundheitlicher Schädigungen und Mängel	Korrektur erkannter Mängel

(Quelle: Ulich, 1994)

Phase 4: Evaluation und Qualitätssicherung

Die Evaluation und entsprechende Bewertungskriterien gesundheitsförderlicher Interventionsprojekte werden meist in der Planungsphase ausgehandelt. Je interventionsspezifischer die Kriterien und ihre Indikatoren gefaßt sind, desto eher läßt sich der erzielte Effekt auch der Intervention zuschreiben. Die Evaluation setzt in diesem Falle eine eigenständige Erhebung voraus, die nicht zeitnah zur Intervention erfolgen sollte. Die (dokumentierte) Praxis sieht allerdings anders aus. In der Regel werden als Bewertungsindikatoren für gesundheitsbezogene Interventionen in Betrieben eher Globalmaße verwendet, deren Erhebung meist ohne Zusatzaufwand möglich ist, wie z.B. die Anzahl krankheitsbedingter Fehltage im Verlauf. Dieser Indikator sollte aber nur dann Verwendung finden, wenn der Abbau des Krankenstandes erklärtes Ziel ist und entsprechende Maßnahmen dazu realisiert werden konnten. Für ressourcenerweiternde Interventionen ist dieser Indikator meist ungeeignet, da sie höchstens mittelbar zur Reduktion des Krankenstandes beitragen. Globalmaße sind darüber hinaus selten "interventionssensitiv"; ungeklärt bleibt meist der spezifische Beitrag der realisierten Intervention. Als Entscheidungshilfen für die unternehmensweite Übertragung von Pilotprojekten sind diese Verfahren nicht geeignet. Sinnvoll ist es, die Evaluation nicht als "Anhängsel" einzuführen, sondern ihre Bedeutung für die Prozeßsteuerung und -bewertung zu verdeutlichen. "Inhaltlich" aussagekräftige Bewertungskriterien, geeignete Indikatoren sowie das Procedere der Evaluation (inklusive betrieblichem Aufwand) sollten schon in der Interventionsplanungsphase verabredet sein, um einer "Koalition gemeinsamer Vorbehalte" entgegenzusteuern, die bei minimalen Effekten weder ein gutes Licht auf die Durchführenden noch auf den Betrieb wirft.

Instrumente betrieblicher Gesundheitsförderung

Moderierte betriebliche Problemlösegruppen erfahren in der Praxis betrieblicher Gesundheitsförderung besondere Aufmerksamkeit. Am weitesten verbreitet sind Gesundheitszirkel und Qualitätszirkel, denen gemeinsam ist, daß auf dem Hintergrund einer Analyse Maßnahmen abgeleitet und initiiert werden sowie deren Umsetzung überprüft wird. Die Zirkel unterscheiden sich hinsichtlich der Zusammensetzung (ein vs. verschiedene Arbeitsbereich/e), hierarchischer Strukturierung (eine vs mehrere Hierarchiestufen), zeitlicher Begrenzung, Inhalte sowie Aufgabenstrukturierung (offen vs. auf konkrete Probleme bezogen) (vgl. Westermayer & Bähr, 1994; Slesina et al., 1998). Der spezifische Ertrag der Zirkel beruht auf der offenen Kommunikationskultur, der spezifischen Hinwendung zu den Themen der Beschäftigten sowie deren Kenntnis der Vor-Ort-Gegebenheiten, d.h. ihrem Erfahrungswissen.

Ihr Wert innerhalb betrieblicher Gesundheitsförderung an Hochschulen soll an einem Beispiel illustriert werden. Im Rahmen des postgradualen Ergänzungsstudiums "Psychosoziale Prävention und Gesundheitsförderung" an der Freien Universität Berlin beschäftigten sich Studierende eines Seminars mit Qualitätszirkeln. Es wurde vereinbart, einen Qualitätszirkel[6] zum Studium in Eigenregie durchzuführen. Zum zentralen Thema wurde der Informationsaustausch zwischen Lehrenden und Studierenden. Gewünscht wurde, daß im Studiengang die vorhandenen Informationsquellen zu aktuellen gesundheitsbezogenen Themen besser gebündelt werden sollten. Hierzu wurde ein Katalog von Einzelmaßnahmen beschlossen, der die Kommunikationsstrukturen mit den Studierenden deutlich verbessern sollte durch einen Informationsservice zu Beginn der Veranstaltungen über relevante Kongresse/Ringveranstaltungen und Neuentwicklungen im Gesundheitsbereich, eine Informations- und Diskussionsliste im Internet, ein Schwarzes Brett, die Koordination von Kongreßteilnahmen sowie die Organisation eigener Ringveranstaltungen unter Beteiligung relevanter Forschungs- und Praxiseinrichtungen. Fast alle Anregungen des Qualitätszirkels konnten umgesetzt werden. Ein Drittel der Studierenden beteiligte sich am Qualitätszirkel, was erstaunliches Interesse dokumentiert angesichts ihrer Berufstätigkeit und der Tatsache, daß der Zirkel außerhalb der üblichen Studienzeit stattfand. Die Studierenden berichteten in Folge des Qualitätszirkels von Motivationssteigerung, verstärkter Identifikation mit dem Studiengang, wie auch effizienterer organisatorischer Ablaufgestaltung. Die spezifischen Bedingungen des Studienganges sind sicherlich mitverantwortlich für den Erfolg des Qualitätszirkels; es wurde aber auch deutlich, daß der realisierte partizipative Ansatz die Lehr- und Lernatmosphäre deutlich verbesserte.

[6] Konstituierendes Kriterium für Qualitätszirkel ist in der Regel, daß es sich um Mitarbeiterinnen und Mitarbeiter eines Betriebes handelt, die Beteiligung Studierender stellt eine Abwandlung dar.

Ausblick

Die Hochschulen agieren derzeit unter schwierigen Rahmenbedingungen. Als "Ideenfabriken" und "Zukunftswerkstätten" gefordert, von denen Innovationsimpulse erwartet werden, stehen sie aufgrund der Haushaltsrestriktionen vor der Bewältigung von Reorganisationsprozessen, die in der vorgegebenen Geschwindigkeit wenig Gestaltungssspielräume bieten. Moderne, effizientere, entbürokratisierte sowie dezentralisierte Strukturen sollen realisiert werden. Betriebliche Gesundheitsförderungsprojekte in Form neuer ressourcenerweiternder Arbeitssysteme (wie z.B. Gruppenarbeit in der Verwaltung) und Aufgabengestaltungen wären möglich, setzen aber voraus, daß die Verantwortlichen diese nicht nur als Zusatzinvestition betrachten. Eine moderne, zukunftsweisende Unternehmenskultur könnte etabliert werden, in der der Gesundheit der Mitarbeiterinnen und Mitarbeiter eine hohe Bedeutung für den Unternehmenserfolg beigemessen wird. Ob die Verantwortlichen diese Vision teilen und an der Umsetzung mitzuarbeiten bereit sind, wird die nahe Zukunft zeigen.

Literatur

Abercrombie N, Gatrell T, Thomas C (1998). Universities and health in the twenty-first century. In: Tsouros AD, Dowding G, Thompson J, Dooris M (Hrsg.). Health promoting universities. Concept, experience and framework for action. WHO Regional Office for Europe, Copenhagen

Bamberg E & Metz AM (1998). Intervention. In: Bamberg E, Ducki A, Metz AM (Hrsg.). Handbuch Betriebliche Gesundheitsförderung. Verlag für Angewandte Psychologie, Göttingen, 177-210

Demmer H & Bindzius F (1996). Gesundheitsförderung in der Arbeitswelt. Prävention, 19 (2)55-57

Ducki A (1998). Allgemeine Prozeßmerkmale betrieblicher Gesundheitsförderung. In: Bamberg E, Ducki A, Metz AM (Hrsg.). Handbuch Betriebliche Gesundheitsförderung. Verlag für Angewandte Psychologie, Göttingen, 135-143

Europäische Stiftung zur Verbesserung der Lebens- und Arbeitsbedingungen (Hrsg.) (1998). Betriebliche Gesundheitsförderung in Europa. Amt für amtliche Veröffentlichungen der Europäischen Gemeinschaft, Luxemburg

Gaethgens P (1999). Festrede zum 50. Gründungstag der FU. In: FU Nachrichten online Jubiläum. http://www.fu-berlin.de/fun/1-2-99/j1.htm.

Hochschulrektorenkonferenz (Hrsg.) (1996). Zur Finanzierung der Hochschulen. Dokumente zur Hochschulreform 110/1996. Hochschulrektorenkonferenz, Bonn

Laaser U & Hurrelmann K (1998). Gesundheitsförderung und Krankheitsprävention. In: Hurrelmann K & Laaser U (Hrsg.). Handbuch Gesundheitswissenschaften. Juventa Verlag, Weinheim, 395-424

Lenhardt U & Rosenbrock R (1998). Gesundheitsförderung in der Betriebs- und Unternehmenspolitik. In: Müller R & Rosenbrock R (Hrsg.). Betriebliches Gesundheitsmanagement, Arbeitsschutz und Gesundheitsförderung - Bilanz und Perspektiven. Asgard, St. Augustin, 298-326

Mohr G & Udris I (1997). Gesundheit und Gesundheitsförderung in der Arbeitswelt. In: Schwarzer R (Hrsg.). Gesundheitspsychologie. Ein Lehrbuch. Hogrefe, Göttingen, 2. Aufl., 553-574

Oesterreich R & Volpert W (1999). Psychologie gesundheitsgerechter Arbeitsbedingungen (Schriften zur Arbeitspsychologie). Hans Huber, Bern

Rosenbrock R (1998). Gesundheitspolitik. In: Hurrelmann K & Laaser U (Hrsg.). Handbuch Gesundheitswissenschaften. Juventa, Weinheim und München, 707-752

Schwager T & Udris I (1998). Gesundheitsförderung in Schweizer Betrieben. In: Bamberg E, Ducki A, Metz AM (Hrsg.). Handbuch betriebliche Gesundheitsförderung. Verlag für Angewandte Psychologie, Göttingen, 437-444

Slesina W, Beuels F, Sochert R (1998). Betriebliche Gesundheitsförderung. Entwicklung und Evaluation von Gesundheitszirkeln zur Prävention arbeitsbedingter Erkrankungen. Juventa, Weinheim und München

Stein B & Westermayer G (1996). Betriebliche Gesundheitsförderung als Organisationsentwicklung. In: Busch R (Hrsg.). Unternehmenskultur und betriebliche Gesundheitsförderung. Freie Universität Berlin, Berlin, 12:50-75

Stock C, Allgöwer A, Prüfer-Krämer L, Krämer A (1997). Gibt es einen Bedarf für eine betriebliche Gesundheitsförderung für Studierende. Zeitschrift für Gesundheitswissenschaften, 5 (3):239-256

Ulich E (1994). Arbeitspsychologie, 3. Aufl. Schäffer-Poeschel, Stuttgart

Westermayer G & Bähr B (1994). Betriebliche Gesundheitszirkel. Verlag für Angewandte Psychologie, Göttingen

Wickström G (1992). Evaluation of work-related intervention studies to prevent chronification of back disorders. Veröffentlichungsreihe der Forschungsgruppe Gesundheitsrisiken und Präventionspolitik. Wissenschaftszentrum Berlin für Sozialforschung, Berlin, 92-203

Peter Franzkowiak

Gesundheitsberichterstattung im Setting Hochschule

Konzeption und Umsetzung

Hochschule als Setting in der Gesundheitsförderung

Ein Setting ist ein soziales System, das eine Vielzahl relevanter Umwelteinflüsse auf eine bestimmte Personengruppe umfaßt. Es ist zugleich ein System, in dem die Bedingungen von Gesundheit und Krankheit gestaltet und verändert werden können. Der Setting-Ansatz der Gesundheitsförderung orientierte bislang vorrangig auf Städte/Kommunen, Betriebe, Krankenhäuser und Schulen (Grossmann & Scala, 1994, 1996; Noack, 1996; WHO, 1998).

Auch Hochschulen sind Settings für Gesundheitsförderung. Die komplexe Organisation Hochschule beeinflußt die Gesundheitschancen und Risikopotentiale aller ihrer Mitglieder, ob Lehrende und Lernende, ob Dienstleisterinnen und Dienstleister in Leitung und Verwaltung, ob Mitarbeiterinnen und Mitarbeiter im Studentenwerk usw. Eine Hochschule wirkt auf die Gesundheit ihrer Mitglieder und ihres Umfeldes in mehrfach vernetzter Weise ein (Booth & Ritchie, 1998; Tsouros et al., 1998b):

- als Großeinrichtung/Organisation mit einem umfassenden (dabei mehr oder weniger gesundheitsbewußten) Leitbild;
- als Arbeitgeberin mit Pflichtaufgaben des Arbeits- und Gesundheitsschutzes;
- als Lern-/Lehr- und Forschungszentrum mit jeweils unterschiedlicher inhaltlicher und didaktischer Nähe zu Gesundheitsfragen;
- als (u.a. Gesundheits-)Erzieherin zukünftiger Generationen von PraktikerInnen, ForscherInnen und EntscheidungsträgerInnen;
- als (u.a. gesundheitsfördernde) Ressource und Partnerin der Gemeinde, in die sie eingebettet ist, sowie in Beziehung zu größeren regionalen, nationalen und internationalen Zusammenschlüssen;
- als gesundheitsförderliches Setting und Projektstandort im engeren Sinne.

In Übernahme einer auf Schulen bezogenen WHO-Definition kann eine Hochschule dann als gesundheitsfördernd gelten, wenn sie beständig und nachhaltig darum bemüht ist, ihre Kapazitäten als gesunder Lebens-, Arbeits- und Lernort zu verbessern. Dazu zählen:

- der Schutz vor Gesundheitsgefahren im Arbeits-, Lehr- und Lernprozeß;
- der ungehinderte und bestmögliche Zugang zu bzw. Vermittlung von präventiven, diagnostischen und kurativen Basisdiensten sowie zu erweiterten Ressourcen der Gesundheitsförderung;

- die Befähigung aller Hochschulangehörigen, im Einklang mit den Zielen und dem Leitbild der Hochschule ihre Fähigkeiten zu erweitern und Kontrolle über die persönlichen wie strukturellen Bedingungen ihrer Gesundheit im Setting Hochschule zu entwickeln.

Hochschulen sind zwar Settings für sich, immer aber auch ein Teilsystem des übergreifenden lokalen bzw. regionalen Settings, im Idealfall Teilsystem einer gesunden Stadt, Gemeinde bzw. Region. Der Aktionsrahmen ist weitgefächert: "Hochschulen können viele Dinge tun, um die Gesundheit von Studierenden und Beschäftigen zu fördern und zu schützen, um gesundheitsverbessernde Arbeits-, Lern- und Lebensumgebungen zu schaffen, um die Umwelt nachhaltig zu schützen, um Gesundheitsförderung in Lehre und Forschung zu fördern und um die Gesundheit der Gemeinde zu fördern und eine Ressource für die Gesundheit in der Gemeinde zu sein. Die Herausforderung in der Entwicklung gesundheitsfördernder Hochschulprojekte liegt darin, all diese Aspekte voranzubringen und zu ermutigen" (Tsouros, 1998, in eigener Übersetzung).

Gesundheitsberichterstattung

Gesundheitsberichterstattung (GBE) ist ein kontinuierliches Berichtswesen zur Verlaufsbeobachtung und, im Idealfall, zur Steuerung und Qualitätsverbesserung von Entwicklungen im Gesundheitswesen. Auf regionaler und nationaler Ebene dient GBE zur systematischen, periodischen Darstellung und Analyse des Gesundheitszustandes einer Bevölkerung, ihrer Gesundheitsgefährdungen, der gesundheitlichen Versorgung und deren Effektivität und Effizienz. Ziel ist die Lagebeschreibung und Ermittlung von vordringlichen Handlungsbedarfen im Hinblick auf die gesundheitliche Lage und Versorgung von Bevölkerungsgruppen (Bardehle & Annuß, 1998; Schwartz & Hofmann, 1996; Trojan, 1996).

Als Ergebnisse der GBE werden je nach Reichweite und Anspruch unterschieden: allgemeine Gesundheitsberichte sowie zielgruppenbezogene und/oder bereichsorientierte Spezialberichte. GBE ist jedoch mehr als nur deskriptive Statistik von empirischen Gesundheitsindikatoren. Sie soll auch Hinweise zur Verbesserung gesundheitlicher Versorgungsnetze und zur Intensivierung von Prävention und Gesundheitsförderung geben. In weiten Kreisen der Gesundheitswissenschaften/Public Health wird eine GBE-Fokussierung auf Problemschwerpunkte des Gesundheitszustandes und auf Defizite gesundheitlicher Versorgung als ausreichend angesehen.

Vom Standpunkt der Gesundheitsförderung ist die Notwendigkeit solcher Defizitanalysen unbestritten; sie sind aber keinesfalls hinreichend. Die GBE muß auch salutogenetische Fragen stellen und beantworten (Noack, 1996):

- Wie und wo entsteht (im Setting Hochschule) Gesundheit?
- Welche Struktureffekte und Gesundheitsgewinne sind (im Setting Hochschule) mit Gesundheitsinterventionen verbunden?

Indikatoren für eine in diesem Sinne salutogenetische Epidemiologie und GBE liegen noch nicht vor. Die gegenwärtige GBE orientiert sich primär an klassisch epidemiologischen (Defizit-)Indikatoren für Gesundheit und Gesundheitsförderung. Ihre Ergebnisse und interventiven Ableitungen sind unter dieser Einschränkung zu werten. Einzufordern für zukünftige GBE ist die Entwicklung und Verankerung salutogener Maßzahlen und Verknüpfungen auf individueller, Interaktions- und Settingebene.

Einen Bezugsrahmen für allgemeine GBE bietet der erste Gesundheitsbericht für Deutschland (Statistisches Bundesamt, 1998). Konzeptioneller Ausgangspunkt der GBE des Bundes ist eine systemorientierte Betrachtungsweise, bei der es nicht allein um die Bereitstellung von statistischen Einzelergebnissen geht. Den Nutzerinnen und Nutzern sollen verdichtete Informationen angeboten werden: in Form analytischer Darstellungen und mittels aussagefähiger Kennziffern. Die empirischen Daten sollen differenziert, unter Berücksichtigung interdisziplinärer Aspekte, interpretierbar sein. Die Beiträge im 1998er Basisbericht des Bundes unterliegen einer einheitlichen fünfteiligen Struktur: Rahmenbedingungen - Gesundheitszustand und Gesundheitsverhalten der Bevölkerung - Verbreitung von Krankheiten und Risikofaktoren in der Bevölkerung - Inanspruchnahme von Gesundheitsleistungen - Kosten und Ressourcen des Gesundheitswesens. Tab. 1 zeigt eine leicht abgewandelte und um interventionsrelevante Ableitungen ergänzte Form dieser Berichtsstruktur.

Tab. 1 Allgemeine GBE-Berichtsstruktur (modifiziert und erweitert nach: Statistisches Bundesamt, 1998)

GBE-Bereiche	*Inhalte*	*Ableitungen*
Rahmenbedingungen	politische, ökonomische, kulturelle und ökologische Rahmenbedingungen und Leitbilder	Benennung prioritärer Strukturmerkmale und -probleme
Gesundheitliche Lage und Gesundheitsgefährdungen	Gesundheitsverhalten, Gesundheitsgefährdungen, Risikofaktoren, Krankheiten, Mortalität, Lebenserwartung	Benennung prioritärer Gesundheitsmerkmale und -probleme
Ressourcen und Inanspruchnahme	Leistungen und Inanspruchnahme der Gesundheitsversorgung, Einrichtungen und Erwerbstätige	Benennung prioritärer Versorgungsmerkmale und -probleme
Finanzierung und Steuerung	Ausgaben, Kosten und Preise, Finanzierung und Steuerung	Benennung prioritärer Steuerungsmerkmale und -probleme
Weiterentwicklung und Veränderung	Entwicklungslinien, Zukunftsszenarien, Veränderungsnotwendigkeiten und -modelle	Benennung prioritären Interventionsbedarfs

Noch vor der Bundes-GBE wurde in vielen Modellprojekten städtische, betriebliche und Krankenhaus-GBE entwickelt. Neben allgemeinen regionalen Berichten existiert im deutschsprachigen Raum auch eine Vielzahl von regionalen Spezialgesundheitsberichten, z.B. zur Gesundheit von Kindern und Jugendlichen, Frauen und Alten bzw. für spezielle Krankheitsgruppen (Krebs, Herz-Kreislauf-Erkrankungen).

Hochschulbezogene Gesundheitsberichterstattung

Vergleichbar breit gefächerte Ansätze einer GBE, die gezielt auf das Setting Hochschule zugeschnitten sind, sind m.W. noch nicht vorhanden. Spezialberichte zu einzelnen Risikoaspekten der Gesundheit von Studierenden oder der Gesundheitsförderung an Hochschulen liegen verstreut vor (vgl. die Übersichtsarbeit von Weissinger, 1996; ergänzend: Allgöwer et al., 1998; Franzkowiak, 1998).

Welche Indikatoren, welche Basisinformationen benötigt eine hochschulbezogene Gesundheitsberichterstattung (HGBE)? Es ist sinnvoll, von Ashtons (1998) fünf allgemeinen Setting-Merkmalen einer gesundheitsfördernden Hochschule (GH) auszugehen:

1. Struktur und Organisation (Personal- und Sachausstattung, Fachbereiche, Verwaltung, Zentralisierung/Zersplitterung etc., Organisationskultur und –leitbilder);
2. Standort/Standorte, Gebäude, stadt- und sozioökologisches Umfeld der Hochschule;
3. (aggregierte) soziodemographische Basisdaten der verschiedenen Gruppen von Hochschulmitgliedern;
4. Beziehungen der Hochschule zur Gemeinde und ihre Einbettung in die lokale/regionale Struktur;
5. Gesundheitsaspekte, insbesondere vordringliche Felder von Prävention und Gesundheitsschutz bei den einzelnen Hochschulgruppen (bei Studierenden: Sexualverhalten/Verhütung, Unfälle/Verletzungen, Ernährung, Drogenmißbrauch, Streßbewältigung, Arbeitsorganisation/Lernstörungen, etc.).

Verbindet man diese Bereiche mit den in Tab. 1 ausgeführten Vorgaben der allgemeinen GBE-Berichtsstruktur, ergeben sich die Umrisse einer Berichtsstruktur für das Setting Hochschule (Tab. 2).

HGBE ist nutzbar als Einstieg in den Aufbau eines Projektes Gesunde Hochschule. Im 4-Ebenen-Aktionsmodell von Public Health (Assessment, Policy Development, Assurance, Evaluation) kann HGBE sowohl bei der Sammlung von Basisdaten und dem Aufzeigen von Risikolagen bzw. Versorgungsbedarf angesiedelt, als auch Grundlage für die Evaluation von Nachfolgeprojekten sein.

Tab. 2 Spezifische HGBE-Berichtsstruktur

HGBE-Bereiche	*Inhalte*	*Ableitungen für Gesundheitsförderung*
Allgemeine Rahmenbedingungen, Organisationskultur und Leitbild(er), Verhältnis von Lehre und Forschung	politische, ökonomische und kulturelle Rahmenbedingungen und Leitbilder der Organisation Hochschule und einzelner Fachbereiche/Einrichtungen; Standorte und ihre materiellen und natürlichen Umweltbedingungen; Gebäude; Ergonomie des Lernens/Lehrens; Versorgungsstruktur (Mensa, Wohnheime, Freizeiteinrichtungen, etc.)	Benennung prioritärer gesundheitsrelevanter Strukturmerkmale und -probleme der Hochschule bzw. einzelner Organisationseinheiten
Ausstattung, Arbeits- und Studienbedingungen	Personal- und Sachausstattung; Arbeitsgestaltung, Arbeitsmittel, Arbeitsschutz; Lehr-Lern-Ausstattung, Personalschlüssel Lehrende – Lernende, Didaktik und Studienorganisation; Studienbedingungen, -erfolge, -abbrüche	Benennung prioritärer gesundheitsrelevanter Leistungs- und Ausstattungsmerkmale und –probleme der Hochschule bzw. einzelner Organisationseinheiten
Gesundheitliche Lage und Gesundheitsgefährdungen der Hochschulmitglieder	Arbeits- und Studienzufriedenheit; Lebenskompetenzen, soziale Unterstützung, Belastungen und Streßbewältigung; Gesundheitsverhalten, Gesundheitsgefährdungen/ Risikofaktoren; somatische, psychische und psychosoziale Beschwerden und Krankheiten, Krankenstand/Fehlzeiten, Arbeitsunfähigkeit (AU-Tage), arbeitsmedizinische Vorsorgeuntersuchungen; Behinderungen, Frühberentungen (Mortalität, Lebenserwartung) --> differenziert nach: Studierenden, Lehrenden, Verwaltung/Hausdiensten, assoziierten MitarbeiterInnen und Diensten, nach Geschlecht, u.U. auch nach: Standorten, Abteilungen, Fachbereichen, Sondereinrichtungen	Benennung prioritärer Gesundheitsmerkmale und -probleme der Hochschulmitglieder bzw. der Mitglieder einzelner Organisationseinheiten
Ressourcen und Inanspruchnahme	betriebsärztlicher Dienst; Beratungs- und Versorgungseinrichtungen und deren Beschäftigte; Leistungen und Inanspruchnahme von gesundheitlicher Information, Beratung, Gesundheits- und Arbeitsschutz, medizinischer Versorgung an der Hochschule;	Benennung prioritärer Beratungs-, Gesundheitsschutz- und Versorgungsprobleme an der Hochschule bzw. in einzelnen Organisationseinheiten
Finanzierung und Steuerung	Ausgaben, Kosten und Preise, Finanzierung und Steuerung von Gesundheitsaufklärung und -beratung, von Prävention und Gesundheitsförderung, von Arbeits- und Gesundheitsschutz an der Hochschule	Benennung prioritärer Steuerungsprobleme in ihrer Auswirkung auf Prävention und Gesundheitsförderung in der Hochschule
Vernetzung und Gemeindeorientierung	gesundheitsbezogene Vernetzung/Kooperation mit anderen Einrichtungen, Einbindung in die Gemeinde	Benennung prioritären Vernetzungs- und Kooperationsbedarfs innerhalb und außerhalb der Hochschule
Weiterentwicklung und Veränderung	Entwicklungslinien, Zukunftsszenarien, Veränderungsnotwendigkeiten und -modelle	Benennung prioritären Interventionsbedarfs in der Hochschule bzw. einzelnen Organisationseinheiten sowie in der Interaktion mit hochschulexternen Partnern

Praktische Ansatzpunkte und Ausblick

Ein HGBE-Basisbericht mit so anspruchsvoller und umfassender Struktur, wie oben skizziert, wird sich in kaum einer Hochschule finden, wohl auch nicht ad hoc einführen lassen. Ein Mißerfolg wäre vorprogrammiert, wollte man mit einem derart perfektionistischen Anspruch in HGBE einsteigen.

HGBE beginnt in aller Regel mit vereinzelten Spezialberichten unterschiedlicher Tiefe und Ausrichtung. Diese haben viele Gesichter:

- epidemiologische Quer- und Längsschnitterhebungen zur individuellen Gesundheit, spezifischen Risiken und überformenden Lebensweisen von Studierenden, MitarbeiterInnen und Lehrenden an der Hochschule;
- Gruppenbefragungen, Werkstätten, Begehungen, Strukturuntersuchungen von Studierenden zu gesundheitsrelevanten Einzelaspekten des Studiums und dessen hochschultypischen Rahmenbedingungen ("Gesundheit am Lern- und Arbeitsplatz Hochschule");
- Arbeits- und Gesundheitsschutzerhebungen zu den Risiken und Gefährdungen von MitarbeiterInnen in den unterschiedlichen Servicebereichen einer Hochschule (Mensa, Technischer Dienst, Verwaltung, Forschungspersonal auf AssistentInnen- und MitarbeiterInnenebene, etc.);
- Evaluationen und Verlaufsbeobachtungen der Studienangebote, präventiven Maßnahmen und Gesundheitsdienste sowie anderer gesundheitsrelevanter Dienstleistungsangebote an der Hochschule;
- Überprüfungen zur Implementation, Wirksamkeit, Reichweite und Nachhaltigkeit von präventiven Aufklärungs-, Beratungs- und Hilfsangeboten für die unterschiedlichen Interessen- und KundInnengruppen an der Hochschule.

HGBE sollte Teil einer bereits existierenden Gesundheitsförderung an der Hochschule sein bzw. ohne Verzug dazu führen. Gesundheitsberichte müssen zu Handlungskonsequenzen in überschaubarer Zeit führen. In der betrieblichen Gesundheitsförderung hat sich die wechselseitige Verknüpfung von analytischen Gesundheitsberichten mit interventionsorientierten Gesundheitszirkeln bewährt (Sochert, 1999). Dieses Prinzip könnte und sollte auch auf das Setting Hochschule übertragen werden. Dabei dient die HGBE als "informationslogistisches Analyseinstrument" (ebenda). Mit ihr kann Zusammenhängen zwischen Risiken/Erkrankungen und Arbeits- sowie Umfeldbedingungen nachgegangen werden. Diese zirkuläre Logik der Verbindung von Basis-/Veränderungsdaten und Intervention läßt sich auch auf gesundheitsbezogene Fragen der Studienorganisation und des Hochschulalltags von Studierenden sowie auf die gesundheitsfördernde Integration der Hochschule in die Stadt bzw. Gemeinde anwenden (CCPH, 1999). Leitfragen für HGBE in Anbindung an ein Projekt Gesunde Hochschule werden in Tab. 3 zusammengetragen:

Tab. 3 Ansatzpunkte und Leitfragen einer interventionsorientierten HGBE (übernommen und überarbeitet nach den Überlegungen zur gemeinsamen Verantwortung für Gesundheit ["corporate responsibility for health"] in der Hochschule bei Tsouros et al., 1998b, 114 ff.)

Allgemeine Rahmenbedingungen, Leitbild und Außenwirkung

- Sind die Arbeits-, Lern- und Lebens-/Freizeitbedingungen gesund für alle Beteiligten?
- Sind alle Hochschulangehörigen im Stand ihrer bestmöglichen Gesundheit?
- Sind Lehren, Lernen und Forschung und deren strukturelle wie organisatorische Rahmenbedingungen in optimaler Weise realisiert?
- Sind alle Verbesserungsmöglichkeiten von medizinischer, Verhaltens- und Verhältnisprävention an der Hochschule bekannt und ausgeschöpft?
- Bestehen ausreichende gesundheitsfördernde Verbindungen und Vernetzungen mit der Gemeinde?
- Ist ein Leitbild der nachhaltigen Gesundheitsplanung und Gesundheitsförderung in allen Bereichen der Hochschule vorhanden oder in Entwicklung? Ist das Leitbild Teil der kontinuierlichen Organisationsentwicklung?
- Hat die Hochschule eine gesunde Außenwirkung? Wird dadurch die Attraktivität für Studierende, Berufungen und Arbeitende erhöht? Ist damit eine Verbesserung der Wettbewerbschancen verbunden?
- Unterstützt die Hochschule die Gesundheitssicherung und -entwicklung in der Gemeinde? Welche Wechselwirkungen gibt es zwischen Gemeinde und Hochschule?

Spezifische Arbeitsbedingungen, Gesundheitsförderung und Gesundheitsdienste

- Werden allen Mitgliedern und MitarbeiterInnen der Hochschule gesunde Lern- und Arbeitsbedingungen, gesundheitsfördernde Arbeits-, Lern- und Forschungsplätze bereitgestellt?
- Gibt es für alle Fachbereiche, Einrichtungen und MitarbeiterInnen ein gesundes und unterstützendes soziales Umfeld?
- Wird die persönliche und soziale Entwicklung von Studierenden und MitarbeiterInnen erleichtert und gefördert?
- Wird die Einrichtung und kontinuierliche Verbesserung von Arbeits- und Gesundheitsschutz der MitarbeiterInnen und Studierenden als Pflichtaufgabe begriffen und ohne Einschränkungen umgesetzt? Wird die angemessene Umsetzung unabhängig überprüft?
- Besteht ein betriebsärztlicher Dienst? Wird er effektiv genutzt, arbeitet er effizient?
- Ist die Erhaltung und Erhöhung von Gesundheit und Produktivität aller MitarbeiterInnen, Lehrenden und Studierenden gesichert? Werden durch gesundheitsfördernde Interventionen krankheitsbedingte Abwesenheiten und Ausfallzeiten nachhaltig abgebaut?
- Werden ausreichende, leicht zugängliche und problemnahe Basisgesundheits- und Beratungsdienste an der Hochschule bereitgestellt?
- Sind eine nachhaltige Versorgung mit gesunder Ernährung (Mensa, Cafeterien) und Möglichkeiten der Bewegung und Erholung sichergestellt?

Forschung, Lehre, Lernbedingungen und Effektivität

- Ist Gesundheitsförderung ein (zentrales) Thema der akademischen Anstrengungen in der Hochschule? Wie kann der Stellenwert von Gesundheitsförderung in Lehre und Forschung erhöht werden?
- Werden die Lehr-/Lernleistungen an der Hochschule nachhaltig verbessert? Wie werden diese Verbesserungen evaluiert? Können die StudienabbrecherInnenzahlen abgebaut werden?
- Kann die Effektivität und Effizienz der Hochschule, ihrer Studiengänge, Forschungseinrichtungen und aller Beteiligten erhöht und gesichert werden?

Es gibt noch einen weites Feld ungeklärter Probleme zur HGBE. Dazu zählen der Ausgleich unterschiedlicher Interessen- und Gefährdungslagen und die Abstimmung unterschiedlicher Zeitperspektiven beim Engagement für GH bzw. HGBE (Studierende als zeitlich begrenzte NutzerInnen/KundInnen, Assistenzpersonal mit Zeitverträgen, verbeamtete HochschullehrerInnen, Verwaltungsangestellte mit langfristigen Angestelltenverträgen bzw. in Verbeamtung, periodisch wechselnde Leitungsstrukturen, etc.). Eine weitere Problematik besteht im Persönlichkeits- und Datenschutz bei HGBE-Erhebungen, bspw. bei akuten

Gesundheitsproblemen in kleinen Instituten, Organisationseinheiten und Betroffenengruppen.

Erst zukünftige Praxiserfahrungen werden klären können, ob zuerst HGBE eingeführt werden sollte, um zu einem verpflichtenden Leitbild "Gesunde Hochschule" zu führen oder in der Hochschule zuerst ein gemeinsames Leitbild mit verbindlicher Umsetzungsstruktur ("Hochschulgesundheitszirkel/-rat", Selbstverpflichtung aller Gremien, Gruppen und Einrichtungen, etc.) entwickelt und beschlossen werden sollte. Auch für HGBE gilt die eingangs für allgemeine GBE ausgesprochene Forderung, sie möge sich nicht nur auf Defizit- und Risikoanalysen beschränken, sondern eigenständige salutogene Maßzahlen, Verknüpfungen und Interventionsvorgaben für das Setting Hochschule entwickeln und verankern.

Literatur

Allgöwer A, Stock C, Krämer A (1998). Die gesundheitliche Situation von Studierenden. Prävention, 1 (21):22-25

Ashton J (1998). The historical shift in public health. In: Tsouros A, Dowding G, Dooris M, Thompson J (Hrsg.). Health promoting universities. WHO Regional Office for Europe, Copenhagen, 5-9

Bardehle D & Annuß R (1998). Gesundheitsberichterstattung. In: Hurrelmann K & Laaser U (Hrsg.). Handbuch Gesundheitswissenschaften, Neuausgabe. Juventa, Weinheim, 329-356

Booth B & Ritchie B (1998). Foreword. In: Tsouros A, Dowding G, Dooris M, Thompson J (Hrsg.). Health promoting universities. WHO Regional Office for Europe, Copenhagen, iii-iv

CCPH (1999). Partnership matters - Communities and campuses in partnerships to improve health. Vol. 2, Issue 1

Franzkowiak P (1998). Gesundheit am Arbeitsplatz Hochschule - Feststellungen aus der Perspektive von FH-Studierenden. Prävention, 3 (21):72-74

Grossmann R & Scala K (1994). Gesundheit durch Projekte fördern. Juventa, Weinheim

Grossmann R & Scala K (1996). Setting-Ansatz in der Gesundheitsförderung. In: Bundeszentrale für gesundheitliche Aufklärung (Hrsg.). Leitbegriffe der Gesundheitsförderung. Sabo, Schwabenheim, 100-101

Noack RH (1996). Salutogenese und Systemintervention als Schlüsselkonzepte von Gesundheitsförderung und Public Health. Prävention, 2 (19):37-39

Schwartz FW & Hofmann W (1996). Gesundheitsberichterstattung. In: Walter U & Paris W (Hrsg.). Public Health - Gesundheit im Mittelpunkt. Alfred & Söhne, Meran, 114-116

Sochert R (1999). Gesundheitsbericht und Gesundheitszirkel - Evaluation eines integrierten Konzepts betrieblicher Gesundheitsförderung. Schriftenreihe der Bundesanstalt für Arbeitsschutz und Arbeitsmedizin, Fb 827. Dortmund, Berlin

Statistisches Bundesamt (Hrsg.). (1998). Gesundheitsbericht für Deutschland. Metzler Poeschel, Stuttgart

Trojan A (1996). Gesundheitsberichterstattung. In: Bundeszentrale für gesundheitliche Aufklärung (Hrsg.). Leitbegriffe der Gesundheitsförderung. Sabo, Schwabenheim, 33-35

Tsouros A (1998). Preface. In: Tsouros A, Dowding G, Dooris M, Thompson J (Hrsg.). Health promoting universities. WHO Regional Office for Europe, Copenhagen, i-ii

Tsouros A, Dowding G, Dooris M (1998b). Strategic framework for the Health Promoting Universities project. In: Tsouros A, Dowding G, Dooris M, Thompson J (Hrsg.). Health promoting universities. WHO Regional Office for Europe, Copenhagen, 111-126

Weissinger V (1996). Gesundheitsförderung im Studium. Lorenz-von-Stein-Institut für Verwaltungswissenschaften, Kiel

WHO (1998). Glossar Gesundheitsförderung. Conrad, Gamburg

Eva Arnold

Gesundheitsförderung in der Hochschule durch hochschuldidaktische Qualifizierungsaktivitäten

Einleitung

Gesundheitsförderung an Hochschulen kann sich auf verschiedene Zielgruppen richten – in diesem Beitrag geht es um die Lehrenden. Ich werde die These vertreten, daß ihre Gesundheit und ihr Wohlbefinden von ihren Fähigkeiten abhängen, ihre Lehre und das Verhältnis zu den Studierenden befriedigend zu gestalten. Auf der Grundlage von Befunden eines Forschungsprojektes zur Hochschuldidaktik (Arnold et. al., 1997a,b) gehe ich der Frage nach, wie es Lehrenden gelingen kann, Zufriedenheit und Wohlbefinden in und mit der eigenen Lehre zu entwickeln. Aussagen zu diesem Thema, die aus qualitativen Interviews mit wissenschaftlichen Assistentinnen und Assistenten stammen, stelle ich dem Bild der aktuellen Praxis hochschuldidaktischer Qualifizierung gegenüber, das sich aus den Ergebnissen einer schriftlichen Befragung ergibt. Mein Beitrag schließt mit einigen Grundsätzen, wie Qualifizierungsaktivitäten gestaltet werden können, und mit Überlegungen zur Rolle der Hochschulen in diesem Prozeß.

Gefährdet "schlechte Lehre" die Gesundheit der Lehrenden?

Hochschullehrende in Westdeutschland widmen nach eigenen Angaben mehr als 40% ihrer durchschnittlich ca. 50 Stunden umfassenden wöchentlichen Arbeitszeit den Aufgaben in der Lehre – während der Vorlesungszeit etwas mehr, in den "Semesterferien" etwas weniger (Schaeper, 1994). Obwohl es meines Wissens keine gesicherten Erkenntnisse zu dieser Frage gibt, liegt es nahe anzunehmen, daß Wohlbefinden und Gesundheit der Angehörigen dieses Berufsstandes u.a. von ihren Fähigkeiten abhängen, Lehraufgaben den eigenen Standards entsprechend zu erfüllen. Daß Unsicherheiten in Lehrsituationen das Befinden von Lehrenden stark beeinträchtigen können, belegt der folgende Ausschnitt aus einem narrativen Interview, das im Verlaufe des genannten Forschungsprojektes mit einer Assistentin geführt wurde:

> "Ja also diese Erwartung, wie jetzt 'ne gute Lehrsituation sein müßte, [...] ist auf der anderen Seite verbunden mit 'ner großen Angst, das nicht zu schaffen, und diese Angst bewirkt eben [...], daß ich nach ein/ also wenn du mich mal hier im Hause triffst und ich einen durchdringend

schweißgetriebenen Körpergeruch habe, dann kannst du eigentlich messerscharf darauf schließen, daß ich aus einer Lehrveranstaltung komme. Also ich stelle das jedenfalls immer an mir fest und dann habe ich das dringende Bedürfnis, mich zu duschen und ‚schuit' alles von mir abzuwaschen, weil diese Lehre für mich eigentlich mit sehr viel Angst verbunden ist und diese Angst mich auch hemmt" (Koller, 1997, S. 51).

Die Erwartungen an Lehrende sind hoch: In der Regel müssen sie große Gruppen von Studierenden, die heterogene Vorerfahrungen haben, mit den Theorien, Methoden und Befunden sehr komplexer Wissenschaften vertraut machen. Gefühle persönlicher Unzulänglichkeit können sich leicht einstellen, zumal Hochschuldidaktiker hohe Standards für "gute Lehre" und "gute Lehrende" setzen: Webler (1991, S. 246) beschreibt 19 Merkmale "guter Veranstaltungsplanung" – z.B. "Thematik und Stoffauswahl entsprechen dem neuesten wissenschaftlichen Stand" und "Pflichtlektüre und Lehrtexte sind ausreichend spezifisch ausgewählt". Dazu kommen 19 "erfolgsrelevante Persönlichkeitsmerkmale", z.B. "die Bereitschaft, sich verbindlich in der Lehre zu engagieren" und "der intellektuelle Rang der Veranstaltung/des Lehrenden" (Webler, 1991, S. 247f.). Portele (1992), ein anderer Hochschuldidaktiker, beschreibt aus seiner Sicht andere Kriterien gelungener Hochschullehre - u.a. "Individualisierung der Lehrangebote", "Verantwortung abgeben" und "statt Lehren lernen lassen".

Es ist ein offenes Geheimnis, daß hochschuldidaktische Publikationen von wenigen Interessierten gelesen werden (Huber, 1993). Das Vermeidungsverhalten der Lehrenden kann auch als Strategie des Selbstschutzes interpretiert werden, zumal sie keine Ausbildung auf diesem Gebiet haben und kaum Unterstützung bei der Bewältigung von Problemen in der Lehre erhalten bzw. in Anspruch nehmen. Es gibt schon seit langem Hinweise darauf, daß eine "Mehrheit [der Lehrenden] unter großen Diskrepanzen zwischen ihren persönlichen Qualitätsstandards und dem, was sie realisieren können" leidet (Huber & Portele, 1983, S. 210). Über Unsicherheiten und Versagensängsten in der Lehre wird an Hochschulen jedoch selten gesprochen – stattdessen klagen Kolleginnen und Kollegen über unzureichende Rahmenbedingungen und unmotivierte Studierende.

Welche Ansprüche wissenschaftliche Assistentinnen und Assistenten an ihre Lehrtätigkeit stellen, läßt sich aus den Ergebnissen einer schriftlichen Befragung gewinnen, die im Zuge des genannten hochschuldidaktischen Projektes durchgeführt wurde. An alle ca. 150 Inhaberinnen und Inhaber von Assistenturen an der Universität Hamburg (mit Ausnahme des Fachbereiches Medizin) wurde im Sommersemester 1995 ein Fragebogen zu verschiedenen Aspekten der Lehre verschickt (Bos, 1997). Mehr als zwei Drittel der Bögen (67,4%; N=108) wurden ausgefüllt zurückgegeben. Aus den Angaben der Befragten geht hervor, daß sie sich anspruchsvolle Ziele für ihre Lehre setzen: 98% wollen Fachwissen vermitteln; 96% möchten den Studierenden einen Zugang zum wissenschaftlichen Arbeiten ermöglichen; 80,5% wollen unterschiedliche wissenschaftliche Theorien vergleichen, 77% Grundkenntnisse für die spätere berufliche Tätigkeit vermitteln und 74% möchten Studierende aktiv an wissenschaftlicher Forschung beteiligen. Dabei wollen 90% einen interessanten, abwechslungsreichen Unterricht anbieten, 87% eine angenehme Arbeits- und Gesprächsatmosphäre schaffen, 63% selbstbestimmte Lernprozesse ermöglichen. Immerhin 39% möchten Ratgeber für die persönliche Entwicklung der Studierenden sein (Arnold et. al., 1997b, 6ff.).

Angesichts der hochgesteckten Ziele ist es fast überraschend, daß die Mehrheit der Befragten Spaß an ihren Lehraufgaben hat. Allerdings fühlen sich 26% nach eigenen Angaben in der Lehre (eher) unsicher; 39% sind mit ihren eigenen hochschuldidaktischen Fähigkeiten wenig oder gar nicht zufrieden. 4,6% erleben ihre Lehre als angstbesetzt.

Wie können Lehrende Zufriedenheit in ihrer Lehre entwickeln?

Wie können Hochschullehrende die notwendigen Fähigkeiten erwerben, um Lehrveranstaltungen, Sprechstunden und Prüfungen zufriedenstellend zu gestalten? Zwischen Dezember 1994 und Juni 1995 wurden acht narrative Interviews mit Assistentinnen und Assistenten an erziehungswissenschaftlichen Fachbereichen in Norddeutschland geführt, die sich mit dieser Fragestellung beschäftigten (Koller, 1997).

Unter den befragten acht Personen waren vier, die ihre Lehrtätigkeit in erster Linie als befriedigenden, bereichernden und stimulierenden Teil ihres Berufes beschrieben. Kennzeichnend für diese Gruppe ist, daß sie von einer intensiven, anregenden Kommunikation mit Studierenden berichteten und von einer engen Verbindung zwischen ihrer Lehrtätigkeit und der eigenen Forschung. Die übrigen vier stellten ihre Lehraufgaben vor allem als Belastung dar: Sie äußerten die Furcht, den Standards nicht zu genügen, Unsicherheit über ihre Rolle als Lehrende und grübelten häufig über ihre Lehre. Außerdem fanden sie es schwierig, ihre Aufgaben in der Forschung mit denen in der Lehre zu verbinden.

Alle Interviewten berichteten ausführlich über ihre Vorerfahrungen in Lehrsituationen und ihre Erfolgs- und Mißerfolgserlebnisse. Der Vergleich zwischen den vier "Zufriedenen" und den vier "Unzufriedenen" erbrachte erstaunlich wenig Hinweise auf Unterschiede; so berichteten die "Zufriedenen" nicht auffällig häufiger über positive oder seltener über negative Begebenheiten als die übrigen Befragten. Allerdings erzählten sie von zahlreichen Gelegenheiten, sich mit anderen Menschen über ihre Erfahrungen auszutauschen, Mißerfolge zu reflektieren und gemeinsam nach Lösungen zu suchen. Sie hatten bereits während des Studiums mit anderen über ihre Studienerfahrungen gesprochen, von älteren, erfahrenen Kolleginnen und Kollegen Anregungen erhalten oder gemeinsam mit anderen Veranstaltungen geplant und durchgeführt. Die "Unzufriedenen" berichteten dagegen nicht darüber, daß sie positive und negative Erfahrungen in der Lehre mit anderen besprechen und bearbeiten konnten – im Austausch mit anderen hatten sie allenfalls die Erfahrung gemacht, bewertet und beurteilt zu werden. Diese Interviews unterstützen damit die Ansicht von Hochschuldidaktikerinnen und -didaktikern (z.B. Huber, 1993), daß es für die Verbesserung von Lehrqualifikationen in erster Linie darauf ankommt, Gelegenheiten zur vertrauensvollen Kommunikation unter Lehrenden zu schaffen, die es ermöglichen, das eigene Handeln im Austausch mit anderen zu reflektieren.

Wunsch und Wirklichkeit hochschuldidaktischer Weiterbildung

Wie sieht die Praxis hochschuldidaktischer Weiterbildung aus? Im Zuge der genannten schriftlichen Befragung (Bos, 1997) wurden die Assistentinnen und Assistenten der Universität Hamburg auch nach ihren Weiterbildungsbedarfen und ihrer eigenen Praxis in diesem Bereich befragt. Die Ergebnisse zeigen eine erhebliche Diskrepanz zwischen Wunsch und Wirklichkeit:

Nur eine Minderheit der Befragten war der Ansicht, hochschuldidaktische Weiterbildung sei entbehrlich: 10% fanden den Besuch spezieller Veranstaltungen zu hochschuldidaktischen Fragen unnötig, 9% stimmten der Feststellung zu, alle Lehrenden, die fachlich qualifiziert seien, seien automatisch fähig zu guter Lehre. Die Mehrheit äußerte dagegen die Ansicht, daß Lehren gelernt werden muß: 91% stimmten der Aussage zu, daß Assistentinnen und Assistenten zur Teilnahme an hochschuldidaktischen Veranstaltungen ermutigt werden sollten, und 69% vertraten die Einstellung, daß Assistentinnen und Assistenten neben ihrer Forschungsarbeit auch eine didaktische Ausbildung erhalten sollten. Allerdings stuften 59% der Befragten das Bemühen um hochschuldidaktische Kompetenzen als wenig karriereförderlich ein – ein Drittel hielt es eindeutig für wichtiger, viel Zeit für die Forschung und für Publikationen zu haben.

Welche Methoden der hochschuldidaktischen Qualifikation hielten die Befragten persönlich für effizient? Besonders positiv wurden auch in dieser Erhebung alle Formen des Austausches und der Kommunikation eingeschätzt, nämlich Rückmeldungen von Studierenden (87%), Austausch mit Kolleginnen und Kollegen (84%), Feedback nach Hospitation von Kolleginnen oder Kollegen (81,5%). Etwas weniger der Befragten hielten die Teilnahme an hochschuldidaktischen Veranstaltungen (76%) und die Beobachtung erfahrener Kolleginnen und Kollegen (72%) für effiziente Möglichkeiten der Weiterbildung. Die Lektüre hochschuldidaktischer Schriften wurde nur von 26% der Befragten als effizient eingeschätzt und landete damit weit abgeschlagen auf dem letzten Rang.

Ein völlig anderes Bild ergab sich jedoch, als die Befragten angeben sollten, welche Möglichkeiten sie bislang genutzt hatten, um ihre didaktischen Fähigkeiten zu verbessern. Hier dominierten die wenig aufwendigen, aber auch wenig systematischen Lernformen: 72% gaben an, sich von den Lehrenden im eigenen Studium etwas "abgeguckt" zu haben, 71% hatten mit Kolleginnen oder Kollegen über hochschuldidaktische Fragen gesprochen. Weniger als die Hälfte der Befragten (48%) hatten nach eigenen Angaben versucht, neue Methoden, von denen sie gehört oder gelesen hatten, in ihrer Lehre anzuwenden, 30% besuchten Veranstaltungen von Kolleginnen oder Kollegen, um sich etwas "abzugucken". Nur etwa 16% bemühten sich, hinsichtlich hochschuldidaktischer Fragen auf dem laufenden zu bleiben, 12% hatten hochschuldidaktische Seminare besucht, 8% Kolleginnen oder Kollegen in eigene Lehrveranstaltungen eingeladen, um

Rückmeldungen über das eigene Vorgehen zu bekommen. Nur 6% der Befragten hatten sich von Mitarbeiterinnen oder Mitarbeitern des Interdisziplinären Zentrums für Hochschuldidaktik beraten lassen. Im Vergleich zu den geäußerten Wünschen an Weiterbildung ist die Realisierung wenig intensiv.

Noch ungünstiger fiel die Beurteilung aus, als es um die Intensität der Kommunikation über Lehre in den jeweiligen Arbeitsbereichen ging. 25% der Befragten bezeichneten die inhaltliche Abstimmung über Lehrveranstaltungen innerhalb ihres Fachbereiches als "intensiv" oder "sehr intensiv", 20% sprachen von intensiver Kommunikation bei der Konzeption von Studiensequenzen. Über methodisch-didaktische Schwierigkeiten wurde in den Arbeitsbereichen von nur 13% "intensiv" gesprochen, über den Ablauf einzelner Veranstaltungssitzungen in den Arbeitsbereichen von 9% der Befragten. Abstimmungen zwischen Fachbereichen finden praktisch nicht statt: Nur 3% der Befragten schätzte diese Form des Austausches als "intensiv" bzw. "sehr intensiv" ein. Kommunikation über Lehre, die über einen gelegentlichen oder unverbindlichen Austausch hinausgeht, erleben Assistentinnen und Assistenten nach diesen Angaben selten – obwohl sie als wichtige Voraussetzung für die Reflexion des eigenen Handelns und die Verbesserung der Lehrkompetenzen gilt.

Die Situation läßt sich also in Kurzform folgendermaßen umschreiben: Assistentinnen und Assistenten nehmen ihre Aufgaben in der Lehre ernst und wichtig und sie sehen die Notwendigkeit, sich in diesem Bereich zu qualifizieren. Zur Erreichung dieses Zieles scheint ihnen der Austausch mit Studierenden sowie Kolleginnen und Kollegen besonders geeignet. In der Praxis werden solche Formen der Weiterbildung für die Lehre jedoch wenig in Anspruch genommen. Nach Auskunft der Befragten wird in ihren Arbeitsbereichen zudem nur selten intensiver über Lehre gesprochen.

Selbstbestimmt lernen in Gruppen: Ein Vorschlag für Qualifizierungsaktivitäten

Die Ergebnisse der Befragungen, über die hier kurz berichtet wurde, bildeten den Hintergrund für Überlegungen, wie Qualifizierungsaktivitäten beschaffen sein sollten, um Assistentinnen und Assistenten (aber auch Hochschullehrenden anderer Statusgruppen) die Möglichkeit zu geben, ihre didaktischen Fähigkeiten wirkungsvoll zu verbessern. Ein entsprechender Vorschlag wurde von Arnold et al. (1998) vorgelegt. Das Konzept läßt sich durch vier Grundsätze charakterisieren:

- *Qualifikationen für die Lehre werden von Assistentinnen und Assistenten selbstbestimmt erworben, erweitert und aufrechterhalten.*

Dieses Prinzip besagt, daß hochschuldidaktische Weiterbildungsmaßnahmen von Assistentinnen und Assistenten ihren eigenen Bedürfnissen entsprechend selbst organisiert werden sollten, und ist vielleicht das wichtigste Ergebnis unseres Projektes. Die Fähigkeit, selbständig und eigenverantwortlich wissenschaftlich arbeiten zu können, wird bei Assistentinnen und Assistenten als selbstverständlich vorausgesetzt – sie sollte auch im Bereich der Hochschuldidaktik gefordert und gefördert werden. Auf die Festschreibung verbindlicher Inhalte und Methoden der Qualifikation (z.B. Webler 1993, in einem Curriculum für ein Aufbaustudium "HochschullehrerIn") wird verzichtet; die Lernenden wählen die Lernformen und Lerninhalte selbst, und zwar nach den Anforderungen, denen sie in ihrer Berufspraxis begegnen. Das heißt nicht, daß die Aktivitäten unverbindlich sein sollten. Die Erfahrungen des hochschuldidaktischen Projektes haben gezeigt, daß gerade selbstbestimmte Lernprozesse einen hohen Grad an Verbindlichkeit erreichen können, wenn die Lernenden in Gruppen eingebunden sind.

– *Qualifikationsaktivitäten werden von überschaubaren, verläßlichen Gruppen getragen, die kooperationsfördernde Formen des Umgangs praktizieren.*

Die Fähigkeit, Hochschullehre zu gestalten, wird stark von persönlichen Haltungen beeinflußt. Sie kann deshalb vor allem durch solche Qualifizierungsaktivitäten gestärkt werden, bei denen sich Lehrende nicht nur mit Theorien und Konzepten, sondern auch mit ihren persönlichen Stärken und Schwächen auseinandersetzen. Dies ist nur möglich, wenn sie in einer überschaubaren Gruppe mit Kolleginnen und Kollegen über längere Zeit hinweg auf eine Weise zusammenarbeiten, die Vertrauen entstehen läßt. Ein zentrales Element des Vorschlages zur Strukturierung von Qualifizierungsaktivitäten ist deshalb die Arbeit in selbstorganisierten Kleingruppen, die über längere Zeit regelmäßig zusammenarbeiten. Um die Vertrauensbildung zu erleichtern, sollten sich diese Grupen nach gemeinsamem Interesse und gegenseitiger Sympathie bilden können. Es ist darauf zu achten, daß die Teilnehmerinnen und Teilnehmer weder in direkten Konkurrenz-, noch in Abhängigkeitsverhältnissen zueinander stehen. Diese Gruppen bilden die Basis aller Aktivitäten und tragen Verantwortung für den Qualilfizierungsprozeß..

– *Die Gruppen nehmen Weiterbildungsangebote ihrer Wahl in Anspruch, um ihre Zusammenarbeit zu verbessern und sich Anregungen und Informationen zu hochschuldidaktischen Themen zu holen.*

Für die gemeinsame Arbeit in solchen Kleingruppen haben sich Arbeitsweisen der "kollegialen Supervision" als nützlich erwiesen (z.B. Arnold, 1997; Mutzeck, 1989; Schlee, 1992; Wahl, 1991; Rotering-Steinberg, 1990), die den Mitgliedern der Gruppe Orientierung geben, wie sich Problemstellungen aus dem Alltag der Hochschullehre so bearbeiten lassen, daß sowohl sachliche wie persönliche Aspekte angemessen berücksichtigt werden. Die Arbeitsformen der "kollegialen Supervision" können von Kleingruppen selbständig, ohne Hinzuziehung eines Experten oder einer Expertin, praktiziert werden. Um sie zu erlernen, ist Weiterbildung sinnvoll. Wenn sich eine Gruppe von Interessierten zusammengefunden hat, könnte der erste Schritt darin bestehen, sich gemeinsam in diesen Arbeitsformen weiterzubilden. Anschließend können nach Bedarf hochschuldidaktische Themen bearbeitet werden, z.B. zu Grundlagen und Methoden der Erwachsenenbildung, zur Gestaltung von Lernsituationen, zur Gestaltung von Präsentationen, zur Durchführung von Prüfungen, zur Leistungsbewertung und zur Evaluation von Veranstaltungen. An vielen Hochschulorten stehen entsprechende Angebote hochschuldidaktischer Weiterbildungsinstitutionen zur

Verfügung. Eine weitere Quelle der Anregung und Informationen bilden Kolleginnen und Kollegen, die bestimmte Formen der Hochschullehre praktizieren. Nicht zuletzt können Anregungen auch aus der einschlägigen Literatur gewonnen werden. Gruppen von Hochschullehrenden, die ihre didaktischen Fähigkeiten stärken wollen, können sich gezielt solche Informationsquellen erschließen. Nach dem Prinzip der Selbstbestimmtheit richtet sich die Auswahl der Themen jedoch nach den Bedürfnissen der Teilnehmerinnen und Teilnehmer und nicht nach einem vorab festgelegten Curriculum.

- *Die Gruppen bevorzugen Formen der Zusammenarbeit, die Übungsmöglichkeiten für neue Handlungsweisen mit Feedback von Kolleginnen und Kollegen bieten, z.B. Rollenspiele, gegenseitige Hospitation und gemeinsame Lehre.*

Wie Wahl (1991) nach der Evaluation von Fortbildungsmaßnahmen für ErwachsenenbildnerInnen feststellt, bleibt der Erwerb von Wissen über Methoden der Erwachsenenbildung häufig ohne Folgen für das alltägliche Handeln der Lehrenden. Neu erworbenes Wissen wird selten angewendet, wenn seine Umsetzung nicht intensiv geübt worden ist. Vorsätze, neue Methoden auszuprobieren oder an bestimmte Situationen anders heranzugehen, werden im Alltag häufig wieder fallengelassen, weil das neue Vorgehen schwierig oder unvertraut ist. Die Einübung von neuen Handlungsweisen ist deshalb ein weiteres wichtiges Element von hochschuldidaktischen Qualifizierungsaktivitäten; dies ist besonders effektiv, wenn Kolleginnen und Kollegen Feedback geben. Dies kann in Gruppensitzungen geschehen, indem neue Herangehensweisen im Rollenspiel erprobt werden. Noch effizienter sind Übungen in Realsituationen, d.h. in den eigenen Lehrveranstaltungen. Hier hat es sich bewährt, in "Tandems" (Wahl, 1991) zu arbeiten: Zweiergruppen planen gemeinsam neue Vorgehensweisen, besuchen sich gegenseitig in ihren Veranstaltungen und geben Rückmeldung, wie gut es aus der Sicht der oder des Beobachtenden gelungen ist, das Geplante zu verwirklichen. Die Anwesenheit eines Kollegen bzw. einer Kollegin ist nicht nur eine wichtige Stütze der Motivation, sie bietet auch die Möglichkeit, unmittelbar nach dem Ende der Veranstaltung die neuen Erfahrungen zu reflektieren. Über ihre Arbeit können die Tandems in der Kleingruppe berichten und sich Anregung und Unterstützung von den übrigen Mitgliedern holen. Ähnliche Funktionen können auch Veranstaltungen haben, die von mehreren Kolleginnen und Kollegen gemeinsam geplant und durchgeführt werden. Gemeinsame Lehrveranstaltungen bieten nicht nur die Möglichkeit des gegenseitigen Feedbacks, sie fordern und fördern auch die Fähigkeit zur Teamarbeit.

Förderung von Qualifizierungsaktivitäten als Aufgabe der Hochschulen

Die im vorangegangenen Abschnitt skizzierten Grundsätze für selbstbestimmte Qualifizierungsaktivitäten in Kleingruppen von Lehrenden finden bislang in der Praxis nur selten Anwendung, und es werden Zweifel geäußert, ob diese Vorschläge überhaupt realistisch sind: Werden nicht diejenigen, die Weiterbildung besonders "nötig" haben, solchen Aktivitäten ausweichen? Sollten deshalb nicht hochschuldidaktische Bildungsmaßnahmen von Expertinnen und Experten geplant und verbindlich vorgeschrieben werden, etwa als Voraussetzung für die Erteilung der Lehrbefugnis? In der Tat herrschen im Hochschulsystem derzeit Bedingungen, die dem Engagement für die Lehre entgegenstehen (z.B. Huber, 1993) und es unwahrscheinlich machen, daß sich die Lehrenden plötzlich freiwillig zu Qualifizierungsaktivitäten bereit finden, selbst wenn sie davon überzeugt sind, daß die Stärkung ihrer didaktischen Fähigkeiten ihrem Wohlbefinden und ihrer Gesundheit nützen könnte.

Hochschulen, die in diesem Sinne gesundheitsfördernd wirken wollen, werden sich gezielt darum bemühen müssen, Bedingungen zu schaffen, um Lehrende zu solchen Aktivitäten zu ermutigen und sie dabei zu unterstützen. Dazu sind vielfältige Strategien notwendig, die in drei Bereiche fallen:

– *Hochschulen können Qualifizierungsaktivitäten fördern, indem sie entsprechende Angebote zur Verfügung stellen.*

Weiterbildung, die den oben formulierten Grundsätzen folgt, setzt entsprechende Angebote voraus, z.B. Angebote der Weiterbildung in Methoden für die kollegiale Zusammenarbeit in Gruppen. Hochschulen sollten Angebote verfügbar machen, die für Interessierte ohne allzu großen Aufwand an Zeit und Geld erreichbar sind. Verantwortlich können hochschuldidaktische Zentren sein; es gibt jedoch auch Veranstaltungen anderer Träger, z.B. der Hochschuldidaktische Kurs für Habilitandinnen und Habilitanden der Universität Heidelberg, der vom Erziehungswissenschaftlichen Seminar der Heidelberger Universität in Kooperation mit der Akademie für wissenschaftliche Weiterbildung der Pädagogischen Hochschule Heidelberg (Gerstner, o.J.) entwickelt wurde. Nicht überall wird es notwendig sein, eine umfängliche Infrastruktur neu zu schaffen, da Anbieterinnen und Anbieter bereits vorhanden sind. Allerdings sollte es sich die betreffende Hochschule zur Aufgabe machen, vorhandene Angebote sichtbar und zugänglich zu machen und etwaige Lücken zu schließen.

– *Darüber hinaus können Hochschulen Anreize für das Engagement in der Lehre schaffen.*

Über Anreizsysteme für Engagement in der Lehre ist in den letzten Jahren ausführlich diskutiert worden (u.a. auch Huber, 1993): Die Palette der Vorschläge reicht von der Auslobung von Preisen für besonders gute Lehrveranstaltungen bis zur Vergabe von Mitteln nach Kriterien, die durch hohe Leistungen in der Lehre erfüllt werden können. Solche und ähnliche Anreize sind derzeit notwendig, weil die Lehraufgaben mit anderen Tätigkeiten konkurrieren, die für die Hochschullaufbahn wichtiger sind: Forschung, Publikation und Gremienarbeit. Dies gilt für alle Lehrenden, in besonderem Maße aber für Assistentinnen und Assistenten, die an ihrer Habilitation arbeiten. Die Aufforderung, sich darüber hinaus auch um eine Stärkung ihrer hochschuldidaktischen Fähigkeiten zu bemühen, bleibt deshalb häufig ohne Effekt. Wirksame Anreize für diese Gruppe könnten insbesondere darin bestehen, daß sie von der Verpflichtung zu wissenschaftlichen Dienstleistungen teilweise entbunden werden, wenn sie nachgewiesenermaßen an Qualifikationsaktivitäten beteiligt sind. Zudem könnten studentische Hilfskraft- und TutorInnenstunden in besonderem Umfang denjenigen zur Verfügung stehen, die in ihrer Lehre besonders effektive, aber arbeitsaufwendige Methoden erproben. Daneben könnte es günstig sein, die Teilnahme an selbstorganisierten Qualifikationsaktivitäten zu dokumentieren und offiziell zu bescheinigen.

- *Die Hochschulen können bei der Besetzung von Professuren Qualifikationen für die Lehre stärker als bisher berücksichtigen.*

Diese Vorschläge für Qualifizierungsaktivitäten werden nicht die gewünschten Effekte haben, solange sich hochschuldidaktische Fähigkeiten nicht karrierefördernd auswirken. Sobald überdurchschnittliche Leistungen in der Lehre die Chancen vergrößern, auf eine Professur berufen zu werden, werden sich Assistentinnen und Assistenten freiwillig intensiv darum bemühen, ihre Qualifikationen zu steigern – wie sie es bereits heute in der Forschung tun. Solange dies nicht der Fall ist, tun sie gut daran, übermäßiges Engagement auf diesem Gebiet zu vermeiden. In dieser Hinsicht sind nicht nur die Hochschulen gefragt, sondern alle Institutionen, die auf die Berufungspraxis Einfluß haben.

Gute hochschuldidaktische Fähigkeiten sind einerseits keine Garantie für Gesundheit und Wohlbefinden von Hochschullehrerinnen und Hochschullehrern, andererseits mag es auch Angehörige dieser Berufsgruppe geben, die sich trotz eingeschränkter Qualifikationen in diesem Feld guter Gesundheit erfreuen. Trotzdem gehört das Bemühen um eine bessere Qualifikation für die Lehre zu den Aktivitäten, auf die gesundheitsfördernde Hochschulen besonderen Wert legen sollten, da davon hoffentlich auch das Wohlbefinden der Studierenden profitiert. Bemühungen, eine "Kommunikationskultur" unter den Mitgliedern von Hochschulen zu entwickeln, dürften sich darüber hinaus auch ganz direkt positiv auf das Arbeits- und Studienklima auswirken, ein Effekt, der im Sinne der Gesundheitsförderung an Hochschulen zentral ist.

Literatur

Arnold E (1997). Das ist ja hier der reinste Luxus! Kollegiale Supervision als Praxisbegleitung in der Hochschullehre. In: Arnold E, Bos W, Koch M, Koller HC, Leutner-Ramme S (Hrsg.). Lehren Lernen. Ergebnisse aus einem Projekt zur hochschuldidaktischen Qualifizierung des akademischen Mittelbaus. Waxmann, Münster, 93-127

Arnold E, Bos W, Koch M, Koller HC, Leutner-Ramme S (1997a). Lehren Lernen. Ergebnisse aus einem Projekt zur hochschuldidaktischen Qualifizierung des akademischen Mittelbaus. Waxmann, Münster

Arnold E, Bos W, Koch M, Koller HC, Leutner-Ramme S (1997b). Lehren Lernen. Ergebnisse aus einem Projekt zur hochschuldidaktischen Qualifizierung des akademischen Mittelbaus. Materialband. Institut für sozialwissenschaftliche Forschung e.V., Münster

Arnold E, Bos W, Koch M, Koller HC, Leutner-Ramme S (1998). Selbstbestimmt lehren lernen. Das Hochschulwesen, 3:147-152

Bos W (1997). Motiviert und alleingelassen. Ergebnisse einer Befragung von Assistentinnen und Assistenten zur Problematik akademischer Lehre. In: Arnold E, Bos W, Koch M, Koller HC, Leutner-Ramme S (Hrsg.). Lehren Lernen. Ergebnisse aus einem Projekt zur hochschuldidaktischen Qualifizierung des akademischen Mittelbaus. Waxmann, Münster, 71-92

Gerstner HP (o.J.). Qualifikation in der Lehre. Hochschuldidaktischer Kurs für Habilitanden der Universität Heidelberg 1995/1996. Unveröffentlichtes Manuskript, Universität Heidelberg

Huber L (1993). Förderung der Lehre an den Universitäten: Wie und durch wen? In: Neusel A, Teichler U, Winkler H (Hrsg.). Hochschule – Staat – Politik. Christoph Oehler zum 65. Geburtstag. Campus, Frankfurt, 103-126

Huber L & Portele G (1983). Die Hochschullehrer. In: Lenzen D (Hrsg.). Enzyklopädie Erziehungswissenschaft. Klett-Cotta, Stuttgart, 10:193-218

Koller HC (1997). Wie lernen angehende Hochschullehrer(innen) lehren? Eine empirische Untersuchung zu den biographischen Voraussetzungen akademischer Lehre. In: Arnold E, Bos W, Koch M, Koller HC, Leutner-Ramme S (Hrsg.). Lehren Lernen. Ergebnisse aus einem Projekt zur hochschuldidaktischen Qualifizierung des akademischen Mittelbaus. Waxmann, Münster, 45-70

Mutzeck W (1989). Kollegiale Supervision. Forum Pädagogik, 4:178-182

Portele G (1992). Gute akademische Lehre. Ein Diskussionsbeitrag. Das Hochschulwesen, 40 (3):121-126

Rotering-Steinberg S (1990). Ein Modell kollegialer Supervision. In: Pühl H (Hrsg.). Handbuch der Supervision. Marhold, Berlin, 428-440

Schaeper H (1994). Zur Arbeitssituation von Lehrenden an westdeutschen Hochschulen. Ergebnisse einer empirischen Untersuchung in fünf ausgewählten Disziplinen. Unveröffentlichtes Manuskript, Universität Bielefeld

Schlee J (1992). Beratung und Supervision in kollegialen Unterstützungsgruppen. In: Pallasch W, Mutzeck W, Reimers H (Hrsg.). Beratung, Training, Supervision. Juventa, Weinheim, 188-199

Wahl D (1991). Handeln unter Druck. Der weite Weg vom Wissen zum Handeln bei Lehrern, Hochschullehrern und Erwachsenenbildnern. Deutscher Studien-Verlag, Weinheim

Webler WD (1991). Kriterien für gute akademische Lehre. Das Hochschulwesen, 39 (6):243-249

Webler WD (1993). Professionalität an Hochschulen. Zur Qualifizierung des wissenschaftlichen Nachwuchses in Lehre, Prüfung, Forschungsmanagement und Selbstverwaltung. Das Hochschulwesen, 41 (3):119-126 und 139-144

Heinz Gastorf, Gundula Neukirchen

Gesundheit im Hochschulalltag aus studentischer Perspektive

Vorbemerkungen

In den vergangenen Jahren hat das Thema Gesundheit und Gesundheitsförderung in der öffentlichen Diskussion kontinuierlich an Bedeutung gewonnen. Aufgrund der Erfahrungen und Probleme mit überfüllten Hörsälen, steigendem individuellen Leistungsdruck u.a. ist das Interesse der Studierenden am Thema Gesundheit im Lebensraum Hochschule gewachsen. Ein zentrales Ziel der Gesundheitsförderung ist es, Menschen und Institutionen zu gesundheitsförderlichem Agieren zu motivieren (vgl. Lohaus, 1993).

Die Umsetzung einer gesundheitsfördernden Arbeit ist an eine Identifikation der spezifischen Gesundheitsprobleme und die Analyse der multifaktoriellen Bedingungen dieser Schwierigkeiten gebunden. Dabei spielt der Setting-Ansatz als Schlüsselstrategie der Gesundheitsförderung eine bedeutende Rolle. In diesem Zusammenhang wird die Hochschule als Setting nicht allein als räumliche Einheit betrachtet, sondern als ein soziales System, in dem Menschen unter relevanten Rahmenbedingungen und Umwelteinflüssen leben, lernen und arbeiten. Die Bedeutung dieser Faktoren sowie die Wechselbeziehung von ökonomischen, sozialen und institutionellen Aspekten und individuellem Verhalten stehen im Vordergrund der Betrachtungsweise (vgl. Abb. 1).

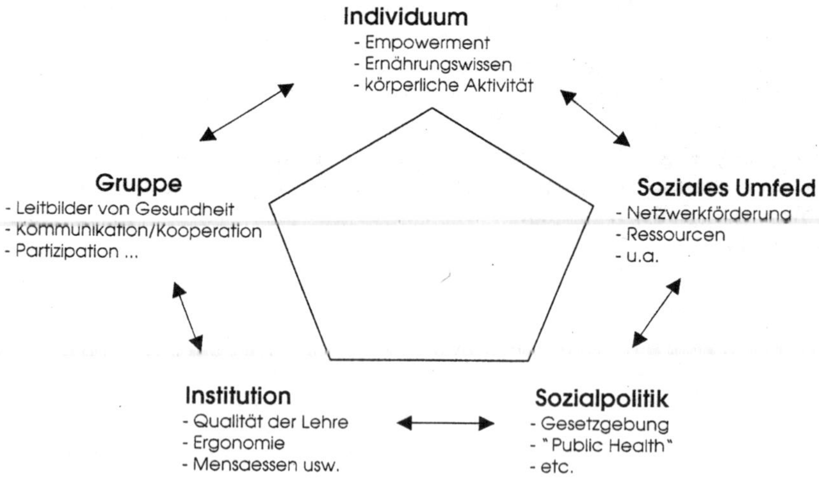

Abb. 1: Ansatzpunkte der Gesundheitsförderung und Interdependenz (↔) der Ebenen

Die Hochschule fungiert als ein soziales System mit spezifischen Strukturen, und das Leben innerhalb des Gebildes funktioniert nach einer Vielzahl von formellen und informellen Regeln und Mustern. Im Setting Hochschule müssen Interventionen an den verschiedenen Ansatzpunkten bzw. Ebenen erfolgen, um eine adäquate Gesundheitsförderung im Hochschulalltag zu verwirklichen. Auch wenn der Zugang zu bestimmten Bereichen (Individuum/Institution) müheloser zu sein scheint, müssen die Maßnahmen an allen genannten Ebenen ansetzen, denn die positive Wirkung liegt in der Berücksichtigung der gesamten Rahmenbedingungen und in der Kombination der unterschiedlichen Interventionen.

Die gesundheitsförderliche Hochschule der Zukunft aus studentischer Sicht muß sich auf die zentralen Merkmale einer gesundheitsfördernden Hochschulpolitik konzentrieren, um für alle Standorte und Fachbereiche gleichermaßen Relevanz zu besitzen. Aufgrund dieser Tatsache sollen im folgenden die allgemeinen Faktoren beachtet werden, die für die Gesundheit und das Wohlbefinden aller Studierenden im gesamten Bundesgebiet eine besondere Bedeutung haben. In diesem Kontext ist es für alle Verantwortlichen bedeutsam, Konzepte und Strategien zu entwickeln, die den Lebensraum Hochschule im Sinne einer ganzheitlichen Sichtweise für die StudentInnen, DozentInnen und MitarbeiterInnen attraktiv machen und gleichermaßen die Gesundheit dieser Menschen fördern.

Hochschule als Umwelt und Lebensraum

Spezifische Merkmale des Arbeitsumfeldes einer gesunden Hochschule müssen vor dem Hintergrund von Massenuniversitäten und steigendem individuellen Leistungsdruck gesehen werden. Von der Industrie als auch von anderer Seite werden in der jüngeren Vergangenheit verstärkt mangelnde Qualifikation von Schul- und HochschulabsolventInnen insbesondere im internationalen Vergleich reklamiert. Stichworte sind: Anerkennung nationaler Abschlüsse von ausländischen Hochschulen, Globalisierung der Märkte und damit der relevanten Leistungsmerkmale, Verlängerung der produktiven Lebensarbeitszeit vor dem Hintergrund veränderter demographischer Verhältnisse.

Unbestritten ist, daß eine bessere Qualifikation in wenn möglich kürzerer Zeit erreicht werden muß. Ohne hierbei auf die einzelnen fachlichen Inhalte einzugehen, muß bei allen Überlegungen zu einer Hochschule der Zukunft unbedingt darauf geachtet werden, daß die Strukturen des studentischen Arbeitsumfeldes möglichst dazu beitragen, eine gesunde Basis für die physische und psychische Belastung durch die Studieninhalte und Ausbildungsziele zu bilden. Es muß leider allzu oft festgestellt werden, daß allein hierdurch Streß und andere gesundheitlichen Risiken ausgelöst werden.

Bei den Gedanken zur Hochschule der Zukunft sollte diesem Umfeld daher besonderes Augenmerk gewidmet werden. So könnten Konzepte entwickelt werden, die durch Nutzung moderner Medientechnik eine flexiblere Abfolge von Lernabschnitten erlauben sowie die Möglichkeit bieten, an Lehrveranstaltungen teilzunehmen, ohne auf die Anwesenheit in den Räumen einer Hochschule angewiesen zu sein (virtuelle Hochschule). Entsprechend interaktive Lernmodelle unter Nutzung des Internets wären durchaus realisierbar. Darüber hinaus könnte der Problemkreis Bücher, Lehrmittelbeschaffung und Bibliotheksnutzung durch Vernetzung im elektronischen Datenverbund erheblich entschärft werden. Es muß jedoch angemerkt werden, daß in diesem Zusammenhang sowohl im nationalen als auch im internationalen Bereich eine Neuregelung relevanter urheber- und datenschutzrechtlicher Bestimmungen und Regularien erforderlich werden kann.

Im Grundsatz sollte die Nutzung moderner Technik im Bereich der Hochschulen in ähnlichem Maße wie in weiten Bereichen der privaten und kommerziellen Anwendung möglich sein. Positive Nebeneffekte mit gesundheitsfördernder Wirkung, wie Entlastung der Umwelt durch geringeres Verkehrsaufkommen, können eintreten. Durch den Wegfall der Wegezeiten ergäbe sich auch eine Zunahme der Lernzeiten. Die dadurch gesteigerte Effektivität könnte durchaus im Sinne einer Kosten-Nutzen-Betrachtung positiv zu Buche schlagen. Die Mehrausgaben für die Medientechnik könnten den Einsparungen durch verkürzte Studiengänge gegenüber gestellt werden.

Eine verringerte Anwesenheitsquote in einem Regelstudiengang könnte weitere Einsparungen im baulichen Bereich mit sich bringen. Neubauvorhaben könnten entsprechend angepaßt werden oder z.T. entfallen, vorhandene Räumlichkeiten einer anderen Nutzung zugeführt werden. Die selteneren Treffen vieler Studierender an einem Ort könnten anders gestaltet und organisiert werden. Mehrfachnutzung mit unterschiedlichen Ansprüchen an gleiche Räume müßten bei der Planung nicht mehr berücksichtigt werden, wodurch zum Beispiel einer kommunikationsfördernden Gestaltung eine höhere Priorität eingeräumt werden könnte. Ein Vorteil läge auch darin, daß die Entwicklung der Studierendenzahlen kaum noch einen Einfluß auf die Größenordung der Neubauvorhaben haben würde.

Die entscheidenden Kriterien einer solchen Hochschule als Lernzentrum wären Lernatmosphäre, didaktische Aufbereitung des Lernstoffes, die Vermittlung der Fähig- und Fertigkeiten, die nur in der Gruppe oder in Labors vermittelt werden können. Die Gestaltung der Stundenpläne für die jeweiligen Studiengruppen könnte ohne große Zeitlücken geplant werden. Studieninhalte müßten um Seminare, die die Lernsituation im Selbststudium behandeln, erweitert werden. Studiengänge, die eine ständige Anwesenheit in der Hochschule oder in Labors erfordern, könnten auf einige wenige Orte konzentriert werden, so daß diese Einrichtungen auch im Kosten-Nutzen-Verhältnis vertretbar sind (bekanntermaßen gibt es Studiengänge, die pro Semester nur 5 - 10 neue Studierende finden, für diese aber der gesamte Personalstamm vorgehalten werden muß).

Auf große Hörsäle könnte weitestgehend verzichtet werden, da sie bekanntermaßen zu erheblichen gesundheitlichen Störungen beitragen (Kopfschmerzen, Streßsymptome, Rückenschmerzen und Schlafstörungen; häufig treten gesundheitliche Beeinträchtigungen nach Vorlesungen in Hörsälen auf). Ursächlich dafür sind nicht nur die ergonomisch problematischen Sitzpositionen, sondern auch die Raumbelüftung. Hörsäle, die nur über Klimaanlagen belüftet werden, unterstützen die Verbreitung von Grippeerkrankungen. Hier wäre eine zeitgemäße Entwicklung dringende Aufgabe für die entsprechenden ExpertInnen; bei Neubauprojekten sind für Hochschulen bzw. Hörsäle Konzepte vorzulegen, die diese Gesundheitsaspekte berücksichtigen.

Oft fehlen an den Hochschulen Räume, die ihrer Ausgestaltung nach geeignet sind, Entspannung und /oder Konzentration zu ermöglichen. Ebenfalls wichtig für die Gesundheit von Studentinnen und Studenten ist die Möglichkeit, einem Ausgleichssport nachzugehen. Hier wäre ein breitgefächertes Angebot in der Hochschule, das auch die spezifischen Schwachpunkte nicht mehr ganz junger Studierender berücksichtigt, wünschenswert. Oft fehlt auch die Zeit, verordnete physikalische Behandlungen wahrzunehmen. Ein Gesundheitszentrum, das neben einer physiotherapeutischen Praxis auch die Möglichkeit eines Arztbesuches ermöglicht, würde sowohl den Studierenden als auch den Mitarbeiterinnen und Mitarbeitern zu Gute kommen. Die Öffnungszeiten müßten die Vorlesungszeiten weitgehend berücksichtigen, so daß es möglich wäre, auch nach 18:00 Uhr behandelt zu werden. Die Organisation könnte der eines Medizinischen Dienstes größerer Betriebe nachempfunden werden.

Ernährung und Gesundheitsverhalten

Die wenigsten Studierenden haben eine klare Vorstellung von gesunder Ernährung. Jede/r weiß, was sie/er mag oder nicht mag - aber nicht alle wissen, was für ihre Gesundheit zuträglich ist. Entsprechend den Eßgewohnheiten der Familie und Bezugsgruppen entwickelt jeder Mensch seine eigene Philosophie von gutem Essen und Geschmack. Die große Anzahl und die verschiedenen Geschmäcker von Essern stellt somit die Großküche Mensa wie auch alle anderen zentralen Küchen vor die Frage: Wie kann zu einem bestimmten Zeitpunkt gesunde, ausgewogene Kost zu einem günstigen Preis hergestellt werden, und welcher Geschmack trifft die Mehrzahl der hungrigen Studierenden am ehesten? Wie kreativ kann ein Speiseplan überhaupt sein, wenn täglich hunderte, tausende Konsumentinnen und Konsumenten zwischen 12:30 Uhr und 13:30 Uhr essen wollen?

Die Mensa der Fachhochschule, an der wir studierten, bietet fast täglich drei Gerichte an, von denen eines vegetarisch ist. Daneben steht in den meisten Semesterwochen an vier Tagen in der Woche ein reichhaltiges Salatbuffet zur Verfügung. Daneben wird noch eine Imbißbude betrieben, die für einen höheren Preis weitere typische Trendkost anbietet. Was jedoch fehlt, sind kontinuierliche Informationen für die Konsumentinnen und Konsumenten über das, was sie zu sich nehmen, Hinweise bezüglich enthaltener Vitamine, Kalorien usw., Planung des Essens im Hinblick auf die tägliche/wöchentliche Ausgewogenheit und dadurch auch der Anreiz, sich damit auseinanderzusetzen. Die noch breit vorzufindenden Fehlinformationen und Wissensmängel von Studierenden in ernährungsphysiologischen Fragen könnten durch Informationsveranstaltungen, zum Beispiel durch die Krankenkassen, vermittelt werden. Die Schaffung eines Problembewußtseins würde quasi nebenbei erfolgen. Bestehende Ansätze wie die sog. Gesundheitswochen zu Beginn und Ende eines Semesters müßten ausgebaut und als Regelangebot in der Hochschule verankert werden.

Leicht änderbar und an vielen Hochschulen immer noch nicht durchgeführt ist ein allgemeines Rauchverbot in allen Räumen. Für Raucherinnen und Raucher müßten spezielle Räume ausgewiesen werden. Verstöße gegen das teilweise bestehende Rauchverbot kommen unter anderem dadurch zustande, daß keine Alternativen geboten werden. Das Thema ist ein weiterer Punkt, der gerade im Studierendenmilieu ein Problem darstellt, wobei nicht nur die sogenannten illegalen Drogen gemeint sind. Der Mißbrauch von legalen Drogen in Form von Alkohol und Psychopharmaka stellt ein größeres Problem dar. Die Frage nach dem Warum klärt sich durch unsere Ausführungen zur Hochschule als Lebenswelt. Drogenberatungsstellen im Bereich der Hochschule wären eine Möglichkeit, dem entgegenzuwirken.

Bewegung und körperliche Aktivität

In den modernen Industrienationen wird der Mensch selten als ganzes Wesen wahrgenommen, demnach werden an den Schulen und Hochschulen die kognitiven Aspekte in den Vordergrund gerückt. Schon in der Sozialisation des Menschen wird, anders als im asiatischen Raum, ein bewußtes Körpererleben und -bild kaum vermittelt. Die richtige Bewegung und Körperhaltung stehen im engen Zusammenhang mit dem allgemeinen Wohlbefinden des Menschen; keine oder falsche Bewegungen und Körperhaltungen können zu schmerzhaften Bewegungseinschränkungen, Fehlhaltungen und rheumatischen Beschwerden an Rücken, Nacken und Schultern führen.

Während der Vorlesungszeiten verbringen die Studierenden viele Stunden in ungesunder Sitzposition, ohne die Möglichkeit zur ausreichenden Bewegung oder körperlichen Aktivität zu haben. Aufgrund dieser Tatsache müssen Möglichkeiten im Hochschulalltag geschaffen werden, die dem Menschen und seinem Bedürfnis nach körperlicher Aktivität gerecht werden, denn das Gleichgewicht zwischen Spannung und Entspannung ist für die Gesundheit des Menschen von entscheidender Bedeutung. Bewegungs- und Sportmöglichkeiten sind ein geeignetes Mittel, eine Alternative zu den einseitigen kognitiven Ansprüchen der Institution Hochschule zu schaffen und somit einen Beitrag zum Streßabbau zu leisten, denn neben den somatischen Beschwerden können auch Angst- oder Überforderungssyndrome abgebaut werden (vgl. Hölzle, 1994).

In der chinesischen Medizin geht man davon aus, daß die meisten Krankheiten ihren Ursprung im Bereich der Wirbelsäule haben. Bei einer schlechten Rückenhaltung werden die Organe zusammengepreßt und können somit ihre Funktionen nicht adäquat ausüben. Das Nervensystem reguliert alle lebenswichtigen Vorgänge im menschlichen Körper wie Stoffwechsel, Kreislauf, Atmung, Verdauung usw. und regelt das Verhältnis des Individuums zur Umwelt. Weil sich eine Vielzahl von neurogenen Zentren und Nervenbahnen im Rückenmark befinden, ist die Funktionsfähigkeit des Nervensystems von einer geraden Rükkenhaltung und ergonomisch korrekten Voraussetzungen abhängig. Die Hochschule der Zukunft sollte auf die Bedürfnisse der StudentInnen und MitarbeiterInnen im Bereich der Bewegung bzw. körperlichen Aktivität eingehen und dabei die neuen medizinischen sowie gesundheitswissenschaftlichen Erkenntnisse berücksichtigen.

Zeitmanagement

Die Gesundheit des Menschen ist vom harmonischen Zusammenspiel aller Energien und Kräfte im Körper abhängig. In diesem Zusammenhang ist ein zweckmäßiges Zeitmanagement die Grundvoraussetzung zur Prävention von Belastungssituationen im Studium oder psychosozialen Risiken im privaten Bereich. Eine Vielzahl von Untersuchungen haben gezeigt, daß Menschen gesund bleiben bzw. wesentlich seltener krank werden, wenn sie einen relativ geregelten Tagesablauf (Struktur) im Alltag haben und ihrem angeborenen Schlafbedürfnis und Rhythmus folgen. Gerade bei Studierenden finden sich in dieser Hinsicht Defizite, denn die unregelmäßigen Vorlesungszeiten v.a. im Hinblick auf Beginn, Dauer und Ende der Veranstaltungen können zum Verlust der Tagesstruktur und somit zu psychosomatischen Belastungen bzw. Streß führen.

Neben der gleichmäßigen Verteilung von kognitiven und körperlichen Anforderungen ist ein angemessener Wechsel der Konzentrations- und Entspannungsphasen notwendig, um den Menschen auf Dauer fit und gesund zu erhalten. In den westlichen Industrieländern klagen eine Vielzahl von Menschen über manifeste Schlafstörungen, viele von ihnen sind behandlungsbedürftig (vgl. Backhaus & Riemann, 1996). Aufgrund des häufigen Wechsels der Lebensgewohnheiten bzw. -abläufe sind Studentinnen und Studenten besonders gefährdet, Schlafstörungen zu bekommen. Die Ursachen für diese Probleme liegen in den spezifischen Alltagsbedingungen der Studierenden (Schwankungen der Tagesstruktur, psychische Belastungen, Alkohol- und/oder Medikamentengebrauch etc.) und können zu einer Beeinträchtigung der Abwehrkräfte führen. Neue Studien des Münchner Max-Planck-Institutes für Psychiatrie beschäftigen sich mit dem Verhältnis von Schlaf und Gesundheit bzw. Krankheit und die Berichte zeigen, daß eine direkte Verbindung zwischen dem Schlaf-Wach-System und der Immunabwehr des Menschen besteht.

An den Hochschulen sollte demnach über eine Reform der Vorlesungszeiten und die Neugestaltung der Semesterpläne nachgedacht werden, damit die Studierenden v.a. am Morgen zu immer gleichen Anfangszeiten in die Hochschule kommen und im Verlaufe des Tages sowie der Woche möglichst gleichartige Verhältnisse vorfinden, um die Schwankungen im Wechsel der Phasen zu minimieren und so die Gesundheit der Studentierenden zu fördern.

Behindertengerechte Hochschule?

Gemäß § 2 des Hochschulrahmengesetzes sind die Träger von Universitäten, Fachhochschulen und anderen vergleichbaren Akademien verpflichtet, auf die spezifischen Interessen und Belange von behinderten Studierenden Rücksicht zu nehmen. Personen, die aufgrund körperlicher oder geistiger Einschränkungen in den Aktivitäten des täglichen Lebens beeinträchtigt sind, dürfen wegen dieser Behinderung im Zusammenhang mit der Aufnahme oder Weiterführung eines Studiums nicht benachteiligt werden. Unabhängig von der Behinderungsursache sollte gerade im Bildungswesen darauf geachtet werden, daß ein Schaden bzw.

eine funktionelle Einschränkung oder Fähigkeitsstörung nicht die Bildungs- und Berufsfähigkeit des Individuums reduziert und somit zu einer sozialen Beeinträchtigung führt. Grundsätzlich müssen Gesellschaft und Politik institutionalisierte Hindernisse oder sonstige Barrieren abbauen und den behinderten Menschen die Möglichkeit geben, eine adäquate akademische Ausbildung zu absolvieren.

Die Auswirkungen bzw. Konsequenzen von Behinderungen hängen von den verfügbaren persönlichen, finanziellen und sozialen Ressourcen ab. Deshalb muß es die Aufgabe aller Beteiligten (Verwaltungsangestellte, DozentInnen, KommilitonInnen usw.) sein, die Perspektiven und Chancen zur Integration Behinderter in die Gesellschaft, in den Hochschulalltag und in den Beruf systematisch zu verbessern. In vielen Hochschulen existieren Behindertenbeauftragte, die für die Koordination der Behindertenarbeit verantwortlich sind und in diesem Kontext eine Abstimmung von Interessen der Betroffenen und Angeboten der Institution vornehmen. Die architektonische Gestaltung und technische Ausstattung der Hochschule steht dabei im Mittelpunkt der Diskussion, denn gerade die baulichen Gegebenheiten in den Hochschulgebäuden erschweren die Situation behinderter Studierender.

Eine gezielte Behindertenhilfeplanung könnte viele dieser Hürden im Vorfeld vermeiden bzw. nachträglich neu gestalten und auf diese Art und Weise einen Beitrag zur Überwindung bzw. Verringerung von Behinderungsfolgen und Benachteiligung leisten. Die behindertengerechte Hochschule sollte nach Ausstattung und Lage den Bedürfnissen der Betroffenen angepaßt sein, d.h. die Eingänge, Hörsäle, Seminarräume und Sanitäreinrichtungen sind rollstuhlgerecht zu bauen. Auch die Bedienungsvorrichtungen wie Türgriffe, Lichtschalter und Fahrstuhlknöpfe müssen für körperbehinderte Studierende erreichbar sein, um diese bei alltäglichen Anforderungen weitgehend selbständig zu machen.

Professionelle Hilfsangebote

Studierende benötigen ein umfassendes, niedrigschwelliges und alltagsnahes Beratungsangebot im Setting Hochschule. In jedem Fachbereich sollte die individuelle Beratung seiner Studierenden, besonders im Hinblick auf die speziellen Probleme des jeweiligen Studienganges, einen besonderen Stellenwert erhalten. Dies könnte in Form eines Beratungszentrums bzw. im Rahmen des weiter oben vorgeschlagenen Hochschul-Gesundheitszentrums interdisziplinär zusammengefaßt werden. Sinnvoll wäre, Beratung und medizinische Versorgung unter einem Dach anzubieten. Die Themen könnten von A wie Alkohol, B wie Bafög, K wie Krankheit, über W wie Wohnen bis Z wie Zuhören reichen. Dadurch könnten manche Studienabbrüche und auch Fachbereichs-Sprünge verhindert werden. Zentral könnte dort auch ein Nachhilfedienst zwischen Studierenden eingerichtet werden.

Finanzielle Situation

Ein zentrales Problem der Studierenden ist die Finanzierung ihrer Ausbildung an den Hochschulen. Die Studentinnen und Studenten in der Bundesrepublik Deutschland sind zunehmend einem hohen Erwartungs- und Leistungsdruck ausgesetzt, nicht nur im Zusammenhang mit dem Studium selbst, sondern auch, wenn es um Fragen der wirtschaftlichen Selbsterhaltung geht. Eine qualifizierte Ausbildung ist die Grundlage für beruflichen Erfolg und ökonomische Sicherheit. Die Aufnahme eines Studiums beinhaltet aber oftmals sozioökonomische Risiken und finanzielle Belastungen für die Betroffenen und ihre Familien. Damit möglichst viele junge Menschen eine akademische Berufsausbildung absolvieren können, unabhängig von Milieu- und negativen Sozialisationsbedingungen sowie der sozialen und wirtschaftlichen Situation der Eltern, wurde das Bundesausbildungsförderungsgesetz (BaföG vom 26.08.1971) geschaffen. Das zentrale Ziel des BaföG sollte die Reduzierung der divergierenden Chancenverteilung im bundesdeutschen Bildungssystem sein.

Der Staat übernimmt die Aufgabe, Studentinnen und Studenten für die Dauer ihrer berufsqualifizierenden Ausbildung mit entsprechenden Geldleistungen in angemessener Höhe zu unterstützen, damit sich diese uneingeschränkt dem Studium widmen können. In der Realität erhält aber nur ein geringer Teil der Studierenden eine individuelle Ausbildungsförderung. Somit ist die bestmögliche Nutzung der existierenden Bildungspotentiale und intellektuellen Ressourcen innerhalb der Bevölkerung nicht gewährleistet, denn ein immer größer werdender Anteil der Studentinnen und Studenten ist darauf angewiesen, durch Arbeit einen Beitrag zum angemessenen Lebensunterhalt zu leisten und auf diese Art und Weise ihre Existenz zu sichern. Die betroffenen Personen haben keine Möglichkeit, sich primär auf die Studieninhalte zu konzentrieren und ihren Alltag den fachlichen Anforderungen der Hochschule anzupassen.

Die substantiellen inhaltlichen Ansprüche der Fachbereiche, die Existenzsicherung durch Erwerbsarbeit und restriktive finanzielle Mittel sind typische Problemagglomerationen bei Studierenden, die zu einer Verlängerung des Studiums und zu einer Beeinträchtigung des Gesundheitszustandes führen können. In der öffentlichen Diskussion wird immer wieder auf den hohen Freizeitanteil der Studierenden hingewiesen, ohne dabei zu berücksichtigen, daß nach Hochschulveranstaltungen und in der vorlesungsfreien Zeit die Nachbearbeitung und das intensive Einstudieren der Lerninhalte erfolgen muß. Sozialpolitische Forderungen müssen die Verbesserung der finanziellen Situation von Studentinnen und Studenten durch eine Novellierung des BaföG in den Vordergrund der Betrachtungsweise stellen. Nur wenn das Studium im Mittelpunkt steht, ist ein qualifizierter und streßarmer Abschluß innerhalb der Regelstudienzeit möglich.

Die Gesellschaft muß erkennen, daß Investitionen im Bildungswesen und die Verbesserung der Studienbedingungen zu einer optimalen Ausnutzung der vorhandenen Bildungsreserven führen und der Bundesrepublik Deutschland einen ökonomischen Vorteil bringen sowie die Konkurrenzfähigkeit der Unternehmen im internationalen Wettbewerb steigern.

Alltagsverständnis von Gesundheit

Menschen entwickeln im Rahmen ihrer Persönlichkeitsentwicklung unterschiedliche subjektive Vorstellungen von Gesundheit und Krankheit, welche eine divergente Bedeutung im Alltag haben. Diese Vorstellungen sind das Resultat komplexer Wechselwirkungen zwischen Personen und ihrer Umwelt und werden durch physiologische, psychische und soziale Faktoren bestimmt (vgl. Hurrelmann, 1988). Die Konstituierung der individuellen Persönlichkeit ist geschlechts- oder kulturspezifisch, umfaßt die gesamte Lebensspanne eines Menschen und wird von bestimmten positiven und negativen Erfahrungen beeinflußt. Es bestehen erhebliche Diskrepanzen zwischen den wissenschaftlichen Konzepten von Gesundheit bzw. Krankheit und den subjektiven Vorstellungen bezüglich der Entstehung pathologischer Veränderungen und der Erhaltung eines persönlichen Balancezustandes.

Eine effektive und effiziente Gesundheitsförderung im Hochschulalltag muß sich an den Laienkonzepten der Zielgruppen orientieren, denn der Erfolg prophylaktischer oder therapeutischer Interventionen ist von den Ressourcen und der Compliance der betroffenen Personen abhängig. Bei Studentinnen und Studenten handelt es sich nicht um eine homogene Gruppe. Innerhalb der Fachrichtungen und zwischen den Bereichen existieren verschiedene Wertvorstellungen im Zusammenhang mit Gesundheit, die sich in persönlichen und kollektiven Lebensweisen und -gewohnheiten manifestieren. Die Gesundheit der Menschen wird von den gegebenen externen Lebensbedingungen und den individuellen Ansichten mit den daraus resultierenden Lebensweisen beeinflußt (vgl. Flick, 1998).

Die professionellen Strategien und Methoden sollten mittels sozialpolitischer Maßnahmen die Verhältnisse an den Hochschulen verbessern und durch gezielte Gesundheitsaufklärung oder Beratung das Verhalten sowie die Leitbilder von Gesundheit der jeweiligen Gruppen beeinflussen. Gesundheitsprobleme sind immer die Folge einer Interaktion von Lebenslage und Lebensweise. Demnach sind positive Effekte der Gesundheitsförderung nur dann zu erwarten, wenn die Maßnahmen und Interventionen zur Verbesserung der gesundheitlichen Situation von Studierenden an den Hochschulen sowohl verhaltens- als auch verhältnisbezogene Komponenten umfassen und gleichermaßen die Ziel- und Wertvorstellungen der unterschiedlichen Gruppen berücksichtigen.

Leistungsdruck

Die körperliche und psychische Gesundheit von Studenten und Studentinnen ist heute zunehmend durch belastende Faktoren im Hochschulalltag und im privaten Sektor gefährdet (vgl. Siegrist, 1996). Eine Vielzahl von Studierenden fühlt sich immer häufiger gestreßt und überfordert. Der hohe Leistungs- und Erwartungsdruck, die ungewissen beruflichen Zukunftsperspektiven und die daraus resultierende massive Konkurrenz zwischen den Menschen können eine wesentliche Ursache für zahlreiche psychosomatische Beschwerden, allergische Erkrankungen, verstärkten Alkohol- und Drogenkonsum sowie eine steigende Gewaltbereitschaft darstellen. Kontinuierlich steigende Anspannung und Überforderung werden heutzutage als mitverursachend für chronische Erkrankungen, psychosomatische Beschwerden und spezifische Verhaltensauffälligkeiten betrachtet.

Seelische, geistige oder soziale Belastungen können zu einer Reduzierung der natürlichen Kompensations- und Bewältigungsmöglichkeiten des menschlichen Organismus führen und somit psychische oder somatische Risiken bzw. Krankheiten auslösen. Die Zahl der allergischen Erkrankungen (v.a. allergische Ekzeme, Heuschnupfen, Überempfindlichkeiten der Augenbindehäute, Asthma und Neurodermitis) hat sich in den letzten 40 Jahren nahezu verdoppelt, und die Tendenz ist weiter steigend. Die Ursache dieser Entwicklung liegt neben der körperlichen Disposition und den Umweltbelastungen v.a. an gravierenden Anspannungs- und Überforderungssituationen. Unter den psychosomatischen Beschwerden werden typische Symptome wie Kopf- und Magenschmerzen, Schlafstörungen, Kreuz- und Rückenbeschwerden oder Nervosität sowie Unruhe subsumiert. Diese Syndrome entstehen, wenn sich Studierende den alltäglichen Anforderungen im Studium oder anderen psychosozialen Belastungen nicht mehr gewachsen fühlen.

Aufgrund der mangelnden Streßbewältigungsmöglichkeiten in den Hochschulen, z.B. fehlenden Sportangeboten oder Ruhe- und Entspannungsräumen, kommt es im Rahmen individueller Bewältigungsstrategien immer häufiger zum Konsum legaler und illegaler Drogen. In den letzten Jahren konnte ein verstärkter Mißbrauch von Arzneimitteln unter den Studierenden beobachtet werden, insbesondere die Anzahl der Konsumentinnen und Konsumenten von Schmerz-, Schlaf- und Beruhigungsmitteln steigt kontinuierlich an (vgl. Bauch, 1996). In diesem Kontext sollten gesundheitsfördernde Maßnahmen die natürlichen Bedürfnisse der Studentinnen und Studenten fördern, denn kreislaufstimulierende Medikamente oder Schlafmittel sind kein Äquivalent für Sport, körperliche Aktivität und Entspannung.

Die Bewältigungsfähigkeiten sind ebenfalls vom Grad der individuellen und sozialen Ressourcen abhängig, welche im Hochschulalltag berücksichtigt werden müssen, d.h. gemeinschaftliche Aktionen können den massiven Konkurrenzdruck reduzieren und somit einen Beitrag zur sozialen Netzwerkförderung und zum Streßabbau leisten. Eine Verminderung des Leistungsdruckes bzw. eine Verbesserung der Copingkompetenzen kann durch spezifische Kursangebote (Autogenes Training, progressive Muskelentspannung u.a.) sowie eine Optimierung der Struktur und Koordination von Lehrveranstaltungen durch die Dozentinnen und Dozenten erreicht werden, um auf diese Art und Weise den Tagesrhythmus verläßlich zu gestalten und unnötige Stressoren zu vermindern (vgl. Fontana, 1991).

Qualität der Lehre

Es gibt viele gute und engagierte ProfessorInnen und DozentInnen, die ein ehrliches Interesse daran haben, den Stoff, den sie vermitteln wollen und sollen, möglichst interessant, informativ und didaktisch gut aufbereitet an die Studierenden zu bringen - leider ist dies jedoch nicht immer der Fall. Für einige

Dozentinnen und Dozenten scheint es überhaupt keinen Grund zu geben, ihr "altbewährtes" Konzept zu ändern. Das bedeutet für die Studierenden, daß fast immer mit dem Vorlesungsangebot der Lernstoff nicht begriffen wird und neben der normalen Vorlesungsnachbereitung der Stoff im Eigenstudium erarbeitet werden muß. In diesen Fällen ist es fraglich, ob die Vorlesungen überhaupt gehalten werden müssen.

Die Qualität der Lehre müßte viel intensiver auf ihren Inhalt (Aktualität) und ihre Leistungsfähigkeit hin überprüft werden. Etwaige Bestrebungen von Seiten der Studierenden, die jeweiligen Vorlesungen und Lerninhalte am Ende des Semesters zu bewerten, scheitern in der Regel aufgrund des mangelnden Engagements bzw. Interesses der Studierenden sowie organisatorischer Hindernisse. Eine Möglichkeit wäre die Einrichtung eines Büros für Evaluation der Lehre, das mit studentischen Hilfskräften arbeitet und von einer zentralen hauptamtlichen Kraft geleitet wird. Es scheint anders kaum eine Möglichkeit zu geben, dieser wichtigen Aufgabe Kontinuität zu verleihen. Jede/r Studierende könnte zu Semesterbeginn eine Liste mit den Seminar- und Vorlesungsangeboten bekommen, in der die besuchten Veranstaltungen hinsichtlich Form und Inhalt, Aktualität des Lernstoffes und Vermittlung desselben bewertet werden müssen. Diese Formalität nimmt nicht mehr Zeit in Anspruch als das Einreichen von Scheinen.

Weiterbildung für ProfessorInnen und Lehrbeauftragte muß in Zukunft ebenso zur Pflicht werden wie der Nachweis über eine Zusatzausbildung in Didaktik. Probevorlesungen können kein repräsentatives Bild über die zu erwartende Dauerleistung der Kandidatin/des Kandidaten geben, sie bieten nur eine Momentaufnahme und sind selten aussagekräftig. Probeseminare hingegen sagen wesentlich mehr über die Person und ihre Eignung aus, da die Kandidatinnen und Kandidaten nicht nur besser kennengelernt werden können, sondern ihre Leistungsfähigkeit in Bezug auf die Lernstoffvermittlung besser überprüfbar ist.

Partizipation

Die Verbesserung der gesundheitlichen Situation von Studentinnen und Studenten steht in engem Zusammenhang mit Mitsprache- und Beteiligungsmöglichkeiten in allen Fragen der Lehre, Planung und Organisation. Nur wenn die Vorstellungen und Visionen der Studierenden über den Hochschulalltag und ihr soziales Umfeld ausreichend Berücksichtigung finden, steigt das gesundheitliche Wohlbefinden. Gefühle der Ohnmacht und Fremdbestimmtheit durch die Institution Hochschule müssen mit Hilfe partizipativer Prozesse oder partnerschaftlicher Verhandlungen abgebaut werden. Den Studentinnen und Studenten sollte die Gelegenheit gegeben werden, aktiv an der Gestaltung der eigenen Existenz mitzuwirken, um somit die Akzeptanz von Entscheidungen zu verbessern. In diesem Zusammenhang bietet das Konzept des Empowerments, welches seinen Ursprung in der nordamerikanischen Gemeindepsychologie hat, eine zweckmäßige Vorgehensweise zur Verbesserung der Rahmenbedingungen und somit zur Stärkung des Selbstbewußtseins von Studierenden (Stark, 1996). Die Studierenden sollten verstärkt die Möglichkeit erhalten, den Lebensraum Hochschule aktiver gestalten zu können, um somit ihre individuellen sowie kollektiven Interessen im Rahmen von Entscheidungsprozessen einzubringen.

Bei der konkreten Umsetzung der Gesundheitsförderung im Hochschulalltag muß die salutogenetische Perspektive von Antonovsky berücksichtigt werden. Die zentrale Voraussetzung bzw. Bedingung für körperliches und seelisches Wohlbefinden ist die Autonomie des Menschen, d.h. das eigene Leben selbst gestalten zu können. Nach dem salutogenetischen Modell ist die aktive Teilnahme an Entscheidungs- und Kontrollprozessen, die einen Einfluß auf die individuelle Lebensführung haben, eine wichtige Bewältigungskompetenz bzw. generalisierte Widerstandsressource (GRR). Nur wenn bestimmte Kompetenzen und Fähigkeiten beim Menschen vorhanden sind, kann eine relativ stabile Handlungsorientierung (Kohärenzsinn) entwickelt werden, welche bei starker Ausprägung und Aufrechterhaltung positive Auswirkungen auf die Gesundheit hat. Der Kohärenzsinn beeinhaltet drei Aspekte des menschlichen Daseins: die Welt verstehen zu können, die Fähigkeit zur Nutzung der internen und externen Ressourcen und einen Sinn im eigenen Leben zu sehen (Antonovsky, 1997).

Dieser Kausalnexus sollte im Hochschulalltag verstärkt Berücksichtigung finden, denn die Selbstbestimmung und -verantwortung der Studentinnen und Studenten kann nicht nur deren Gesundheit fördern, sondern gleichermaßen zur Persönlichkeitsentwicklung beitragen.

Schlußbemerkung

Gesundheit und Wohlbefinden sind die Grundlagen eines erfüllten Lebens und seit ca. einem Jahrzehnt gesellschaftlich dominante Themen. In den westlichen Industrienationen müssen sich die Menschen zunehmend mit den Auswirkungen der modernen Zivilisationsprozesse auseinandersetzen. Die aktuellen Lebensbedingungen und die daraus resultierende Veränderung des Krankheitsspektrums haben zu einer Analyse und Reflexion der gesellschaflichen Rahmenbedingungen von Gesundheit geführt. In diesem Zusammenhang hat eine Neukonzeptualisierung der Gesundheitsförderung stattgefunden; die Gestaltung von Lebensräumen steht heute im Mittelpunkt der Betrachtungsweise.

Die neuen sozialpolitischen Konzepte und gesundheitswissenschaftlichen Strategien der Gesundheitsförderung sind auf die Veränderung der gesellschaftlichen Voraussetzungen und der persönlichen Lebensweisen ausgerichtet (vgl. Laaser et al., 1993). Die Gesundheit des Menschen wird gleichermaßen durch das individuelle Verhalten und die soziostrukturellen Lebensbedingungen bzw. Umweltfaktoren beeinflußt. Auch in den Hochschulen beschäftigen sich die Studentinnen und Studenten zunehmend mit ihren settingspezifischen Arbeits- und Studienbedingungen und den Auswirkungen dieser Lebensverhältnisse auf ihre Gesundheit. Eine Neuorientierung muß die gesundheitsfördernde Hochschule im Sinne eines umfassenden gesundheitsbezogenen Aktionsprogrammes zum Ziel haben, wobei sämtliche Aspekte des gesunden Lebens auf allen hochschulrelevanten Ebenen zu berücksichtigen sind. Die gesundheitsfördernden Maßnahmen und Interventionen sollten möglichst viele Ansatzpunkte (Individuum, Gruppe, soziales Umfeld, Institution und Sozialpolitik) einbeziehen und die Interdependenz dieser Ebenen beachten.

Aufgrund der Komplexität dieser Problematik benötigen die Studierenden aktive Hilfsangebote und entsprechende Infrastrukturen für eine adäquate Gesundheitsversorgung. Eigen- bzw. Selbsthilfe kann keine Alternative zu professionellen Angeboten sein. Die Gesundheitsförderung darf sich allerdings nicht ausschließlich auf den Gesundheitssektor beziehen, sondern muß auf sämtlichen sozial- und gesellschaftspolitischen Ebenen verwirklicht werden. Gesundheit im Hochschulalltag ist das Ergebnis der individuellen und kollektiven Bewältigung von Problemen und negativen Lebensbedingungen durch Stärkung der persönlichen Bewältigungskompetenzen und sozialen Ressourcen.

Literatur

Antonovsky A (1997). Salutogenese: Zur Entmystifizierung der Gesundheit. DGTV, Tübingen

Backhaus J & Riemann D (1996). Schlafstörungen bewältigen . Beltz/Psychologie Verlags Union, Weinheim

Bauch J (1996). Gesundheit als sozialer Code: von der Vergesellschaftung des Gesundheitswesens zur Medikalisierung der Gesellschaft. Juventa, Weinheim

Flick U (1998). Wann fühlen wir uns gesund? Subjektive Vorstellungen von Gesundheit und Krankheit. Juventa, Weinheim

Fontana D (1991). Mit dem Streß leben. Huber, Bern

Hölzle W (1994). Stressbewältigung – Methoden und Maßnahmen zur gesundheitsfördernden Verhaltensänderung. In: Hazard BP (Hrsg.). Gesundheitsförderung zur aktiven Vorsorge und Rehabilitation: Ansätze, Erfahrungen und Zukunftsaufgaben. Nomos, Baden-Baden

Hurrelmann K (1988). Sozialisation und Gesundheit: somatische, psychische und soziale Risikofaktoren im Lebenslauf. Juventa, Weinheim

Laaser U, Hurrelmann K, Wolters P (1993). Prävention, Gesundheitsförderung und Gesundheitserziehung. In: Hurrelmann K & Laaser U (Hrsg.). Gesundheitswissenschaften: Handbuch für Lehre, Forschung und Praxis. Beltz, Weinheim Basel

Lohaus A (1993). Gesundheitsförderung und Krankheitsprävention im Kindes- und Jugendalter. Hogrefe, Göttingen

Siegrist J (1996). Soziale Krisen und Gesundheit. Hogrefe, Göttingen Bern Toronto

Stark W (1996). Empowerment: neue Handlungskompetenzen in der psychologischen Praxis. Lambertus, Freiburg im Breisgau

Beiträge zum Forschungsstand

Annette Allgöwer, Christiane Stock, Alexander Krämer

Wie gesund leben Studierende?

Einleitung

Der Studienbeginn wird innerhalb der persönlichen Biographie in vielen Fällen als ein Einschnitt wahrgenommen. Häufig verknüpft mit dem Auszug aus dem Elternhaus, befinden sich junge Studierende in einer Lebensphase, in der erste Erfahrungen der Selbständigkeit gemacht und Entscheidungen zum Lebensstil getroffen werden müssen. Für einen Teil der Studierenden stellt die Hochschule dabei den zentralen Lebensmittelpunkt dar. An diesem Ort prägen sich weltanschauliche, politische und akademische Auffassungen, hier werden Grundlagen für berufliche und private Ausrichtungen gelegt, deren Folgen weit in die Zukunft reichen können. Ähnlich wie im Jugendalter scheint die Phase des jungen Erwachsenenalters eine prägende Phase zu sein, in der auch Weichen für gesundheitsbezogene Verhaltensweisen gestellt werden. Vor dem Hintergrund, daß Risikoverhaltensweisen vorrangig dann in den Blickwinkel medizinischen Interesses rücken, wenn gesundheitliche Folgen des Risikoverhaltens festzustellen sind, ist es Ziel dieser Untersuchung, Gesundheitsressourcen und Gesundheitsrisiken in einer weitestgehend medizinisch gesunden Population zu analysieren. Nur durch eine frühzeitige Identifizierung gesundheitsbezogener Schutz- und Risikofaktoren können Maßnahmen der Gesundheitsförderung sowie der Primärprävention angemessen umgesetzt werden.

Die Forschung gesundheitsbezogener Verhaltensweisen beschäftigt sich meist mit einzelnen, isoliert operationalisierten Verhaltensweisen. Dabei bleibt unberücksichtigt, daß einige Verhaltensfaktoren eher gemeinsam auftreten, während sich andere gegenseitig ausschließen. Es kann jedoch vorausgesetzt werden, daß jeder Risikoaspekt eingebunden ist in die Lebensweise einer Person und sich nur aus diesem Kontext heraus plausibel erklären läßt. So fragt beispielsweise Faltermaier: "Gibt es gemeinsame Dimensionen des präventiven Gesundheitsverhaltens, gibt es so etwas wie einen gesunden Lebensstil? Machen beispielsweise Menschen, die regelmäßig zum Arzt gehen, auch regelmäßig Sport oder andere Sachen für ihre Gesundheit?" (Faltermaier, 1994). Hier wird deutlich, daß es sich beim Gesundheitsverhalten um ein multidimensionales Konstrukt handelt und daß gerade für die Planung umfassender, integrativer Gesundheitsprogramme die Kenntnis solcher Zusammenhänge von großer Bedeutung ist. Da in Deutschland zum gegenwärtigen Zeitpunkt jedoch keine systematische Erfassung gesundheitlicher Schutzfaktoren und von Risikoverhaltensweisen sowie deren Zusammenhängen vorliegt, werden im folgenden auf der Datengrundlage des Bielefelder Gesundheitssurveys für Studierende entsprechende Analysen vorgenommen. Diese Untersuchung umfaßt u.a. selbstberichtete Daten zur gesundheitlichen Situation von Studierenden (Allgöwer et al., 1998) sowie eine Bedarfsanalyse zu Wünschen zielgruppenspezifischer Gesundheitsförderung (Stock et al., 1997). Eine umfassende Zusammenstellung der empirischen Daten, die im Hinblick auf mögliche Ansätze der Gesundheitsförderung interpretiert werden, findet sich bei Allgöwer (im Druck). Im folgenden werden jene Teile vorgestellt, die sich auf die gesundheitsbezogenen Verhaltensweisen beziehen. Die zugrundeliegende Fragestellung ist dabei, inwieweit einzelne Personen anhand gemeinsamer Gesundheitsverhaltensweisen zu Gruppen zusammengefaßt werden können, das heißt inwieweit charakteristische Gesundheitsprofile identifiziert werden können. Vorbereitend für diese Berechnung sollen die ausgewählten Variablen einzeln in ihrer Ausprägung vorgestellt werden. Dazu gehören das Gesundheits-, Bewegungs- und Ernährungsbewußtsein, das Bewegungs- und Ernährungsverhalten, der Konsum von Alkohol, Tabak und Haschisch sowie die Teilnahme an ärztlichen Vorsorgeprogrammen wie Zahnvorsorge und Standardimpfungen.

Material und Methoden

Untersuchungsablauf und Stichprobe

Der Bielefelder Gesundheitssurvey, eine Querschnittstudie zur gesundheitlichen Lage von Studierenden, wurde im Wintersemester 1995/96 an der Universität Bielefeld durchgeführt. Im Anschluß an eine standardisierte Instruktion wurden die Fragebögen während der Lehrveranstaltungen ausgefüllt. Die Auswahl der Fachbereiche orientiert sich an der Verteilung der Fachbereichsgruppen an der Universität. Es wurde ein Rücklauf von 85% erreicht. Die Stichprobe setzt sich aus 650 Studierenden (45% Männer, 55% Frauen) des ersten Hochschulsemesters zusammen. Das Durchschnittsalter der Befragten beträgt 21,4 (Standardabweichung ± 3,6) Jahre.

Auswertungsmethoden

Die statistische Auswertung erfolgte mit dem statistischen Softwarepaket SPSS. Die Häufigkeitsverteilungen werden prozentual dargestellt. Eine Prüfung auf Geschlechtsunterschiede erfolgte mit dem Chi-Quadrat-Test auf Unabhängigkeit. Zur Berechnung der Gesundheitsprofile wurde das multivariate Verfahren der Clusteranalyse verwendet. Da die Ausgangsdaten in unterschiedlichen Antwortformaten vorlagen, wurde zunächst eine Standardisierung der Daten durch eine Z-Transformation durchgeführt. Vorbereitend für die Clusteranalyse wurde anhand der Korrelationsmatrix zwischen allen Variablen geprüft, ob die Interkorrelationen unterhalb des Grenzwertes von r = 0,90 (Backhaus et al., 1996) liegen. Um die angemessene Anzahl der Cluster zu bestimmen, wurde zunächst mit einer reduzierten Zufallsstichprobe eine hierarchische Clusteranalyse durchgeführt. Als Distanzmaß wurde die quadrierte Euklidische Distanz gewählt. Als Agglomerationsmethode wurde das Ward-Verfahren verwendet. Als Beurteilungskriterien der Clusterstruktur wurden eine Normierung der Fehlerquadratsummen (FQS) in den sechs letzten Fusionierungsschritten vorgenommen. Mit dieser Vorgabe wurde auf der Grundlage des gesamten Datensatzes eine K-Means Cluster-Analyse für große Stichproben mit dem Verfahren Quick-Cluster durchgeführt.

Ergebnisse

Einzelne Gesundheitsverhaltensweisen bei Studierenden

Im folgenden sollen ausgewählte Parameter gesundheitsbezogener Verhaltensweisen zunächst in ihrer Einzelausprägung vorgestellt werden. Eine Typisierung studentischer Gruppen wird im zweiten Teil vorgenommen. Um eine erste Einschätzung des Gesundheitsbewußtseins bei Studierenden zu bekommen, werden die Befragten gebeten, ihr *Gesundheitsbewußtsein* anhand einer vierstufigen Skala einzuschätzen. Auf die Frage "Wie stark achten Sie auf Ihre Gesundheit?" geben mit 60% mehr als die Hälfte der Befragten eine positive Rückmeldung (10,6% sehr; 49,4% eher mehr; 37,8% eher weniger; 2,0% gar nicht; 0,2% keine Angabe). Ein Geschlechtseffekt kann nicht nachgewiesen werden. Ein positives *Ernährungsbewußtsein*, operationalisiert über die Zustimmung der Aussage "Ich bemühe mich um eine ausgewogene gesunde Ernährung", kann bei 55,2% der Studierenden festgestellt werden (11,8% trifft vollständig zu; 43,5% trifft eher zu; 36,6% trifft eher nicht zu; 7,2% trifft überhaupt nicht zu; 0,9% keine Aussage). Eine Prüfung auf Geschlechtsunterschiede ergibt, daß die weiblichen Studierenden signifikant stärker auf eine gesunde Ernährung achten als die männlichen (Frauen 60,3%; Männer 50,2%; $p = 0,02$). Über ein ausgeprägtes *Bewegungsbewußtsein*, operationalisiert über die Zustimmung der Aussage "Ich sorge dafür, daß ich genug Bewegung bekomme", verfügen 53,5% der Befragten (17,2% trifft vollständig zu; 36,3% trifft eher zu; 38,0% trifft eher nicht zu; 7,2% trifft überhaupt nicht zu; 1,3% keine Aussage). Männliche Studierende achten dabei signifikant stärker auf ausreichend Bewegung als weibliche (Frauen 51,0%; Männer 58,5%; $p<0,001$).

In Ergänzung zu den oben genannten allgemeinen Parametern, wurden detailliertere qualitative Angaben zum *Ernährungsverhalten* erhoben. Zusammenfassend geben 67,7% der Studierenden an, viel Gemüse zu essen; 67,2% der Studierenden geben an, viel Obst zu verzehren; mit 46,6% ernährt sich knapp die Hälfte aller Befragten weitgehend fettarm; 42,2% der Studierenden essen wenig Süßigkeiten. Alle Angaben zum Ernährungsverhalten weisen Geschlechtseffekte auf dergestalt, daß die weiblichen Studierenden sehr viel mehr auf einen ausreichenden Obst- und Gemüseverzehr achten, sich fettärmer ernähren und angeben, mehr Süßigkeiten zu essen als ihre männlichen Kollegen. Tabelle 1 faßt die Ergebnisse zusammen.

Die Angaben zum *Bewegungsverhalten*, erhoben in Form quantitativer Angaben, zeigen, daß ein Großteil der Studierenden regelmäßig sportlich aktiv ist. Keinen Sport treiben 18,7% der Befragten. Bis zu einer Stunde wöchentlich sind 12,0% sportlich aktiv. Zwischen einer und zwei Stunden treiben 19,8% regelmäßig Sport. Eine sportliche Aktivität von mehr als zwei Stunden wöchentlich geben 46,0% der Befragten an. Keine Angaben hierzu machen 3,5%. Eine Prüfung auf Geschlechtsunterschiede zeigt, daß die männlichen Studierenden signifikant mehr Sport treiben als ihre Mitstudentinnen (Frauen: "keinen Sport" 19,7%, "bis zu 1 Stunde" 13,2%, "zwischen 1 und 2 Stunden" 22,6%, "mehr als 2 Stunden" 44,5%; Männer: "keinen Sport" 18,6%, "bis zu 1 Stunde" 11,2%, "zwischen 1 und 2 Stunden" 17,9%, "mehr als 2 Stunden" 52,3%; $p = 0,03$).

Tab. 1 Angaben zur Ernährung (in Prozent)

	Insgesamt	Frauen	Männer	Signifikanz#
Ich esse viel Gemüse				
trifft überhaupt nicht/eher nicht zu	32,1	24,1	42,0	***
trifft eher/völlig zu	67,7	75,9	57,6	
keine Angabe	0.2	0,0	0,4	
Ich esse viel Obst				
trifft überhaupt nicht/eher nicht zu	32,4	24,6	42,3	***
trifft eher/völlig zu	67,2	75,4	56,9	
keine Angabe	0,4	0,0	0,8	
Ich ernähre mich weitgehend fettarm				
trifft überhaupt nicht/eher nicht zu	53,2	43,2	66,2	***
trifft eher/völlig zu	46,6	56,8	33,8	
keine Angabe	0,2	0,0	0,0	
Ich esse viele Süßigkeiten				
trifft überhaupt nicht/eher nicht zu	42,2	38,2	47,2	*
trifft eher/völlig zu	52,9	57,6	47,2	
keine Angabe	4,9	4,2	5,6	

* $p< 0.05$; ** $p< 0.01$; *** $p< 0.001$, # Qui-Quadrat-Test auf Geschlechtsunterschiede

Der habituelle *Alkoholkonsum* der Befragungsgruppe weist folgendes Ergebnismuster auf: 5,4% der Studierenden trinken täglich Alkohol. Nicht täglich, jedoch mehrmals pro Woche, trinken mit 21% rund ein Fünftel aller Befragten Alkohol. Einmal pro Woche konsumieren 21,4% Alkohol, einmal im Monat 19,9% und 20,7% trinken seltener als einmal pro Monat. Gar keinen Alkohol trinken insgesamt 11,6% der Studierenden. Der Alkoholkonsum, insbesondere der Bierkonsum, liegt in der männlichen Stichprobe deutlich höher als in der weiblichen (Frauen: "mehrmals pro Woche" 12,5%, "einmal pro Woche" 15,0%, "seltener als einmal pro Woche" 34,5%, "nie" 38,0%; Männer: "mehrmals pro Woche" 37,3%, "einmal pro Woche" 21,6%, "seltener als einmal pro Woche" 24,7%, "nie" 16,4%; $p < 0,001$).

Bei der Frage nach dem *Rauchverhalten* (Zigaretten, Pfeife, Zigarillos, Zigarre) bezeichnen sich 64,3% der Befragten derzeit als Nichtraucherinnen bzw. Nichtraucher. Nur zu bestimmten Gelegenheiten rauchen insgesamt 10,9% der Befragten. Als regelmäßige Raucherinnen und Raucher bezeichnen sich 24,5% der Studierenden, wobei es keinen signifikanten Unterschied zwischen den Geschlechtern gibt.

Bezogen auf den Konsum von illegalen Drogen liegt der *Haschischkonsum* in allen Antwortkategorien in der Konsumhäufigkeit vor den anderen illegalen Drogen und soll daher hier aufgeführt werden: Regelmäßigen Haschischkonsum geben 7,1% der Befragten an (einmal bis mehrmals die Woche). Einmal pro Monat konsumieren 5,1% der Studierenden Haschisch. 25,2% haben Haschisch das ein oder andere Mal probiert. 60,6% der Befragten haben Haschisch noch nie probiert. Keine Angabe zur Konsumhäufigkeit von Haschisch machen 2,0%. Der Haschischkonsum ist in der männlichen Stichprobe deutlich höher als in der weiblichen (Frauen: "einmal bis mehrmals pro Woche" 4,5%, "einmal pro Monat" 4,2%, "das ein oder andere Mal probiert" 23,8%, "noch nie probiert" 67,4%; Männer: "einmal bis mehrmals pro Woche" 10,6%, "einmal pro Monat" 6,4%, "das ein oder andere mal probiert" 28,3%, "noch nie probiert" 54,8%; p < 0,001).

Die *Zahnvorsorge* wurde mit 90,9% von einem Großteil der Studierenden schon einmal in Anspruch genommen. Die Angaben zur Inanspruchnahme von *Schutzimpfungen* zeigen dagegen, daß eine teilweise oder vollständige Immunisierung für Tetanus bei 86%, für Polio bei 70,5% und für Diphtherie bei 66,8% der Befragten vorliegt. Keinen Impfschutz geben 21,4% (Diphtherie), 10,8% (Polio) und 8,0% (Tetanus) der Studierenden an. Eine geschlechtsspezifische Betrachtung zeigt, daß weibliche Studierende sehr viel mehr Wert auf eine regelmäßige Zahnvorsorge legen und signifikant häufiger gegen Diphtherie geimpft sind. Tabelle 2 faßt die Ergebnisse zusammen.

Tab. 2 Teilnahme an Vorsorgeuntersuchungen (Angaben in Prozent)

	Insgesamt	Frauen	Männer	Signifikanz#
Zahnvorsorge				
nehme ich regelmäßig teil	67,5	74,5	58,6	***
habe ich schon einmal teilgenommen	23,4	18,8	29,1	
habe ich noch nie teilgenommen	6,2	3,6	9,3	
keine Angabe	2,9	3,1	3,0	
Tetanus-Impfung				
nehme ich regelmäßig teil	47,2	45,4	49,6	
habe ich schon einmal teilgenommen	38,8	40,4	36,8	
habe ich noch nie teilgenommen	8,0	7,4	8,3	
keine Angabe	6,0	6,8	5,3	
Polio-Impfung				
nehme ich regelmäßig teil	34,5	36,5	31,9	
habe ich schon einmal teilgenommen	36,0	36,0	36,1	
habe ich noch nie teilgenommen	18,8	17,4	20,1	
keine Angabe	10,7	10,1	11,9	
Diphtherie-Impfung				
nehme ich regelmäßig teil	29,1	32,9	24,3	*
habe ich schon einmal teilgenommen	37,7	37,6	37,8	
habe ich noch nie teilgenommen	21,4	18,0	25,3	
keine Angabe	11,8	11,5	12,6	

* p< 0.05; *** p< 0.001, # Qui-Quadrat-Test auf Geschlechtsunterschiede

Gesundheitsprofile

Zur Beantwortung der Frage, inwiefern aus einer heterogenen Gesamtheit von Personen homogene Teilmengen von Personen zu identifizieren sind, sollen nun die Fälle der Stichprobe zu Gruppen zusammengefaßt werden. Als ein statistisches Verfahren zur Gruppenbildung wurde die Clusteranalyse gewählt. Die Datengrundlage liefern die oben vorgestellten 12 Variablen zum Gesundheitsverhalten. Es wurde eine 5-Cluster-Lösung gewählt.

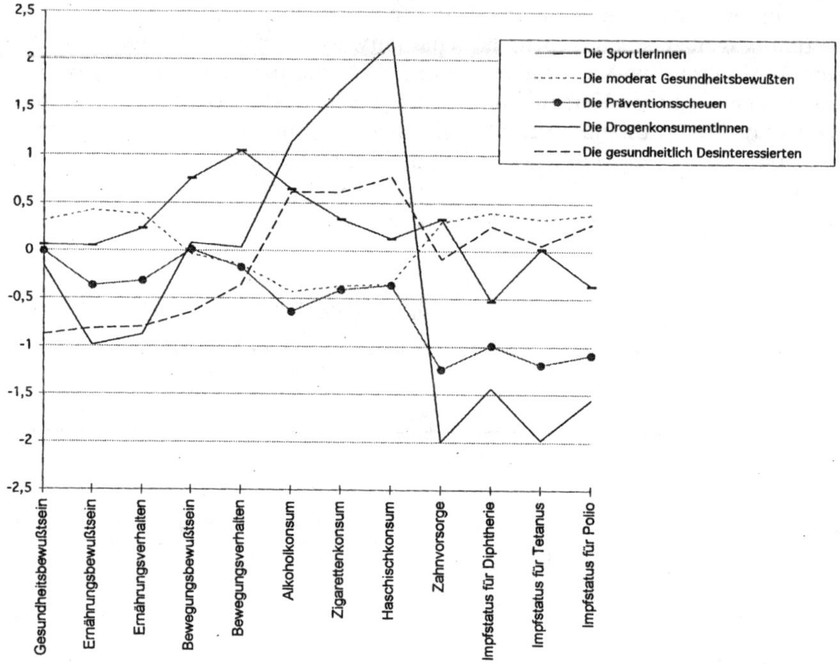

Abb.1 Gesundheitspofile der Studierenden. Dargestellt sind die Ergebnisse einer Clusteranalyse anhand der Z-Werte für die analysierten Variablen.

Die Ergebnisse der Clusteranalyse ist in Abbildung 1 dargestellt. Im folgenden werden die gewonnenen Clusterlösungen inhaltlich dargestellt. Ein inhaltliches Etikett faßt das primäre Charakteristikum der Gruppe knapp zusammen. Das personenstärkste Cluster 2, *"die moderat Gesundheitsbewußten"* (70,4% Frauen; 29,6% Männer; N = 230), zeichnet sich weniger durch extreme Ausprägungsgrade aus als vielmehr durch ein moderates Gesundheitsbewußtsein und einen unauffälligen Suchtmittelkonsum. Das Cluster 5 der *"gesundheitlich Desinteressierten"* (48,6% Frauen; 51,4% Männer; N = 111) ist geprägt durch einen vergleichsweise hohen Suchtmittelkonsum sowie durch schwache Gesundheitsressourcen wie ein wenig ausgeprägtes Gesundheitsbewußtsein und ein schlechtes Ernährungs- und Bewegungsverhalten. Cluster 1, *"die SportlerInnen"* (41,0% Frauen; 59,0% Männer; N = 85), zeigt eine studentische Gruppe, die eine ausgeprägte Bewegungsorientierung sowie einen auffällig hohen Alkoholkonsum aufweist. Bis auf das negative Präventionsverhalten im Bereich der

Zahnvorsorge und des Impfstatus bleibt das dritte Cluster, *"die Präventionsscheuen"* (45,1% Frauen; 54,9% Männer; N = 71) unauffällig. Das personenschwächste Cluster 4, *"die DrogenkonsumentInnen"* (2 Frauen; 7 Männer; N = 7) ist charakterisiert durch einen extremen Suchtmittelgebrauch von Haschisch, Zigaretten und Alkohol und zeigt weder im Impfstatus noch in der Zahnvorsorge ausgeprägte präventive Verhaltensweisen.

Im Hinblick auf diese Clusterstruktur wurden eine Vielzahl von Variablen zum Gesundheitszustand und zu Wünschen der Gesundheitsförderung untersucht (Allgöwer, im Druck). Es konnte nachgewiesen werden, daß lediglich der subjektive Gesundheitszustand, die Einschätzung der körperlichen Robustheit sowie der Bedarf für eine suchtspezifische Gesundheitsberatung einen signifikanten Zusammenhang zur Clusterlösung aufweisen. Alle anderen Variablen zum Beschwerdestatus sowie zum Bedarf an Gesundheitsförderung bilden kein charakteristisches Muster in Bezug auf die gewonnene Clusterstruktur.

Zusammenfassung und Diskussion

Auf der Grundlage von Selbstberichtsdaten beschäftigt sich diese Studie mit den gesundheitsbezogenen Verhaltensweisen in der Population von Studierenden im ersten Hochschulsemester. Betrachten wir zunächst grobe Indikatoren zur Einschätzung von Gesundheit, so fällt auf, daß die Studierenden mehrheitlich über ein durchschnittliches Gesundheitsbewußtsein verfügen und daß es keine Geschlechtsunterschiede in der Beurteilung des allgemeinen Gesundheits-bewußtseins gibt. Männer und Frauen geben gleichermaßen an, auf ihre Gesundheit zu achten. Ziehen wir ausgewählte gesundheitsbezogene Einzelindikatoren in die Betrachtung ein, differenziert sich dieser erste Eindruck stark geschlechtsspezifisch aus.

Mit über 60% gibt die Mehrzahl der weiblichen Befragten an, auf eine gesunde und ausgewogene Ernährung zu achten. Diese kognitive Einschätzung findet sich im tatsächlichen Ernährungsverhalten bestätigt. Mit einem hohen Verzehr von Obst und Gemüse und einem Verzicht auf fettreiche Ernährung setzen die weiblichen Studierenden ihre Ernährungsprinzipien sehr viel stärker in Verhalten um als ihre männlichen Kollegen. In der männlichen Befragungsgruppe dagegen findet sich ein sehr viel ausgeprägteres Interesse an bewegungsbezogenen Aktivitäten. Ein Großteil der männlichen Studierenden stimmt mit knapp 60% der Aussage zu darauf zu achten, genug Bewegung zu bekommen. Diese Aussage findet sich im tatsächlichen Bewegungsverhalten der männlichen Studierenden bestätigt, die insgesamt deutlich mehr Sport treiben als ihre Mitstudentinnen. Klare Geschlechtsunterschiede zeigen sich zudem im Alkohol- und im Haschischkonsum. Beide Drogen werden von Männern sehr viel stärker konsumiert, wenngleich der Konsum von Alkohol deutlich verbreiteter ist als der Konsum von Haschisch: 37,3% der Männer trinken mehrmals die Woche Bier (12,5% der Frauen), während 10,6% der Männer wöchentlich Haschisch rauchen (4,5% der Frauen). Auch die Teilnahme an Vorsorgemaßnahmen wie Zahnvorsorge und Diphtherieimpfung unterliegt einem Geschlechtseffekt dergestalt, daß weibliche Studierende ein stärkeres Vorsorgeverhalten zeigen. Zusammenfassend kann festgehalten werden, daß Männer und Frauen ihr allgemeines Gesundheitsbewußtsein zwar ähnlich einschätzen, die Ausprägung einzelner Verhaltensweisen jedoch starke Geschlechtsunterschiede widerspiegelt. Insgesamt drängt sich die Schlußfolgerung auf, daß Männer und Frauen eine unterschiedliche Konzeption positiver Gesundheitsverhaltensweisen ausgebildet haben. Während Frauen Gesundheit sehr viel stärker mit gesunder Ernährung und einem moderaten Konsum von Alkohol und anderen Drogen verbinden, messen Männer den Aspekten der Sportlichkeit sowie der körperlichen Fitneß eine höhere Bedeutung zu. Der Konsum von Alkohol und illegalen Drogen scheint in der männlichen Stichprobe nicht maßgeblich zur Einschätzung des Gesundheitsbewußtseins beizutragen. Für präventives Handeln bedeutet dies, daß eine allgemeine Aussage zum Gesundheitsbewußtsein nur einen eingeschränkten Erklärungswert bezüglich der Ausübung von Risikoverhaltensweisen besitzt. Appellieren wir im Gegenzug an ein höheres Gesundheitsbewußtsein im Allgemeinen, nehmen wir in Kauf, daß damit ein sehr einseitiges Gesundheitsverhalten angeregt werden kann. In der Umsetzung gesundheitsfördernder Strategien und in der Vermittlung gesundheitsbezogenen Wissens ist es wichtig, den geschlechtsbezogenen Zusammenhang zwischen Gesundheit und Verhalten zu berücksichtigen und deutlich herauszustellen. Dies gilt insbesondere für schulische Ansätze der Gesundheitsförderung, da sich Konzepte der Gesundheit bereits in der frühen Adoleszenz geschlechtsspezifisch ausbilden und anschließend nur noch schwer veränderbar sind (Baur & Miethling, 1991).

Setzen wir die in dieser Studie erhobenen Verhaltensweisen zu anderen Studienergebnissen in Beziehung, so fällt auf, daß Studierende bewegungsbezogenen Aktivitäten einen sehr hohen Stellenwert einräumen. Im Vergleich zu Daten einer altersmäßig vergleichbaren Gruppe der Allgemeinbevölkerung, in der der Anteil der sportlich Aktiven rund 70% liegt (Nationaler Untersuchungssurvey NRW, 1994), treiben über 80% der Bielefelder Studienanfängerinnen und -anfänger Sport (Krämer et.al., 1997). Die Ergebnisse zur gesunden Ernährung zeigen, daß der regelmäßige Verzehr von Obst und Gemüse in der studentischen Population schwächer ausgeprägt ist als in einer jugendlichen (Kolip, 1995) oder innerhalb einer erwachsenen Stichprobe (Heseker et al., 1994). Diese Befunde können für konzeptionelle Überlegungen zur Gesundheitsförderung an Hochschulen hilfreich sein. Zum einen bestätigen unsere Ergebnisse die wichtige Rolle des Hochschulsports und bekräftigen die Hochschulpolitik vieler deutscher Universitäten, bewegungsbezogene Angebote mehr und mehr auszubauen. Zum anderen weisen die ernährungsbezogenen Befunde darauf hin, daß Studierende generell über ein hohes Ernährungsbewußtsein verfügen, daß sich eine gesunde Ernährung aber in der Phase des Studienbeginns möglicherweise nur schwer realisieren läßt. Nur wenn Angebote zur gesunden Ernährung bestehen, kann der Einstieg in eine gesunde Ernährung für Studienanfänger an der Universität ermöglicht werden. Dies sollte im Rahmen struktureller Überlegungen berücksichtigt werden.

Bezogen auf die Angaben zum *Impfstatus* liegen unsere Daten teilweise deutlich unter den Befunden der Schuleingangsuntersuchung von Kaftan & Hellmeier (1990), die allerdings aufgrund der Angaben im Impfpaß zu dem Ergebnis kommen, daß 90% aller Kinder über einen ausreichenden Impfschutz bezogen auf Diphtherie, Tetanus und Polio verfügen. Neben der Grundimmunisierung ist eine regelmäßige Auffrischimpfung (ca. alle zehn Jahre) für einen dauerhaften

Schutz erforderlich. Nach eigenen Angaben nehmen jedoch nur 47% (Tetanus), 35% (Polio) und 29% (Diphtherie) der Studierenden an einer regelmäßigen Impfung teil. Dieser geringe Anteil an Auffrischimpfungen sowie die unzureichende Rate der Grundimmunisierung läßt ein niedrigschwelliges medizinisches Angebot an der Universität bezüglich der Standardimpfungen durchaus sinnvoll erscheinen.

In Form von *Gesundheitsprofilen* wurde der Versuch unternommen, Gruppen mit möglichst homogenen gesundheitsbezogenen Gewohnheiten zusammenzufassen. Die Ergebnisse zeigen, daß mit dem gruppenbildenden Verfahren der Clusteranalyse über das Spektrum der gesundheitsbezogenen Verhaltensweisen eine zufriedenstellende gruppenbildende Struktur erreicht werden konnte. Die personenstärkste Gruppe stellt die Gruppe der "moderat Gesundheitsbewußten" dar. Charakterisiert durch ein relativ gut ausgebildetes Gesundheitsbewußtsein, ein positives Präventionsverhalten sowie einen moderaten Suchtmittelkonsum zeigen diese Personen kaum gesundheitsbezogene Auffälligkeiten im Sinne eines Extremverhaltens. Dieser Befund weist darauf hin, daß für die Mehrzahl der Studierenden kein dringlicher Handlungsbedarf zur Lebensstilveränderung besteht. Fragen wir weiter, inwieweit die gefundene Gruppenstruktur Ansatzpunkte für die Konzeptualisierung gesundheitsfördernder Maßnahmen bietet, weisen die Ergebnisse in keine klare Richtung. Auf der Grundlage der Surveydaten wurde der Bedarf nach gesundheitsförderlichen Beratungsangeboten mit den Clusterstrukturen in Zusammenhang gebracht. Dabei zeigte sich, daß der Bedarf an Maßnahmen zur Gesundheitsförderung in keinem systematischen Zusammenhang zur Clusterlösung gebracht werden konnte. In allen studentischen Gruppen war eine vergleichbare Nachfrage nach gesundheitsförderlichen Gruppenangeboten bzw. individuellen Maßnahmen festzustellen. Eine Ausnahme bildet der Bedarf nach einer suchtspezifischen Beratung, der aber weniger von der (zahlenmäßig sehr kleinen) Gruppe der "DrogenkonsumentInnen", als vielmehr von den Personen mit relativ unauffälligem Drogenkonsum gewünscht wurde.

Zusammenfassend konnten in der vorliegenden Untersuchung wichtige Themenbereiche identifiziert werden, die im Lebens- und Arbeitsraum Universität eine zentrale Stellung einnehmen. So verfügen Studierende über hohe Gesundheitspotentiale wie ein ausgeprägtes Gesundheitsbewußtsein, zum anderen zeigte sich, daß Studierende teilweise hohe Gesundheitsrisiken und ein teilweise mangelhaftes Präventionsverhalten aufweisen. Nur wenn die bestimmenden Gesundheitsressourcen und -risiken sowie deren geschlechtsspezifische Muster bekannt sind, kann eine angemessene Umsetzung gesundheitsfördernder Strategien im Sinne der gesundheitsfördernden Hochschule erfolgen.

Literatur

Allgöwer A (im Druck). Gesundheitsförderung an der Universität: Zur gesundheitlichen Lage von Studierenden. Leske und Budrich, Opladen

Allgöwer A, Stock C, Krämer A (1998). Die gesundheitliche Situation von Studierenden: Schlußfolgerungen für Prävention und Gesundheitsförderung. Prävention 1 (21):22-25

Backhaus K, Erichson B, Plinke W, Weiber R (1996). Multivariate Analysemethoden. Springer, Berlin

Baur J & Miethling W (1991). Die Körperkarriere im Lebenslauf. Zeitschrift für Sozialisationsforschung und Erziehungssoziologie,11:165-188

Faltermaier T (1994). Gesundheitsbewußtsein und Gesundheitshandeln. Beltz Psychologie Verlags Union, Weinheim

Heseker H, Adolf T, Eberhardt W, Hartmann S, Herwig A, Kübler W, Matiaske B, Moch K, Nitsche A, Schneider R, Zipp A (1994). Verbundstudie Ernährungserhebung, Risikofaktoren - Analytik; Band III; Lebensmittel- und Nährstoffaufnahme Erwachsener in der Bundesrepublik Deutschland. Wissenschaftlicher Fachverlag, Niederkleen

Nationaler Untersuchungssurvey NRW (1994). Teilstichprobe Nordrhein-Westfalen. Gesundheitsverhalten und gesundheitliche Risiken der Bevölkerung des Landes Nordrhein-Westfalen. Gesundheitsberichterstattung Band 6, IDIS, Bielefeld

Kaftan S & Hellmeier W (1990). Schuleingangsuntersuchungen nach dem Bielefelder Modell in NRW. Institut für Dokumentation und Information, Sozialmedizin und öffentliches Gesundheitswesen (IDIS), Bielefeld

Kolip P (1995). Ernährung und Körperzufriedenheit: Der Einfluß von Alter und Geschlecht auf Körperzufriedenheit und Ernährungsverhalten im Jugendalter. Zeitschrift für Gesundheitspsychologie 2:97-113

Krämer A, Stock C, Allgöwer A (1997). Gesundheitsförderung an der Universität: Bewegung und sportliche Aktivität bei Studierenden. In: Schulke HJ, v. Troschke J, Hoffmann A (Hrsg.). Gesundheitssport und Public Health. Schriftenreihe der Deutschen Koordinierungsstelle für Gesundheitswissenschaften, 7:96-109

Stock C, Allgöwer A, Prüfer-Krämer L, Krämer A (1997). Gibt es einen Bedarf für eine betriebliche Gesundheitsförderung für Studierende? Zeitschrift für Gesundheitswissenschaften, 3:239-256

Alexander Krämer, Luise Prüfer-Krämer,
Jacques Tshiang Tshiananga, Christiane Stock

Gesundheitssurvey bei ausländischen Studierenden an der Universität Bielefeld

Einleitung

Durch Wirtschaftskontakte, Migrationen von Arbeitnehmerinnen und Arbeitnehmern und durch Tourismus hat der internationale Austausch in den letzten zehn Jahren stetig zugenommen. Ökonomische, politische und kulturelle Vernet zung von Kontinenten und Ländern verursachen einen zunehmenden *Globalisierungsprozeß nach außen und innen*, der auch den Import und Export von Gesundheitsverhalten, Gesundheitssystemmodellen und Krankheiten beinhaltet.

In Osteuropa und Entwicklungsländern kann dies mit der zunehmenden "Verwestlichung" und der damit verbundenen Veränderung bisheriger Lebens- bzw. Gesundheitsverhaltensweisen zu erheblichen neuen Gesundheitsproblemen der Bevölkerung führen. Als Beispiel ist das massive Auftreten von Karies in Ländern Schwarzafrikas und Asiens durch vermehrten Zuckerverbrauch zu nennen. In Schwellen- und Entwicklungsländern ist eine deutliche Zunahme von Tabakgebrauch und kardiovaskulären Erkrankungen zu verzeichnen. Hinzu kommen die bekannten biologisch-klimatisch und sozioökonomisch bedingten Krankheiten in Entwicklungsländern mit weiterhin hohen Mortalitätsraten, da Impfstoffe nicht entwickelt sind oder wirksame andere Präventionen und Medikamente nicht ausreichend zugänglich gemacht werden können (z.B. für Malaria, Tuberkulose, Durchfallerkrankungen bei Kindern).

Nach Gushulak von der International Organization for Migration in Genf (Gushulak, 1997) leben oder arbeiten weltweit 100 Millionen Menschen außerhalb ihres Heimatlandes. Die Migrantinnen und Migranten können 4 Hauptgruppen zugeordnet werden: 1. Arbeitnehmerinnen und Arbeitnehmer, 2. Studierende, sog. Ausbildungsmigrantinnen und -migranten 3. Immigrantinnen und Immigranten und 4. Flüchtlinge.

Bedingt durch politische und ökonomische Umstände wird weiterhin eine *Globalisierung nach innen* durch Migrationsbewegungen nach Deutschland bzw. Westeuropa stattfinden. In Deutschland stieg die Anzahl der registrierten Ausländerinnen und Ausländer von 4,4 Millionen im Jahr 1985 auf 7,3 Millionen im Jahr 1997 (Quelle: Statistisches Bundesamt Wiesbaden). Sie machen etwa 9% der in Deutschland lebenden Bevölkerung aus. In Industriezentren und Großstädten liegt der Anteil erheblich höher. Nach wie vor stellt die Gruppe der Türkinnen und Türken die größte Zahl von Immigrantinnen und Immigranten aus einem Herkunftsland dar (ca. 2 Millionen). Aus den EU-Staaten stammten

1995 1,8 Millionen, aus dem übrigen Europa (ohne Türkei) etwa 2 Millionen, aus Afrika 291 000, aus Asien 703 000 und aus Amerika 114 000 Personen. Die Zahl der Immigrantinnen und Immigranten aus Asien hat sich seit 1985 mehr als verdoppelt. An einem Industriestandort wie Bielefeld leben beispielsweise 39 963 Ausländerinnen und Ausländer (Stand Oktober 1998). Sie machen damit etwa 13% der Einwohner (Gesamtzahl etwa 315 000) aus.

Die Gesundheitsprobleme von Migrantinnen und Migranten in Deutschland lassen sich wie folgt beschreiben:

1. Als importierte Krankheiten, wie z.B. Infektionskrankheiten mit Folgekrankheiten (chronische Hepatitis B, Tuberkulose), chronische Krankheiten durch unzureichende medizinische Versorgung in den Herkunftsländern, genetisch vererbbare Krankheiten mit höherer Prävalenz in den Herkunftsländern, seelische und körperliche Traumatisierungen, Verlust von Angehörigen und gesundheitliche Probleme durch Gewalteinwirkungen.
2. Als körperliche und seelische Gesundheitsstörungen, die nach der Übersiedlung nach Deutschland entstehen können. Die Gründe hierfür sind eine nicht ausreichende Inanspruchnahme medizinischer und psychosozialer Versorgung im Aufnahmeland, Integrationsprobleme, Gewalt gegen Ausländerinnen und Ausländer, Konflikte zwischen ausländischen Populationen, Verarmung, psychosozialer Streß und die Adaptation eines westlichen Lebensstils mit entsprechenden gesundheitlichen Folgen (Hoffmann, 1978; Lazaridis, 1987; Williams, 1993).

Die Daten zur gesundheitlichen Lage von Ausländern in Deutschland weisen erhebliche Defizite auf. Sie beziehen sich im wesentlichen auf die höheren Mortalitätsraten im Säuglings- und Kleinkindesalter, psychosoziale und psychiatrische sowie frauenärztliche Versorgungsprobleme, einen höheren Anteil an Tuberkulose bei neueingereisten Personen im Vergleich zu Deutschen und eine hohe Prävalenz selbstberichteter Schmerzzustände bei Arbeitsmigrantinnen und -migranten und deren Angehörigen (Berg, 1995; Firat, 1990; Landesinstitut für den Öffentlichen Gesundheitsdienst NRW, 1997; Landesinstitut für den Öffentlichen Gesundheitsdienst - Tuberkulosestatistik, 1997). Es fehlen jedoch systematische Analysen des Gesundheitszustandes der ausländischen Bevölkerung durch populationsbezogene Untersuchungen, die eine Verbindung biomedizinischer und sozialwissenschaftlicher Ansätze aufweisen (Prüfer-Krämer & Krämer, im Druck).

Um hierzu einen Beitrag zu leisten, wurde im Rahmen des Bielefelder Gesundheitssurveys für Studierende im Wintersemester 1997/98 eine vergleichende epidemiologische Studie zum Gesundheitszustand ausländischer Studierender an der Universität Bielefeld durchgeführt. Die Population ausländischer Studierender ist zwar nicht repräsentativ für die ausländische Bevölkerung in Deutschland, sie setzt sich jedoch aus wesentlichen ausländischen Gruppen wie Nachkommen von Arbeitsmigrantinnen und -migranten (vor allem Türkinnen und Türken) und neueingereisten Bildungsmigrantinnen und -migranten aus Asien und Afrika zusammen. Ein großer Vorteil dieser Population liegt in ihrer sprachlichen Kompetenz und Kooperation, die eine wissenschaftliche Untersuchung durch Fragebogen möglich macht.

Nach Tsouros et al. (1998) sind bei der Erstellung von Gesundheitsberichten von Hochschulen benachteiligte Gruppen und ethnische Minoritäten besonders zu berücksichtigen. Daher hat diese Studie zum Ziel, die gesundheitliche Lage ausländischer Studierender zu beschreiben und mögliche Interventionsziele im Sinne einer gesundheitsfördernden Hochschule aufzuzeigen.

Methoden

Auf freiwilliger Basis wurde im Wintersemester 1997/98 den ausländischen Studierenden der Universität Bielefeld (Gesamtzahl 1 543; Quelle: Statistik des Akademischen Auslandsamtes, Universität Bielefeld) über Aushänge im Akademischen Auslandsamt, dem Ausländersprecherrat, der zentralen Halle der Universität und über persönliche Ansprache durch zwei ausländische Diplomanden der Fakultät für Gesundheitswissenschaften die Teilnahme an einem Gesundheitssurvey angeboten. Als Kontrollgruppe dienten deutsche Studierende, die an einem Gesundheitssurvey im gleichen Zeitraum teilnahmen.

Fragebogen

Das Instrument zur Erhebung der Gesundheitsdaten enthielt Fragen zu demographischen Daten wie Alter, Geschlecht, sozioökonomischer Status, Familienstand, Herkunftsland, Dauer des Aufenthaltes in Deutschland, Religion, Studienhauptfach, Semesterzahl, Fragen zur Erfassung von Gesundheitskompetenzen wie z.B. Gesundheitsbewußtsein, soziale Unterstützung und Fragen zu Risikofaktoren für kardiovaskuläre Erkrankungen, Risikoverhaltensweisen, wie z.B. Zigaretten- und Alkoholkonsum, psychosozialer Streß, Verwendung von Sicherheitsgurten und Kondomverwendung beim ersten Geschlechtsverkehr mit einem neuen Partner/einer neuen Partnerin. Darüber hinaus wurden Daten erhoben zu relevanten Beschwerden und Krankheiten sowie zur Integration und Akzeptanz im Universitätsalltag. Hierzu wurden validierte internationale Instrumente verwendet, wie z.B. die Streßskala von Cohen et al. (1983), die Kurzversion der Skala zum Kohärenzsinn von Antonovsky (1987) in ihrer deutschen Übersetzung (Köferl, 1988) und der Carter Center Health Risk Appraisal (The Carter Center, 1988). In wesentlichen Teilen stimmte der Fragebogen mit dem validierten Instrument des Bielefelder Gesundheitssurveys für Studierende überein (Stock et al., 1997). Er wurde ergänzt durch Fragen, die speziell für die ausländische Studierendenpopulation entwickelt wurden. Diese Fragen bezogen sich z.B. auf die Integration an der Universität und im sozialen Umfeld, auf die interkulturelle Kompetenz der Kommilitoninnen und Kommilitonen sowie die ärztliche Versorgung in Deutschland.

Studienpopulation

Insgesamt nahmen 204 ausländische Studierende an der Studie teil. Das entsprach einem Anteil von 13,2% der gesamten ausländischen Studierendenschaft der Universität Bielefeld. Die Vergleichsgruppe deutscher Studierender bestand aus 194 Personen. Das Durchschnittsalter der ausländischen Studierenden war mit 26,9 Jahren gegenüber den deutschen Studierenden (Durchschnittsalter 23,4 Jahre) signifikant höher (p<0,001). Bei den ausländischen Studierenden überwogen die Männer mit 53,9%, während 66,8% der deutschen Studierenden Frauen waren (p<0,001). Die ausländischen Studierenden stammten aus dem Nahen Osten und der Türkei (n=60; 29%; Türkei 26,5%), aus dem Fernen Osten (n=68; 34%; Korea 23,5%), aus subsaharischen afrikanischen Ländern (n=31; 15%) und sonstigen Regionen (n=45; 22%; Osteuropa 5%, Nordafrika 5%, EU-Länder ohne BRD und USA 12%) (Abb. 1).

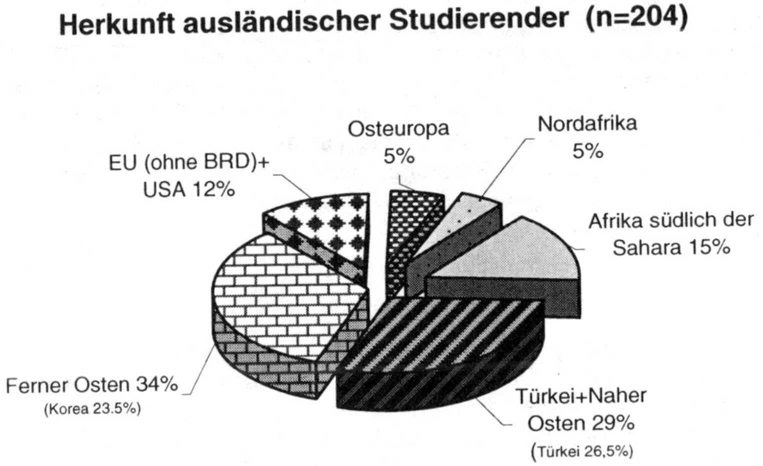

Abb. 1 Verteilung der ausländischen Studierenden nach der Herkunftsregion

Statistische Auswertung

Die statistische Auswertung erfolgte über das SPSS-Programm. Zum Vergleich der Häufigkeiten bei ausländischen und deutschen Studierenden wurden Chi-Quadrat-Tests durchgeführt (Signifikanzniveau p<0,05). Die Mittelwerte wurden mit Standardabweichung (SD) angegeben und mittels t-Test zwischen deutschen und ausländischen Gruppen verglichen.

Ergebnisse

Soziodemographische Daten

Es handelte sich um 40,3% Bildungsinländerinnen/-inländer (davon 53% aus der Türkei und dem Nahen Osten) und 53,9% Bildungsausländerinnen/-ausländer (davon 49% aus dem Fernen Osten). Als Bildungsinländerinnen/-inländer galten diejenigen ausländischen Studierenden, die bereits länger als zwei Jahre vor Studienbeginn in Deutschland lebten, während Bildungsausländerinnen/-ausländer zum Studium oder frühestens 2 Jahre vor Studienbeginn nach Deutschland eingereist waren. Die Dauer des Aufenthaltes in Deutschland unterschied sich in den verschiedenen Herkunftsgruppen: 42% der türkischen Studienteilnehmerinnen/-nehmer waren in Deutschland geboren, während sich 59% der Studienteilnehmerinnen/-nehmer aus dem Fernen Osten erst 1-5 Jahre in Deutschland aufhielten. Von den ausländischen Studierenden lebten 50,8% in einer festen Partnerschaft gegenüber 62,8% der deutschen Studierenden (p=0,002). In der Gruppe aus dem Nahen Osten/Türkei lebten nur 38,6% der Befragten in einer festen Partnerschaft. Bei den meisten Herkunftsgruppen überwog die Religionszugehörigkeit zum Christentum, bei den Personen aus Nordafrika und den Personen aus dem Nahen Osten/Türkei die zum Islam (100% bzw. 61%).

Ihre finanzielle Situation betrachteten die ausländischen Studierenden als signifikant schlechter als die deutschen Studierenden (p<0,001), wobei dies besonders für die Studierenden aus Osteuropa und dem Nahen Osten/Türkei zutraf. "Als gar nicht ausreichend" stuften 36,4% der Osteuropäer und 32,2% der Personen aus dem Nahen Osten/Türkei gegenüber nur 5,7% der deutschen Studierenden ihre finanziellen Mittel ein. Entsprechend wurde die Belastung durch die finanzielle Lage von 30,3% der ausländischen Studierenden gegenüber 10,4% der deutschen Studierenden als sehr groß angegeben (p<0,001).

Gesundheitspotentiale

Hinsichtlich der Gesundheitspotentiale fiel auf, daß ausländische Frauen deutlich weniger auf ihre Gesundheit achteten als deutsche Frauen (p=0.001; Abb. 2). Dieser Unterschied war in der jüngeren Altersklasse bis 25 Jahre besonders ausgeprägt. Ihren Gesundheitszustand beurteilten die ausländischen Frauen als schlechter als die deutschen Teilnehmerinnen (p=0,02), während die ausländischen Männer im Vergleich zu den deutschen Männern diesbezüglich keinen Unterschied aufwiesen.

Die weiblichen ausländischen Studierenden waren signifikant weniger körperlich aktiv: nur 3,2% der ausländischen Frauen gegenüber 29,9% der deutschen Frauen gaben an, mindestens dreimal pro Woche körperliche Aktivitäten auszuüben, die mindestens 20 Minuten dauerten und eine Kreislauf- und Atmungsaktivierung hervorriefen (Abb. 3). Auch hier zeigte sich der größte Unterschied bei der Altersklasse der bis 25-Jährigen. Ihre Lebensqualität beurteilten die ausländischen Studierenden als signifikant schlechter als die deutschen Studierenden (p<0,001).

Der Score für den Kohärenzsinn ergab signifikant niedrigere Werte für die Gruppe der Ausländerinnen und Ausländer (Mittelwert 60,1 [SD 12,9] versus 65,4 [SD 12,2]; p<0,001) sowohl für Frauen (59,2 versus 64,4) wie für Männer (60,8 versus 67,1). Der Unterschied konzentrierte sich insbesondere auf die jüngere Altersgruppe bis 25 Jahre (Mittelwert 57,9 versus 65,7; p<0,001). In den höheren Altersgruppen war der Unterschied nicht mehr signifikant.

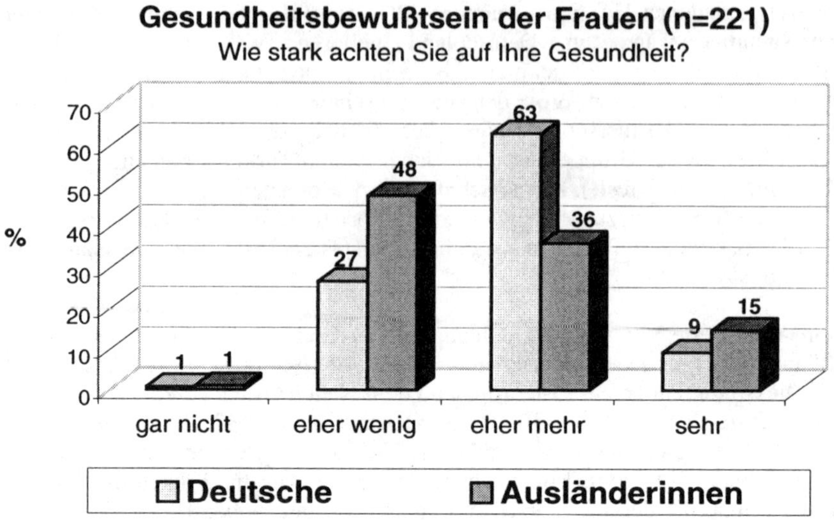

Abb. 2 Gesundheitsbewußtsein deutscher und ausländischer Frauen: "Wie stark achten Sie auf Ihre Gesundheit?"

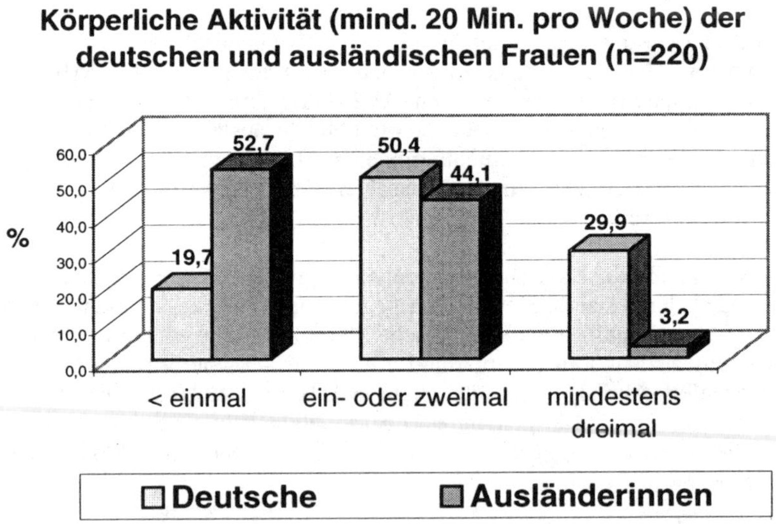

Abb. 3 Körperliche Aktivität (mindestens 20 Min. pro Woche) der deutschen und ausländischen Frauen

Die soziale Unterstützung, die mit der Frage nach der Anzahl der Personen, die die befragte Person unterstützen würden, wenn es ihr emotional schlecht geht, ermittelt wurde, lag bei den jungen ausländischen Frauen signifikant niedriger als bei den deutschen Frauen ($p<0{,}001$; Abb. 4).

Die geringste soziale Unterstützung gaben Afrikanerinnen und Afrikaner aus subsaharischen Ländern und Ostasiatinnen und Ostasiaten an. Zu ihrer sozialen Integration unter Deutschen befragt, gab die Gruppe der Ostasiaten die geringste Anzahl deutscher Freundinnen und Freunde an. Nur 44% dieser Gruppe hatten mehr als zwei deutsche Freunde.

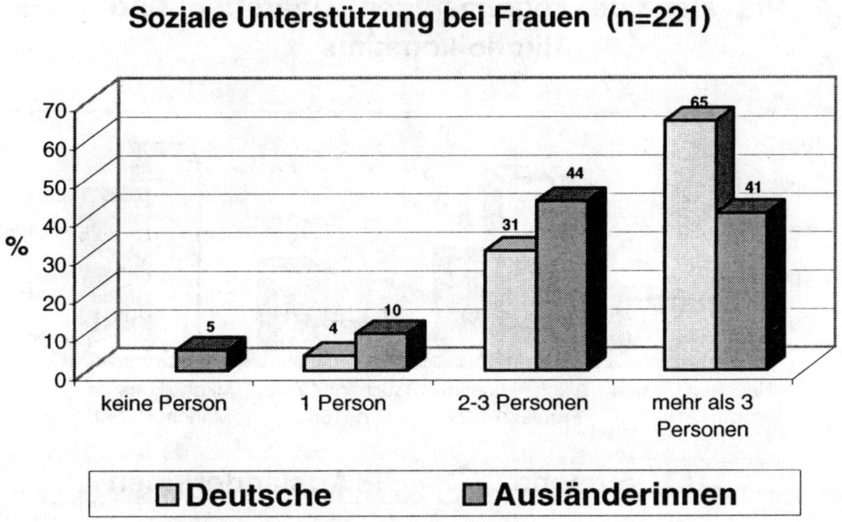

Abb. 4 Soziale Unterstützung bei deutschen und ausländischen Frauen

Bezüglich der Integration im Universitätsalltag wurden die ausländischen Studierenden gefragt, ob sie das Gefühl haben, im Vergleich zu den deutschen Studierenden in verschiedenen Bereichen der Universität anders behandelt zu werden als ihre deutschen Kommilitoninnen und Kommilitonen. Von den Mitstudierenden fühlten sich 14,4% schlechter und 2,6% besser behandelt, von Dozenten gleich häufig besser (10,6%) und schlechter (10,6%), vom Personal in Mensa, Studentenwerk, Wohnheimen und Bibliothek in 7,7% besser und in 14,9% schlechter behandelt als ihre deutschen Kommilitoninnen und Kommilitonen. In Verwaltungseinrichtungen fühlten sich die ausländischen Studierenden in 19,6% schlechter, in 8,5% besser behandelt. Bei der Analyse bezüglich der Herkunftsregionen zeigte sich, daß sich von den Mitstudierenden besonders die Personen aus dem Fernen Osten (19%), dagegen von Dozenten (18,5%), Personal (23,2%) und Verwaltung (28,8%) vor allem die Personen aus der Türkei und dem Nahen Osten schlechter als ihre deutschen Kommilitoninnen und Kommilitonen behandelt fühlten.

Gesundheitsrisiken

Die Raucherprävalenz war bei den ausländischen Männern mit 39,2% gegenüber nur 11,1% bei den deutschen Männern am höchsten ($p<0{,}001$). Bei den deutschen und ausländischen Frauen war diesbezüglich kein wesentlicher Unterschied zu verzeichnen (21,1% versus 26,7%; p=0,5). Der regelmäßige Alkoholkonsum (mindestens einmal pro Woche) war bei den ausländischen Studierenden deutlich geringer als bei den deutschen (p=0,001). Dieser Unterschied traf für Männer (p=0,004), Frauen (p<0,001) und alle verschiedenen Herkunftsregionen zu (Abb.5).

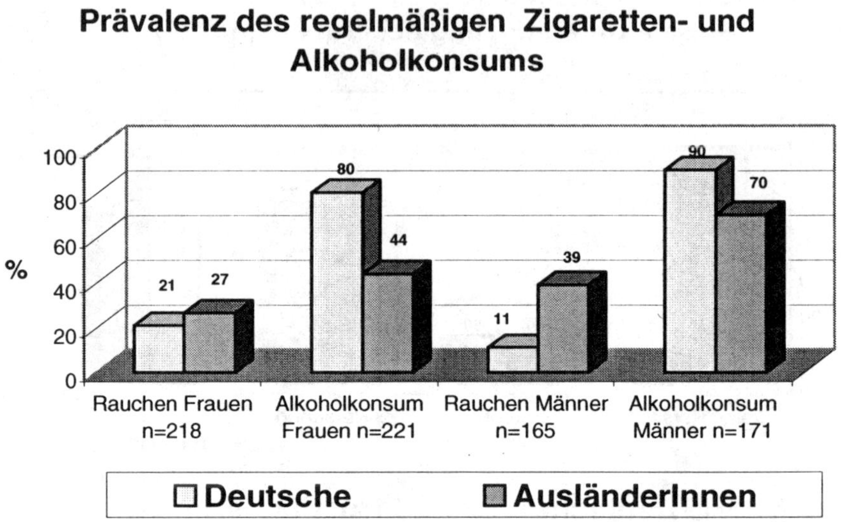

Abb. 5 Prävalenz des regelmäßigen Zigaretten- und Alkoholkonsums bei deutschen und ausländischen Frauen und Männern

Sicherheitsgurte beim Autofahren wurden von den ausländischen Studierenden signifikant unregelmäßiger angelegt als von der deutschen Vergleichsgruppe (Verwendung in 100% der Autofahrten bei 37% der Frauen und 33% der Männer mit ausländischer Herkunft versus 60,5% bzw. 65,6% bei deutschen Studierenden; p=0,005; Abb. 6). Besonders wenig schnallten sich die Männer aus dem Nahen Osten/Türkei beim Autofahren an: 40% von ihnen gaben an, sich bei weniger als 25% der Autofahrten anzuschnallen.

Autofahren unter Alkoholeinfluß war bei deutschen und ausländischen Studierenden gleich häufig (10,5% versus 12,6%; p=0,8). Hinsichtlich der Prävention von sexuell übertragbaren Erkrankungen fiel auf, daß ausländische Frauen in 70% gegenüber 54% der deutschen Frauen nur manchmal oder nie Kondome beim ersten Geschlechtsverkehr mit einem neuen Partner verwendeten (p=0,02).

Für den selbstwahrgenommenen Streß nach Cohen ergaben sich signifikant höhere Mittelwerte für Ausländerinnen und Ausländer (7,1; SD 2,7) im Vergleich zu Deutschen (5,6; SD 2,8), wobei ausländische Frauen mit im Mittel 7,5 die höchsten Scores hatten (deutsche Frauen 5,9; ausländische Männer 6,7 versus 4,9 bei deutschen Männern). Dieser Unterschied ließ sich für alle Herkunftsregionen nachweisen.

Bezüglich der Beschwerden klagten die ausländischen Studierenden signifikant häufiger über depressive Verstimmungen, Kopfschmerzen und Konzentrationsschwierigkeiten als deutsche Studierende, während sich bei anderen Beschwerden wie Kreuz- und Rückenschmerzen, Unruhe und Stimmungsschwankungen keine Unterschiede zwischen den beiden Gruppen zeigten. Bei den selbstberichteten Krankheiten der letzten 12 Monate ergaben sich keine signifikanten Unterschiede zwischen Deutschen und Ausländerinnen und Ausländern in der Inzidenz von Asthma (6,2% versus 2,0%), Allergien (39,0% versus 34,0%), Eßstörungen (3,7% versus 3,1%) und starkem Übergewicht (2,6% versus 4,6%).

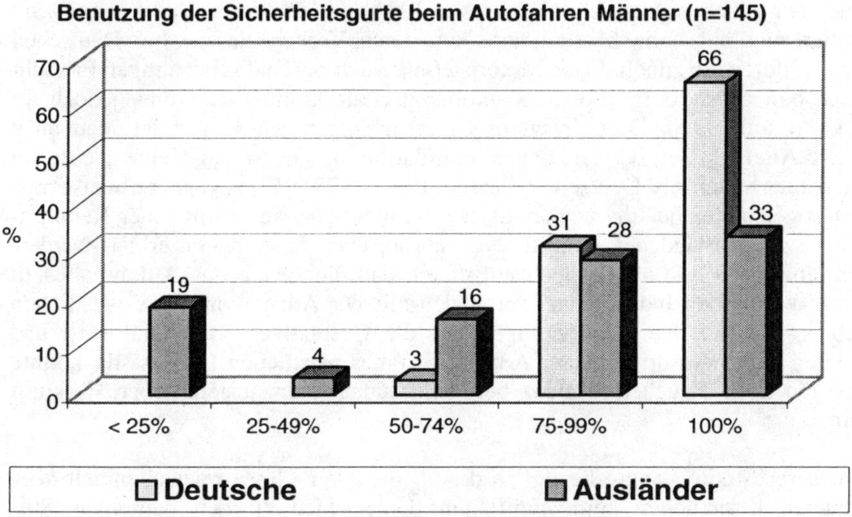

Abb. 6 Benutzung der Sicherheitsgurte beim Autofahren von deutschen und ausländischen Männern

Prioritäten für eine wünschenswerte Gesundheitsberatung setzten die ausländischen Studierenden für die Prävention und Therapie von Erkältungskrankheiten (33,3%), Ernährungsberatung (28,7%) und Hilfe bei der Suche nach dem richtigen Arzt/Ärztin (18,7%). Eine Gesundheitsberatung zum Umgang mit Alkohol, zur Gewalt gegen Ausländerinnen und Ausländer, zum Verhalten bei kalter Witterung, wann sie zu einem Arzt/einer Ärztin gehen sollten und Fragen zum deutschen Gesundheitssystem und dessen Gebrauch wurde weniger häufig gewünscht. 72,4% der ausländischen Studierenden beurteilten die ärztliche Versorgung in Deutschland als sehr gut und gut.

Diskussion

Unsere Ergebnisse weisen auf einen insgesamt guten Gesundheitszustand von ausländischen Studierenden hin. Allerdings wurden signifikant häufiger als bei deutschen Studierenden psychosomatische Beschwerden wie depressive Verstimmungen, Kopfschmerzen und Konzentrationsschwierigkeiten beobachtet. Diese erhöhten Prävalenzen gingen mit erhöhtem Streß bei dieser Population einher. Darüber hinaus konnten wir Defizite im Bereich der Gesundheitskompetenzen bei weiblichen ausländischen Studierenden aufzeigen. Lazaridis (1987) und Weber et al. (1990) wiesen eine höhere Hospitalisierungsinzidenz durch psychische Erkrankungen und eine erhöhte Müttersterblichkeit und Säuglingssterblichkeit bei der ausländischen Population in Deutschland nach. Dies könnte neben Versorgungsdefiziten auch Ausdruck eines geringeren Gesundheitsbewußtseins und weniger stark ausgeprägter Gesundheitskompetenzen ausländischer Frauen sein. Bei männlichen ausländischen Studierenden wiesen wir deutliche Gesundheitsrisiken nach. Weber et al. (1990) hatten eine niedrigere Sterberate ausländischer Jugendlicher und junger Erwachsener gegenüber Deutschen der gleichen Altersklasse zwischen 1984 und 1986 feststellen können. Sie führten dies auf hohe Mortalitätsrisiken durch Verkehrsunfälle bei Deutschen zurück; durch die zunehmende Motorisierung auch ausländischer junger Erwachsener bei gleichzeitig großer Risikobereitschaft könnte sich dies jedoch in Zukunft umkehren. Durch weitere Untersuchungen wurde gezeigt, daß auch andere Altersklassen der türkischen Population in Deutschland eine niedrigere Sterberate hatten als Deutsche (Razum et al., 1998). Dies kann teilweise mit dem sogenannten healthy worker-Effekt und möglicherweise mit einer Remigration ins Heimatland bei Auftreten von chronischen Krankheiten erklärt werden. Williams (1993) konnte jedoch aufzeigen, daß die Länge des Aufenthaltes in einem westlichen Industrieland verbunden mit der Adaptation eines westlichen Lebensstils negative Auswirkungen auf die Gesundheit von Asiatinnen und Asiaten hatte. Ausdruck dieser Adaptation eines westlichen Lebensstils könnte z.B. die hohe Raucherprävalenz bei den Studierenden ausländischer Herkunft sein.

In unserer Studie konnte bezüglich der für die Altersklasse relevanten selbstberichteten Krankheiten kein signifkanter Unterschied zu den deutschen Studierenden gefunden werden. Häufige Magenerkrankungen, über die von anderen Autoren bei der Gruppe der Arbeitsmigranten berichtet wurde (Firat, 1990; Hoffmann, 1978), wiesen wir in unserer Population nicht nach. Allerdings waren die Beschwerden im psychosomatischen Bereich häufiger als bei den deutschen Kommilitoninnen und Kommilitonen, so daß die beschriebenen ökonomischen und psychosozialen Belastungen ein präklinisches Korrelat hatten.

Die Ergebnisse sollten Anlaß dazu geben, zielgruppenorientierte gesundheitsfördernde Maßnahmen an Hochschulen für ausländische Studierende zu etablieren, mit dem Ziel, die Gesundheitskompetenzen besonders der ausländischen Frauen zu stärken und die Risikoverhaltensweisen vor allem bei ausländischen Männern zu reduzieren. Eine "Medikalisierung" ausländischer Studierender sollte zugunsten der Stärkung von speziellen Kompetenzen in dieser Population vermieden werden. Die interkulturelle Kompetenz der solche Interventionen durchführenden Personen spielt dabei eine zentrale Rolle. Am besten eignen sich für diese Beratung ausländische und deutsche Personen, die durch eigene Migrationserfahrungen eine große Sensibilität für andere Kulturen, Migrations-, Sprach- und Gesundheitsprobleme besitzen. Eine Verkoppelung solcher Aktivitäten mit bestehenden Netzwerken für ausländische Populationen sollte angestrebt werden. Hier kann auf die positiven Erfahrungen der Universitäten Bielefeld und Münster verwiesen werden, wo durch Zusammenarbeit ausländischer Studierender mit den Akademischen Auslandsämtern Programme

(”Brother-Sister”, ”Die Brücke”) initiiert wurden, die den Universitätsalltag für ausländische Studierende erleichtern sollen. Die Ergebnisse unserer Untersuchung weisen darauf hin, daß Defizite hinsichtlich der interkulturellen Kompetenz bei deutschen Studierenden und im Bereich der Verwaltung vorliegen. Die oben genannten Programme stärken die interkulturelle Kompetenz der deutschen Studierenden, welches sowohl positive Auswirkungen auf das Wohlbefinden der ausländischen Studierenden hat, wie auch eine gute Vorbereitung auf Aufgaben in einer zunehmend globalisierten Welt darstellt. Ebenso können Deutsche von Gesundheitskompetenzen ausländischer Populationen profitieren, z.B. bezüglich der Ernährung, niedrigem Alkoholkonsum und sozialer Kompetenz.

Ausgehend von einer Gesundheitsförderung für ausländische Studierende auf einem Universitätscampus ist eine Erweiterung dieses Konzeptes auf die Ebene der Kommune oder der Stadt (campus community interaction) sinnvoll, was wünschenswerterweise positive Auswirkungen im Hinblick auf die Gesundheit der gesamten ausländischen Bevölkerung hat. Schritte in diese Richtung sind von der Arbeitsgruppe Bevölkerungsmedizin und der Section International Public Health der Fakultät für Gesundheitswissenschaften und einer Arbeitsgruppe ”Migration und Gesundheit” der Stadt Bielefeld bereits aktiv eingeleitet worden.

Literatur

Antonovsky A (1987). Unraveling the mystery of health. Jossey-Bass Pub lishers, San Francisco London

Berg G (1995). Ausländische Frauen und Gesundheit. Bundesgesundheitsblatt, 2:46-51

Cohen S, Kamarck T, Mermelstein R (1983). A global measure of perceived stress. J Health Soc Behav, 24:385-396

Firat I (1990). Die psychosoziale Situation der türkischen Arbeitsmigranten und ihrer Familien in Bielefeld. In: Laaser U, Wolters P (Hrsg.). Forum Gesundheitswissenschaften. Institut für Dokumentation und Information, Sozialmedizin und Öffentliches Gesundheitswesen (IDIS), Bielefeld, 1:10-59

Gesundheitsberichterstattung. Landesinstitut für den Öffentlichen Gesundheitsdienst NRW (1997). Demographische Basistabelle 1996, Land Nordrhein-Westfalen (Indikator 2.1), Heft 3

Gesundheitsberichterstattung. Landesinstitut für den Öffentlichen Gesundheitsdienst, Landesamt für Datenverarbeitung und Statistik NRW (1997). Tuberkulosestatistik (Indikator 3.14). Neuerkrankungen an offen anstekkender Tuberkulose der Atmungsorgane, standardisiert an der europäischen Standardbevölkerung (neu), Nordrhein-Westfalen, 1980-1995, Heft 3

Gushulak B (1997). Health of migrants and refugees. Fifth International Conference on Travel Medicine, 24.-27. März, Genf. Abstract Nr. 204:171

Hoffmann L (1978). Erkrankungen bei Ausländern in der Bundesrepublik Deutschland. Med Klinik, 73:571-578

Köferl B (1988). Invulnerabilität und Stressresistenz. Dissertationsschrift an der Fakultät für Psychologie und Sportwissenschaften, Universität Bielefeld

Lazaridis K (1987). Psychische Erkrankungen bei ausländischen Frauen - Hospitalisierungsinzidenz. Eine epidemiologische Untersuchung in Niedersachsen. MMG, 12:213-220

Prüfer-Krämer L & Krämer A (1999). Gesundheit von Migranten in Deutschland. Public Health Forum (im Druck)

Razum O, Zeeb H, Akgün HS, Yilmaz S (1998). Low overall mortality of Turkish residents in Germany persists and extends into a second generation: merely a healthy migrant effect? Trop Med Int Health 3:297-303

Stock C, Allgöwer A, Prüfer-Krämer L, Krämer A (1997). Gibt es einen Bedarf für eine betriebliche Gesundheitsförderung für Studierende? Zeitschrift für Gesundheitswissenschaften, 3:239-256

Tsouros A, Dowding G, Thompson J, Dooris M (1998). Health Promoting Universities – Concept, experience and framework for action. WHO Regional Office for Europe, Copenhagen

The Carter Center. Healthier people health risk appraisal (1988). Emory University, Atlanta

Weber I, Abel M, Altenhofen L, Bächer K, Berghoff B, Bergmann KE, Flatten G, Klein D, Micheelis W, Müller PJ (1990). Zur gesundheitlichen Lage der ausländischen Bevölkerung in der Bundesrepublik Deutschland. In: Dringliche Gesundheitsprobleme der Bevölkerung in der Bundesrepublik Deutschland. Nomos Verlagsgesellschaft, Baden-Baden, 577-601

Williams R (1993). Health and length of residence among south Asians in Glasgow: a study controlling for age. J Public Health Med, 15:52-60

Christiane Stock, Alexander Krämer

Psychosoziale Belastung und psychosomatische Beschwerden von Studierenden

Ergebnisse einer Längsschnittstudie

Einleitung

Der Begriff "Streß" ist in den letzten Jahrzehnten zu einem häufig verwendeten Erklärungskonzept für physische und psychische Belastung geworden. Damit hat Streß umgangssprachlich eine weitgehend einheitlich verwendete Bedeutung erlangt, indem dieser Terminus zur allgemeinen Bezeichnung spezifisch als belastend empfundener Lebenssituationen eingesetzt wird. Im wissenschaftlichen Sprachgebrauch ist Streß je nach Forschungsausrichtung hingegen unterschiedlich definiert. In der psychologisch geprägten Streßforschung wird von Streß gesprochen, wenn ein Ungleichgewicht zwischen äußeren Anforderungen und Handlungsmöglichkeiten des Individuums gegeben ist und zugleich die Folgen dieses Mißverhältnisses als bedrohlich erfahren werden. Dabei spielen nach dem transaktionalen Streßmodell von Lazarus (Lazarus, 1966) individuelle Bewertungsprozesse bei der Streßerzeugung eine zentrale Rolle. Die sozialpsychologisch-soziologische Streßforschung berücksichtigt, daß Streß einerseits soziokulturell bedingt sein kann und es außerdem möglich ist, daß er sich im Sozialverhalten manifestiert. Da subjektiv erlebter Streß insbesondere aus psychischen und/oder sozialen Belastungen resultiert, wurde der übergeordnete Begriff "psychosozialer Streß" geprägt.

Im Zusammenhang mit der Entstehung von Erkrankungen wird Streß als ein möglicher Risikofaktor betrachtet. So wird Streß eine Rolle in der Pathogenese von kardiovaskulären und immunologischen Erkrankungen zugeschrieben (Dorian & Garfinkel, 1987; Goldstein, 1995; Cohen & Williamson, 1991). An der physiologischen Vermittlung der Streßreaktion sind das sympathische Nervensystem mit nachfolgender Adrenalin-Ausschüttung und das Hypophysen-Nebennierenrinden-System mit anschließender Cortisolauschüttung beteiligt. Die Endprodukte dieser neuroendokrinen Streßachsen beeinflussen eine Vielzahl von Regulationsprozessen im Organismus, die dann auf die Entwicklung von Erkrankungen direkt Einfluß nehmen können. Daneben kann Streß auch zu Verhaltensänderungen wie z.B. verändertem Eßverhalten oder Genußmittelkonsum führen, die einen indirekten Einfluß auf die Entstehung der Erkrankung ausüben.

Im Zusammenhang mit der Studiensituation sind unterschiedliche Stressoren (Streßreize) relevant. So kann die Aufnahme des Studiums und auch der Studienabschluß ein kritisches Lebensereignis darstellen, das mit erhöhtem Streß einhergeht. Ebenso sind Wechsel des Studienfachs oder des Studienplatzes als kritische Übergänge im Lebenszyklus zu bewerten. Außerdem spielen alltägliche Belastungen des Studienalltags, sogenannte "daily hassles" (Lazarus, 1986) eine wichtige Rolle. Neben diesen chronischen Stressoren wirken Klausuren und mündliche Prüfungen als akute Streßreize, denen zusätzlich längere Phasen psychischer Anspannung und Versagensangst vorausgehen können. Diese mit dem Lebensabschnitt Studium einhergehenden Belastungen können in vielen Fällen in eine Überforderungssituation münden, die zu manifesten psychischen Problemen führt (Weissinger, 1996).

Die neuroendokrinen Wirkungen von Streß im Zusammenhang mit akademischen Prüfungen sind gut belegt. So wurden deutliche Anstiege von Cortisol (Hellhammer et al., 1985; Johansson et al. 1989; Meyerhoff et al., 1988) und Adrenalin (Dimsdale & Moss, 1980; van Doornen & van Blokland, 1989; Stock et al., 1993) bei Studierenden in Prüfungssituationen gemessen. Außerdem zeigen Studien zu akademischem Streß negative Auswirkungen auf die Immunfunktion und gehen mit einer erhöhten Infektanfälligkeit einher (Glaser et al., 1987; Glaser et al., 1991). Unklar ist bisher, ob sich diese neuroendokrinen Veränderungen im Zusammenhang mit Prüfungen über die aktuelle Situation hinaus auswirken und welche Folgen längerfristige Belastungen im Zusammenhang mit der Studiensituation auf die Gesundheit der Studierenden haben. Darüber hinaus gibt es nur wenige Studien, die sich mit dem Wohlbefinden an der Hochschule und den psychosozialen Belastungen von Studierenden in Deutschland beschäftigen (z.B. Weissinger, 1996). In diesem Beitrag werden auf der Grundlage von Daten des Bielefelder Gesundheitssurveys für Studierende relevante Belastungsquellen und aufgetretene psychosomatische Beschwerden vorgestellt und ihre Veränderungen im Studienverlauf analysiert.

Material und Methoden

Die Stichprobe umfaßt 197 Studierende (133 Frauen und 64 Männer), die an einer Erhebung im Wintersemester 1997/98 an der Universität Bielefeld teilgenommen haben. Längsschnittdaten beziehen sich auf 166 Studierende, die sowohl an der Erhebung im Wintersemester 1995/96 (siehe hierzu Allgöwer et al., in diesem Band) als auch an dem Follow-up im Wintersemester 1997/98 teilgenommen haben. Für diese Kohorte liegen Daten sowohl zu Beginn des Studiums (1.Semester) als auch im 5. Semester vor. Die erste Erhebung fand in Einführungsveranstaltungen statt, die repräsentativ für die Studienfächer der Unversität Bielefeld ausgewählt wurden, während für das Follow-up diejenigen angeschreiben wurden, die hierfür ihre Adresse unabhängig vom Fragebogen angegeben hatten. Der Rücklauf betrug 85% zum ersten und 48% zum zweiten Erhebungszeitpunkt. Der geringere Rücklauf bei der zweiten Erhebung war möglicherweise auch dadurch bedingt, daß diese mit biomedizinischen Untersuchungen gekoppelt war, die eine Blutabnahme erforderlich machten. Die Anonymität der Befragung wurde über ein Code-System gewährleistet.

Dargestellt werden Ergebnisse einer deskriptiven Datenanalyse unter Angabe von prozentualen Häufigkeiten. Für Vergleiche auf Geschlechtsunterschiede wurde der Chi-Quadrat-Test und für Vergleiche zwischen den Erhebungszeitpunkten der McNemar-Test angewendet. Das Signifikanzniveau wurde bei $p<0,05$ festgesetzt. Zusammenhänge zwischen dem Streßscore (PSS) als abhängiger Variable und verschiedenen unabhängigen Variablen wurden mittels multivariater linearer Regression analysiert.

Ergebnisse der empirischen Untersuchung

Probleme im Studium

Die Studierenden wurden gebeten, anhand von vier Antwortkategorien ("trifft zu", "trifft eher zu", trifft eher nicht zu", "trifft nicht zu") Aussagen zu möglichen Problemen im Studium zu machen. Die Aussagen waren sowohl positiv als auch negativ formuliert, für die Ergebnisdarstellung wurden sie einheitlich im Sinne negativer Itemformulierung interpretiert. Die Abbildung 1 zeigt die Häufigkeiten der Antworten, wobei die Kategorien "trifft zu" und "trifft eher zu" zusammengefaßt wurden.

Es zeigt sich, daß rund drei Viertel der Befragten Zweifel haben, ob das Studium die richtige Ausbildungsentscheidung war. Ein ebenso großer Prozentsatz fühlt sich im Studium orientierungslos. Darüber hinaus wird die Organisation des Studiums von der überwiegenden Mehrheit der Befragten als "chaotisch" empfunden, so daß ein zügiges Studieren verhindert würde. Zweifel am Studium und Orientierungslosigkeit wird dabei signifikant häufiger von Männern berichtet. Ebenso geben 41% der Befragten an, kaum Möglichkeiten zu haben, eigene Ideen und Vorstellungen im Studium einzubringen. Rund ein Viertel der Befragten fühlen sich durch Kommilitoninnen und Kommilitonen ungenügend unterstützt. Dies ist signifikant häufiger bei den Frauen der Fall. Hier wird deutlich, daß Frauen zwar, wie häufig berichtet, in stärkerem Maße soziale Unterstützungsfunktionen für andere haben, demgegenüber aber selbst in ungenügendem Maße Unterstützung erfahren. Kein gutes Verhältnis zu Dozentinnen und Dozenten berichten 23% der Befragten. Trotz dieser Studienprobleme geben aber nur 17% der Studierenden an, daß das Studium ihnen keinen Spaß macht. Hier finden sich keine Unterschiede zwischen Männern und Frauen.

Beeinträchtigungen des Wohlbefindens an der Hochschule

Die Studierenden wurden gefragt, in welchem Maße ihr Wohlbefinden in der Universität durch verschiedene Aspekte beeinträchtigt sei (vier Antwortmöglichkeiten von "überhaupt nicht" bis "stark"). In der Abbildung 2 sind die Antworten, zusammengefaßt für die Kategorien "eher mehr" und "stark" beeinträchtigt, dargestellt. Die höchsten Belastungen ergeben sich demnach für über 50% der Befragten aus fehlenden Rückzugsmöglichkeiten in der Universität, Hektik bzw. Zeitstreß und dem Lärm im Gebäude. Rund 40% der Studierenden sind durch "Reizüberflutung" bzw. "Kommunikationsstreß" und ein schlechtes soziales Klima in den Lehrveranstaltungen in ihrem Wohlbefinden beeinträchtigt. Ein unfreundliches Betriebsklima und eine schlechte Gebäudegestaltung bemängelt ca. ein Drittel der Befragten. Durch Lärm, Hektik und Reizüberflutung fühlen sich Frauen signifikant stärker beeinträchtigt als Männer.

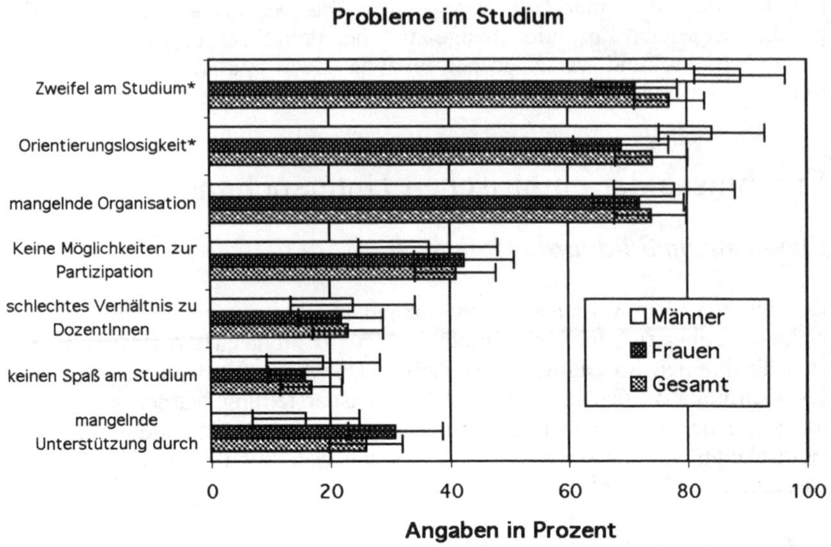

Abb. 1 Angaben der Studierenden zu Problemen im Studium. Dargestellt sind die Anteile in Prozent aller Befragten, der Frauen und der Männer mit 95% Konfidenzintervallen. * Chi^2 -Test für Geschlechtsunterschiede $p<0.05$.

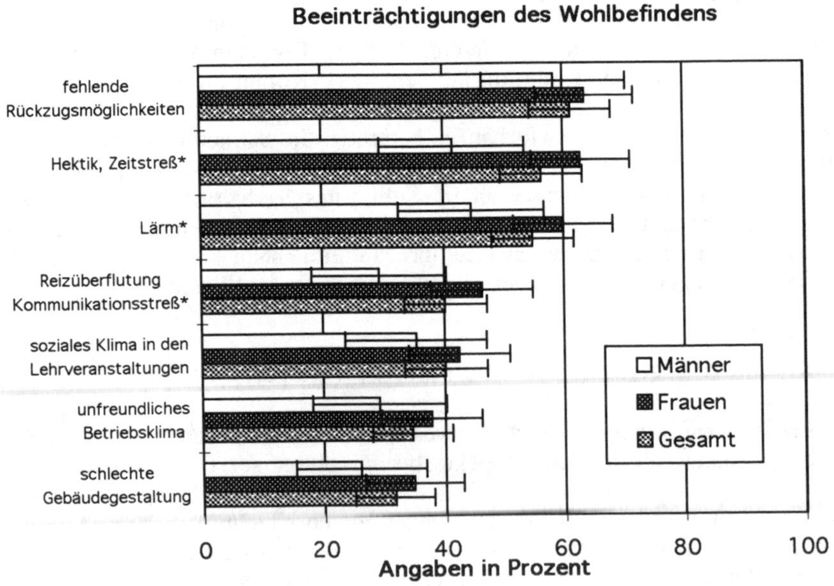

Abb. 2 Angaben der Studierenden zu Beeinträchtigungen des Wohlbefindens an der Hochschule. Dargestellt sind die Anteile in Prozent aller Befragten, der Frauen und der Männer mit 95% Konfidenzintervallen. * Chi^2-Test für Geschlechtsunterschiede $p<0.05$.

Die Bewertungen der Studierenden insgesamt spiegeln deutlich die negativen Auswirkungen der Massenuniversität wider. Insbesondere durch die baulich-architektonischen Bedingungen der Bielefelder Universität, in der knapp 20.000 Studierende und rund 2.400 Beschäftigte in einem Großgebäude mit zentraler Unihalle studieren, arbeiten, sich verpflegen und kommunizieren, sind negative Folgen auf das Wohlbefinden kaum überraschend.

Psychosoziale Belastungsfaktoren im Studienverlauf

In einer zwölf Einzelitems umfassenden Batterie wurden die Studierenden aufgefordert, ihre derzeitige Belastung bezogen auf verschiedene Bereiche einzuschätzen. Im Anschluß sollte die "Belastung insgesamt" angegeben werden. Die Antwortformate waren "sehr belastet", "eher öfter belastet", "eher selten belastet" und "nie belastet". Für die Analyse wurden die beiden erstgenannten Kategorien zusammengezogen. Die Anteile der Befragten, die sich durch die verschiedenen Bereiche belastet fühlen, sind in Abbildung 3 dargestellt. Auffällig ist, daß das Studium verglichen mit anderen Lebensbereichen die stärkste Belastungsquelle darstellt. Während sich über die Hälfte der Befragten durch das Studium belastet fühlen, ist dies bei den meisten anderen Faktoren nur bei rund einem Viertel der Befragten der Fall.

Vergleicht man die Häufigkeiten in den verschiedenen Bereichen psychosozialer Belastung zu Beginn und im 5. Semester des Studiums, so ergibt sich folgendes Bild: Der Anteil derjenigen, die sich durch das Studium belastet fühlen, ist bereits zu Beginn des Studiums hoch und zeigt dann im Verlauf einen weiteren, jedoch nicht signifikanten Anstieg. In anderen Bereichen kommt es aber zu signifikanten Anstiegen. So geben im Verlauf mehr Studierende an, sich durch den Freundeskreis belastet zu fühlen. Hier kann nicht aufgeklärt werden, ob dies durch einen Wechsel des Freundeskreises im Verlauf des Studiums oder andere Faktoren erklärt werden kann. Ebenso steigt der Anteil derjenigen, die ihre Belastung insgesamt als hoch einschätzen, signifikant von 24% auf 39%. Überraschend ist, daß sich die Mehrheit der Befragten weder zu Beginn noch im Verlauf des Studiums durch finanzielle Probleme belastet fühlen.

Studienspezifische Belastungen im Verlauf

Da das Studium allgemein von der Mehrheit der Studierenden zu beiden Erhebungszeitpunkten als eine hohe Belastung eingeschätzt wird, werden im Folgenden die studienbezogenen Items differenziert und spezifiziert dargestellt (Abb. 4). In der Rangfolge wird eine Belastung durch fachliche Anforderungen am häufigsten genannt, gefolgt von fehlendem Praxisbezug des Studiums. Dagegen fühlen sich weniger als ein Viertel der Befragten durch Anonymität bzw. Konkurrenz an der Universität belastet. Ein hochsignifikanter Anstieg von 27% auf 48% ist bei dem Anteil derjenigen zu verzeichnen, die eine Belastung durch fehlenden Praxisbezug des Studiums angeben. Möglicherweise steigt mit dem Näherrücken des Studienabschlusses die Angst, an der Realität im Berufsfeld "vorbeizustudieren". Ebenso steigt im Verlauf des Studiums der Prozentsatz durch fachliche Anforderungen belasteter Studierender von 43% auf 61%. Hier kann eine höhere Dichte von Prüfungen und Klausuren ursächlich sein.

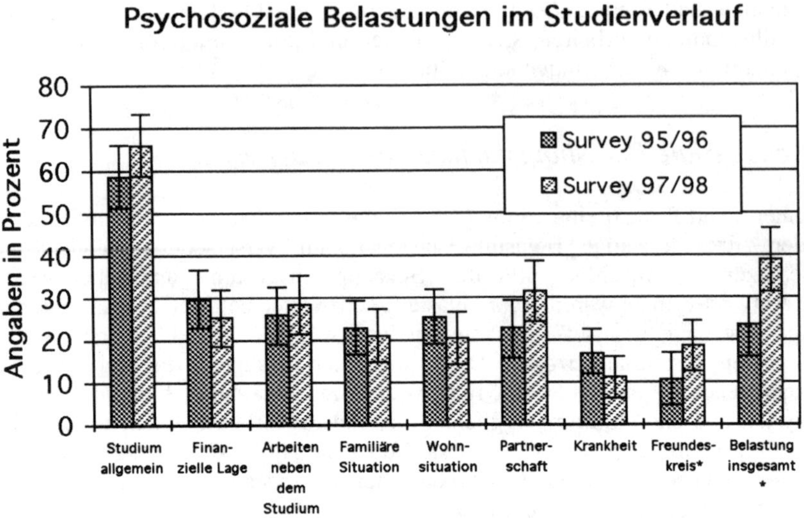

Abb. 3 Psychosoziale Belastungen der Studierenden 1995/96 und 1997/98. Dargestellt sind die Anteile in Prozent mit 95% Konfidenzintervallen. * McNemar-Test $p<0.05$.

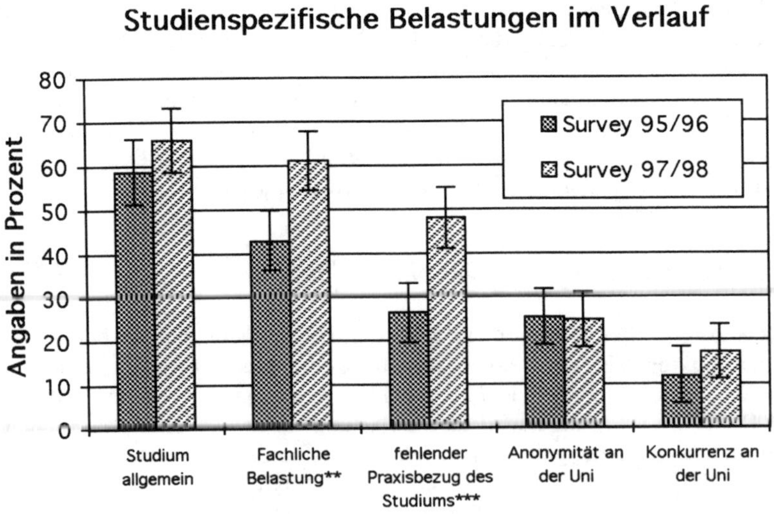

Abb. 4 Studienspezifische Belastungen der Studierenden 1995/96 und 1997/98. Dargestellt sind die Anteile in Prozent mit 95% Konfidenzintervallen. McNemar-Test: * $p<0.05$, ** $p < 0.01$, *** $p < 0.001$.

Prädikatoren für den subjektiv wahrgenommenen Streß bei Studierenden

Um den subjektiv wahrgenommen Lebensstreß in den letzten vier Wochen zu messen, wurde eine standardisierte Skala, die Perceived Stress Scale (PSS) von Cohen et al. (1983), in 4-Item-Kurzversion eingesetzt. Die interne Konsistenz bei der deutschen Übersetzung betrug 0,81 (Cronbach Alpha) und die 2-wöchige Test-Retest-Korrelation ergab im Vortest mit 39 Studierenden einen Koeffizienten von r=0,77. Im Mittel wurde in der studentischen Stichprobe ein PSS-Score von 5,6 (± 2,8 SD) gemessen, wobei die Werte zwischen 1 und 14 lagen und normalverteilt waren.

Um die Varianz der Variable "subjektiv wahrgenommener Streß (PSS)" aufzuklären, wurde ein multivariates lineares Regressionsmodell gebildet. Zunächst wurden bivariate Korrelationen zwischen verschiedenen Variablen (Geschlecht, Einkommen als stetige Variable, Lebensqualität als 5-stufige Variable, soziale Unterstützung als Summenscore aus qualitativem und quantitativem Item zur sozialen Unterstützung, subjektiver Gesundheitszustand als 4-stufige Variable, Zweifel am Studium und Orientierungslosigkeit im Studium als 4-stufige Variablen) gerechnet. Auf der Grundlage signifikanter Korrelationen wurden die Variablen Geschlecht, Lebensqualität, Orientierungslosigkeit im Studium, subjektiver Gesundheitszustand und soziale Unterstützung in das Modell einbezogen, zusätzlich wurde das Einkommen als möglicher Konfounder aufgenommen.

Die Ergebnisse der multivariaten Regressionsanalyse zeigen (Tab. 1), daß eine geringe Lebensqualität einen starken Prädiktor für das Streßerleben darstellt (p<0,0001). Ebenso findet sich eine hohe Assoziation zwischen der Orientierungslosigkeit im Studium und dem PSS-Score (p<0,0001). Schwächere, aber signifikante Zusammenhänge werden außerdem zwischen geringer sozialer Unterstützung und der Streßwahrnehmung (p=0,003) und dem weiblichen Geschlecht und der Streßwahrnehmung (p=0,03) deutlich. Es zeigt sich keine signifikante Assoziation zum Einkommen und zum subjektiven Gesundheitszustand der Studierenden. Der Anteil der aufgeklärten Varianz mit diesem Modell beträgt 50%.

Tab. 1 Einflußfaktoren auf den subjektiv wahrgenommenen Streß (PSS-Score) als abhängige Variable

Variable	**standardisierter Beta-Koeffizient**	**p-Wert**
Geschlecht (1=weiblich, 2=männlich)	- 0,12	0,027
Einkommen	0,05	0,338
soziale Unterstützung	- 0,16	0,003
Gesundheitszustand	- 0,07	0,098
Lebensqualität	- 0,46	<0,0001
Orientierungslosigkeit im Studium	0,30	<0,0001

N = 196; R^2adjust. = 0.50; F = 32,5; p<0,0001

Körperliche und psychosomatische Beschwerden im Studienverlauf

Anhand einer vierstufigen Skala von "sehr oft" bis "nie" wurden die Studierenden gebeten, die Häufigkeit von Beschwerden in den letzten 12 Monaten einzuschätzen. Für die Ergebnisdarstellung wurden die beiden höchsten Kategorien zusammengefaßt.

Von über 50% der Befragten werden häufige Beschwerden im Schulter- und Rückenbereich angegeben. Die Schulter- und Rückenbeschwerden bilden damit die höchste Beschwerdekategorie. Von über einem Drittel der Studierenden werden Gefühle der Unruhe und von einem fast ebenso großen Anteil gastrointestinale Beschwerden (Magenbeschwerden, Appetitlosigkeit, Sodbrennen und/oder Übelkeit) als häufige Beschwerden genannt. Ca. ein Viertel der Befragten geben jeweils Kopfschmerzen, Konzentrationsschwierigkeiten und Schlafstörungen und/oder Alpträume an. Rund 20% leiden unter Herzrasen und/oder Schwindel und ein ebenso großer Anteil unter depressiven Verstimmungen.

Der Vergleich zwischen erstem und zweitem Erhebungszeitpunkt zeigt, daß es kaum signifikante Veränderungen in der Häufigkeit der Beschwerden gibt. Lediglich der Anteil derjenigen, die häufig unter Konzentrationsschwierigkeiten leiden, steigt im Studienverlauf signifikant von 25% auf 34% der Studierenden an.

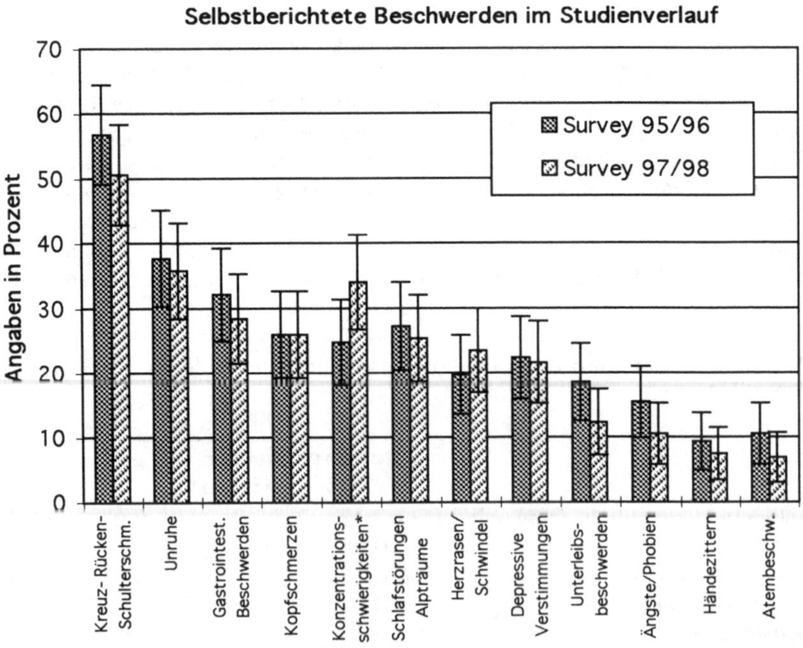

Abb. 5 Beschwerden der Studierenden an den beiden Erhebungszeitpunkten. Dargestellt sind die Anteile in Prozent mit 95% Konfidenzintervallen. McNemar-Test: * $p<0.05$

Diskussion

Äußere Einwirkungen und Anforderungen werden interindividuell unterschiedlich wahrgenommen, wobei der Prozeß der emotionalen Bewertung entscheidend von den eigenen Bewältigungsmöglichkeiten beeinflußt wird. So ist es nicht überraschend, daß das Ausmaß des subjektiv wahrgenommenen Stresses in der Stichprobe individuell sehr unterschiedlich war. Dabei war ein hoher Streßscore mit einer niedrigen Lebensqualität, mangelnder sozialer Unterstützung und mit dem weiblichen Geschlecht assoziiert. Neben diesen Faktoren trug aber auch der Faktor Orientierungslosigkeit im Studium als bedeutender Prädiktor zur Erklärung der Varianz des Streßscores bei. Die Studie macht in verschiedener Hinsicht deutlich, daß Studierende vielfach orientierungslos sind sowohl in Bezug auf die Organisation des Studiums als auch im Hinblick auf die Studienwahl und die zukünftigen Berufsperspektiven. Verantwortlich hierfür sind zum Teil sicherlich Mängel von Seiten der Hochschule in der Studienorganisation und im Beratungs- und Betreuungssystem der Studierenden. Neben der reinen Vermittlung von Fachwissen sollte auch den Fähigkeiten und Fertigkeiten zum erfolgreichen Studieren, sogenannten Schlüsselkompetenzen (z.B. Techniken des Schreibens, der Prüfungsvorbereitung und der Präsentation), ein hoher Stellenwert in der Ausbildung zukommen (vergl. Chur in diesem Band). Mit den negativen Bewertungen der Studierenden korrespondiert die Tatsache, daß der fehlende Praxisbezug des Studiums einen großen und im Studienverlauf signifikant ansteigenden Belastungsfaktor darstellte. Auch hier sind sicherlich die Hochschulen gefragt, eine stärkere Praxisanbindung herzustellen, z.B. durch externe Praktika und die Einbindung von Dozentinnen und Dozenten aus dem Berufsfeld. Eine großangelegte Studie der Arbeitsgruppe Hochschulforschung der Universität Konstanz im Auftrag des Bundesministeriums für Bildung, Wissenschaft, Forschung und Technologie (Bmbf+t), an der in den Jahren 1992/93 und 1994/95 jeweils über 8.000 Studierende von Universitäten und Fachhochschulen teilnahmen, ergab vergleichbare Ergebnisse zu Problemen im Studium. Es zeigte sich, daß Zweifel am Studienfach und eine mangelnde Fachidentifikation eng mit den subjektiven Arbeitsmarktperspektiven korrespondierten: schlechte Aussichten führten zu vermehrten Irritationen (Bmbf+t, 1996). Der arbeitsmarktpolitische Faktor ist jedoch durch die Hochschule kaum zu beeinflussen und entzieht sich somit einer direkten Interventionsmöglichkeit.

Anlaß zur Verbesserung an den Hochschulen sollte jedoch die Tatsache geben, daß fast die Hälfte der Studierenden angab, kaum eigene Vorstellungen und Ideen in das Studium einbringen zu können. Diese Einschätzung wurde auch durch die Bmbf+t-Studie unterstützt. Hier zeigte sich, daß es den Studierenden aller Fächergruppen - allerdings in geringerem Maße in den sozial- und kulturwissenschaftlichen Studiengängen - kaum möglich ist, eigene Studienschwerpunkte zu entwickeln. Um eine größere Studienzufriedenheit zu erreichen, ist hier eine Verbesserung der Partizipationsmöglichkeiten anzustreben. In diesem Zusammenhang ist insbesondere zu berücksichtigen, daß bei Frauen höhere Barrieren anzunehmen sind, die der Einbringung eigener Interessen entgegenstehen (siehe hierzu auch Sonntag et al. in diesem Band).

Positiv stimmt das Ergebnis, daß ein schlechtes Verhältnis zu den Dozentinnen und Dozenten nur von einer Minderheit empfunden wurde. In der Bmbf+t Studie wurde eine Verbesserung der Beziehung zwischen Lehrenden und Studierenden in den 90er Jahren konstatiert (Bmbf+t, 1996). Zudem gab die überwiegende Mehrheit der Befragten im Bielefelder Gesundheitssurvey an, daß ihnen das Studium Spaß macht. Auch in der Bmbf+t-Studie bejahten etwa zwei Drittel der Studierenden an westdeutschen Hochschulen, daß sie alles in allem sehr gerne Studentin bzw. Student sind (Bmbf+t, 1996). Dies ist umso erfreulicher, als für viele Studierende das Studium und die Hochschule einen hohen Stellenwert hatten und den Lebensmittelpunkt darstellten (Bmbf+t, 1996). Diese hohe Wertigkeit des Arbeits- und Lebensraums Hochschule stellt eine große Chance zur Förderung der Gesundheit dieser Zielgruppe durch setting-bezogene Maßnahmen und Interventionen im Sinne einer gesundheitsfördernden Hochschule dar.

Konkrete Ansatzpunkte für eine Förderung der gesundheitlichen Belange in diesem Lebensraum bieten die Angaben der Studierenden zu strukturellen Beeinträchtigungen des Wohlbefindens im Lebensraum Hochschule. Die größten Beeinträchtigungen ergaben sich demnach durch fehlende Rückzugsmöglichkeiten, Zeitstreß und Hektik und den Lärm im Gebäude. Auffällig war, daß Frauen dies deutlich häufiger angaben. Die deutlich höheren Beeinträchtigungen der Frauen können dadurch erklärt werden, daß die Institution Hochschule noch immer stark an den Bedürfnissen von Männern orientiert ist. Daneben spielen bei einigen Studentinnen Doppelbelastungen durch die Kindererziehung eine Rolle und verstärken Hektik, Zeitstreß und Unruhegefühle. Die architektonischen Bedingungen der Universität Bielefeld mit einer zentralen Halle und geringer Gebäudegliederung schlagen sich in diesen Bewertungen zum Wohlbefinden der Studierenden offensichtlich negativ nieder. In diesem Zusammenhang sollte die Hochschule Überlegungen zur Verringerung dieser Belastungen anstellen, z.B. durch die Einrichtung von Ruheräumen. Auch das Außengelände, das im Sommer zur Regeneration genutzt werden kann, könnte im Hinblick auf Entspannungsmöglichkeiten wesentlich angenehmer gestaltet werden (z.B. durch eine Bepflanzung, die Rückzugsmöglichkeiten schafft). Hierbei sollten besondere Bedürfnisse von Studentinnen berücksichtigt werden. Ein Teil der Studierenden fühlte sich auch durch ein schlechtes soziales Klima beeinträchtigt, jedoch war der Anteil im Vergleich zu den obengenannten Faktoren deutlich geringer.

Ein Vergleich der psychosozialen Belastungsquellen der Studierenden zeigte, daß sowohl zu Beginn als auch im späteren Verlauf ein deutlich höherer Anteil durch das Studium, verglichen mit den anderen Stressoren, belastet war. Da die Hochschule von vielen Studierenden als Lebensmittelpunkt gesehen wird, lösen möglicherweise negative Ereignisse im Zusammenhang mit dem Studium in stärkerem Maße Streß aus, als dies in anderen Lebensbereichen der Fall ist. Die detaillierte Betrachtung der studienspezifischen Belastungsfaktoren zeigte, daß insbesondere die fachliche Belastung und der fehlende Praxisbezug des Studiums als Streßauslöser genannt wurden. Diese Stressoren stiegen zudem im Studienverlauf stark an. Schwierigkeiten durch die Leistungsanforderungen im Studium an westdeutschen Universitäten wurden auch in der Bmbf-t Studie von der Hälfte der Befragten genannt (Bmbf-t, 1996). Insbesondere die Tatsache, daß einige Belastungsquellen im Verlauf des Studiums zunehmend häufiger von den Studierenden genannt wurden, macht die Notwendigkeit präventiver Maßnahmen deutlich. Eine große Bedeutung kommt hierbei sicherlich den psychosozialen

Beratungsstellen zu. Jedoch sollten auch die Prüfungsordnungen und Curricula dahingehend überprüft werden, daß überflüssige und unsinnige Anforderungen vermieden werden und ein effizientes Beratungssystem eine gute Studienplanung und Prüfungsvorbereitung ermöglicht. Darüber hinaus können Programme zur Streßbewältigung und zum Erlernen von Entspannungstechniken helfen, mit belastenden Situationen und Anforderungen angemessen umzugehen.

Das häufige Auftreten psychosomatischer Beschwerden weist darauf hin, daß Studierende nicht nur verschiedenen psychischen Belastungen ausgesetzt sind, sondern auch im somatischen Bereich in erheblichem Maße unter Befindlichkeitsstörungen leiden. Rückenschmerzen, Kopfschmerzen und Magenbeschwerden, aber auch psychovegetative Beschwerden wie Unruhe und Konzentrationsschwierigkeiten, wurden von 30 bis 50% der Befragten häufig erlebt, wobei die Konzentrationsschwierigkeiten im Studienverlauf sogar noch deutlich zunahmen. Die Befunde deuten darauf hin, daß belastende psychische und soziale Faktoren in der Lebenswelt von Studierenden für die hohe Prävalenz psychosomatischer Beschwerden verantwortlich sein können.

Da psychosozialer Streß in vielschichtiger Weise mit dem Wohlbefinden und dem gesundheitlichen Zustand assoziiert ist und Streß als Risikofaktor für Erkrankungen wie z.B. die koronare Herzkrankheit diskutiert wird (Goldstein, 1995), muß dem Faktor psychosoziale Belastung bei Studierenden eine hohe Aufmerksamkeit im Rahmen der Gesundheitsförderung an der Hochschule zukommen.

Danksagung

This study was supported by an educational grant from Merck & Co., Inc, Whitehouse Station, NJ, U.S.A.

Literatur

Bundesministerium für Bildung, Wissenschaft, Forschung und Technologie (Hrsg.) (1996). Studium und Studierende in den 90er Jahren. Bonn

Cohen S, Kamarck T, Mermelstein R (1983). A global measure of perceived stress. J Health Soc Behav, 24:385-396

Cohen S & Williamson GM (1991). Stress and infectious disease in humans. Psychol Bull, 109:5-24

Dimsdale JE & Moss J (1980). Short-term catecholamine response to psychological stress. Psychosom Med, 42:493-497

Dorian B & Garfinkel P (1987). Stress, immunity and illness - a review. Psychol Med, 17:393-407

Glaser R, Pearson GR, Jones JF, Hillhouse J, Kennedy S, Mao H, Kiecolt-Glaser JK (1991). Stress activation of Epstein-Barr virus. Brain Behav Immun, 5:219-232

Glaser R, Rice J, Sheridan J, Fertel R, Stout JC, Tarr KL, Speicher CE, Pinky D, Kotur M, Post A, Beck M, Kiecolt-Glaser JK (1987). Stress-related immune suppression: Health implications. Brain Behav Immun, 1:7-20

Goldstein DS (1995). Stress, catecholamines and cardiovascular disease. Oxford University Press, New York Oxford

Hellhammer DH, Heib C, Hubert W, Rolf L (1985). Relationships between salivary cortisol release and behavioral coping under examination stress. Med Sci Psychol Psychiatry, 13:1179-1180

Johansson GG, Laakso M, Peder M, Karonen SL (1989). Endocrine patterns before and after examination stress in males and females. Activ Nerv Sup, 31:81-88

Lazarus RS (1966). Psychosocial stress and the coping process. McGraw-Hill, New York

Lazarus RS (1986). Puzzles in the study of daily hassles. In: Silbereisen RK, Eyferth K, Rudiger G (Hrsg.). Development as action in context. Springer, Berlin, 39-53

Meyerhoff JL, Olehansky MA, Mougey EH (1988). Psychologic stress increases plasma levels of prolactin, cortisol and POMC-derived peptides in man. Psychosom Med, 50:295-303

Stock C, Zimmermann E, Teuchert-Noodt G (1993). Effect of examination stress on sympathetic activity and ß-adrenergic receptors. J Psychophysiol, 7:310-307

van Doornen LJ & van Blokland RW (1989). The relation of type A behavior and vital exhaustion with physiological reactions to real life stress. J Psychosom Res, 33:715-725

Weissinger V (1996). Gesundheitsförderung im Studium - Aspekte zum Wohlbefinden im Lebensraum Hochschule. Lorenz-von-Stein-Institut für Verwaltungswissenschaften an der Christian-Albrechts-Universität zu Kiel, Arbeitspapiere Nr. 40

Michael Sobhan-Sarbandi, Christiane Stock, Alexander Krämer

Die Rückengesundheit von Studierenden im Rahmen einer gesundheitsfördernden Hochschule

Einleitung

Vor dem Hintergrund des gewachsenen Wissens um die Zusammenhänge zwischen psychischer Belastung, Körperfehlhaltungen und degenerativen Erkrankungen der Wirbelsäule wird dem Bereich der Prävention von Rückenschmerzen zunehmend größere Bedeutung zugemessen. Die Zunahme muskuloskeletaler Erkrankungen, und hier besonders der Rückenschmerzen, ist für Prävention und Gesundheitsförderung eine große Herausforderung (Raspe & Kohlmann, 1994). Die vermeintlichen Hauptursachen für Rückenbeschwerden sind Streß (Eichler, 1993), Bewegungsmangel (Kleber, 1996) und eine falsche Ernährung (Lenhardt et al., 1994). Neben diesen Faktoren sind auch Fehlbildungen im Bewegungsapparat und Körperfehlhaltungen für Rückenbeschwerden verantwortlich. Fehlhaltungen werden häufig schon bei Schulkindern beobachtet und geben Anlaß zu möglichst früh ansetzender Prävention. Nach Bittmann und Badtke (1990) manifestieren sich nichttraumatische Schäden am Stütz- und Bewegungssystem typischerweise im frühen Kindesalter. Interventionen zur Förderung der Rückengesundheit sollten in Schule und Hochschule beginnen, um Chronifizierungen vorzubeugen, die im späteren Lebensverlauf zu schweren gesundheitlichen Beeinträchtigungen führen. Eine Verstärkung des Beschwerdebildes ist besonders in einer akademischen Berufslaufbahn zu erwarten, die in hohem Maße durch sitzende und bewegungsarme Tätigkeit geprägt ist.

Die hier dargestellte Studie beschäftigt sich im Lebensbereich Universität mit der Rückengesundheit von Studierenden. Das Studium ist für junge Menschen vielfach die Lebensphase, in der sie zum erstenmal unabhängig und selbstverantwortlich leben: Ein Lebensabschnitt voller Experimente und Lernerfahrungen. Die primär für Lehre und Forschung verantwortliche Institution Universität hat hier die große Chance, diesen Abschnitt mit zu beeinflussen und in Richtung eines gesunden Lebensstils Unterstützung zu geben. Als große Institutionen sind Universitäten in der Lage, "Gesundheit" als Teil der eigenen Organisationskultur zu implementieren.

Die Studie zeigt Faktoren auf, die mit Rückenschmerzen bei Studierenden assoziiert sind. Aufbauend auf diesen Analysen werden konkrete Möglichkeiten entwickelt, wie die Universität diese Problematik in ihren Handlungsrahmen aufnehmen und somit die Lebensqualität der Studierenden fördern kann. Das bedeutet:

- Die Schaffung gesundheitsfördernder Arbeits- und Umweltbedingungen für Studierende,
- die Integration von Inhalten der Gesundheitsförderung in Lehre und Forschung
- und die Verbreitung gesundheitsfördernder Ideen und Ansätze durch Vernetzung bestehender interner und externer Angebote für Rückengesundheit.

Rückenschmerzen bei Studierenden

Bei den Rückenbeschwerden handelt es sich in erster Linie um Bewegungs- bzw. Belastungsmangel-Syndrome, also um ein Beschwerdebild, das in den Bereich der Zivilisationskrankheiten einzuordnen ist. Bewegung und körperliche Belastung in physiologisch ausgewogener Intensität sind notwendig zur Erhaltung der Gesundheit. Wenn diese gesunderhaltenden Reize nicht ausreichend gegeben sind, so birgt dies die Gefahr von negativen Auswirkungen z.B. in Form von Rückenschmerzen. Die mit den Zivilisationskrankheiten einhergehende Verminderung der Lebensqualität durch Schmerzen und Einschränkung des Bewegungsspielraumes erzeugen ein hohes Maß an Leiden bei den Betroffenen und stellen zudem eine wesentliche Belastung des Gesundheitssystems durch langwierige und kostenintensive Behandlungen dar (Deck et al., 1993). So sind Rückenschmerzen inzwischen zu einem bedeutenden volkswirtschaftlichen Faktor geworden.

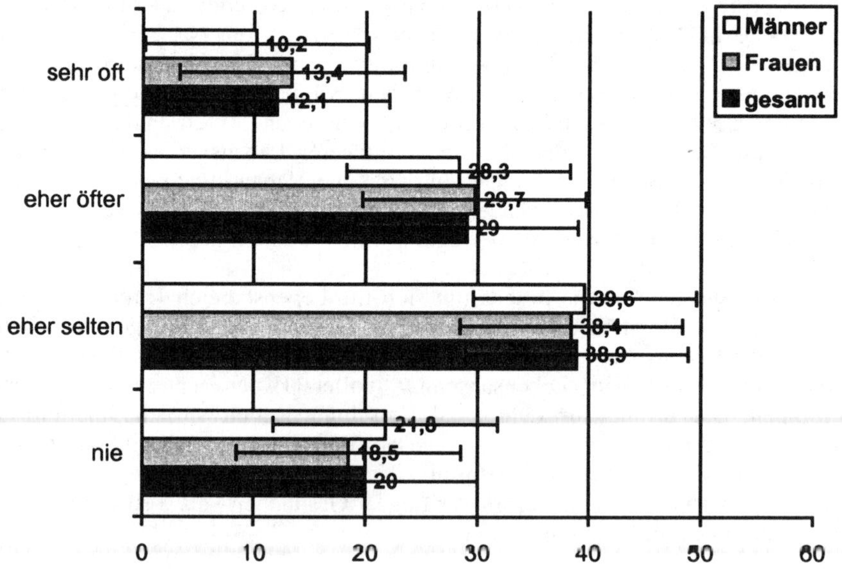

Abb. 1 Häufigkeiten von Rückenschmerzen bei Studierenden der Universität Bielefeld (Angaben in Prozent mit 95% Konfidenzintervallen, n=650)

Die 13. Sozialerhebung des Deutschen Studentenwerks hat gezeigt, daß bei Studierenen zwar die Allergien und Atemwegserkrankungen an erster Stelle der Erkrankungen stehen, jedoch Schädigungen des Stütz- und Bewegungsapparates ebenso einen hohen Stellenwert einnehmen (Bundesministerium für Bildung und Wissenschaft, 1992). Nach den Daten des Bielefelder Gesundheitssurveys für Studierende nahmen die Rückenschmerzen den obersten Rangplatz im Beschwerdebild Bielefelder Studierender ein (Allgöwer et al. 1998, siehe auch Stock & Krämer, in diesem Band). Die Abbildung 1 gibt Auskunft über die Häufigkeit von Rückenbeschwerden bei Studierenden der Universität Bielefeld in den letzten 12 Monaten. Faßt man die Gruppen mit den Beschwerdehäufigkeiten "eher oft" und "sehr oft" zusammen, dann litten etwa 41% der Studierenden unter regelmäßigen Rückenschmerzen. Es zeigte sich dabei kein signifikanter Unterschied zwischen Männern und Frauen.

Einflußfaktoren für das Auftreten von Rückenschmerzen

Die nachfolgende Analyse basiert auf Daten des Bielefelder Gesundheitssurveys für Studierende. Diese Studie erfaßt als Querschnittsuntersuchung Daten zur gesundheitlichen Situation von Studierenden mit den Schwerpunkten Gesundheitszustand, gesundheitsbezogene Verhaltensweisen und Verhältnisse sowie Bedürfnisse für eine universitäre Gesundheitsförderung (Stock et al., 1997). Das Gesundheitsbewußtsein von Studierenden wurde anhand einer vierstufigen Skala erhoben, während andere für die Rückengesundheit relevante Bereiche in Aussageform formuliert (z.B. "Ich achte auf hochwertige und ausgewogene Kost") und mit vierstufigen Antwortformaten bewertet wurden. Bezüglich der Bereiche "Entspannungsverfahren" und "körperliche Aktivität" wurden die Studierenden nach dem Umfang ihrer Aktivitäten pro Woche befragt. Eine regelmäßige sportliche Betätigung wurde bei über einer Stunde pro Woche festgelegt. Zur Ermittlung der psychosozialen Belastung sollte anhand einer vierstufigen Skala der Grad der Belastung in 12 verschiedenen Lebensbereichen eingeschätzt werden. Im Anschluß daran sollte die psychosoziale Belastung insgesamt eingeschätzt werden. Auch die fachliche Belastung an der Universität wurde in vier Stufen von "sehr gering" bis "sehr hoch" bewertet. Als weitere Einflußvariablen für Rückenbeschwerden wurden Geschlecht und große Körperlänge (>175cm Frauen, >187cm Männer, d.h. die jeweiligen Bereiche oberhalb der 2.Tertile) mit einbezogen. Alle Faktoren gingen dichotomisiert in die Analyse ein. Zur Veranschaulichung der Beziehung zwischen verschiedenen Variablen und dem Auftreten von Rückenschmerzen wurde die Methode der Klassifikations- und Regressionsbäume (*C*lassification *A*nd *R*egression *T*rees = CART) angewendet. Bei dieser Methode wird ein Merkmalsraum sukzessive so partitioniert, daß die entstehenden Untermengen in sich möglichst homogen, untereinander aber möglichst heterogen sind in Bezug auf die zugrundeliegenden Klassen (Classification Trees) bzw. das abhängige metrische Merkmal (Dirschedl, 1992). Die graphische Darstellung der Daten als Strukturbaum gewährt anschaulich Einsicht in die Datenstruktur. Die Entscheidung darüber, welche Variable eine Verzweigung bildet, wurde auf der Grundlage des niedrigsten p-Wertes im Chi-Quadrat-Test nach Pearson gefällt. Der Teilungsprozeß endet, wenn keine Splits mehr möglich sind, also wenn es keine signifikanten p-Werte mehr gibt oder die Größe der zu teilenden Menge unter $\sqrt{n}$ gesunken ist.

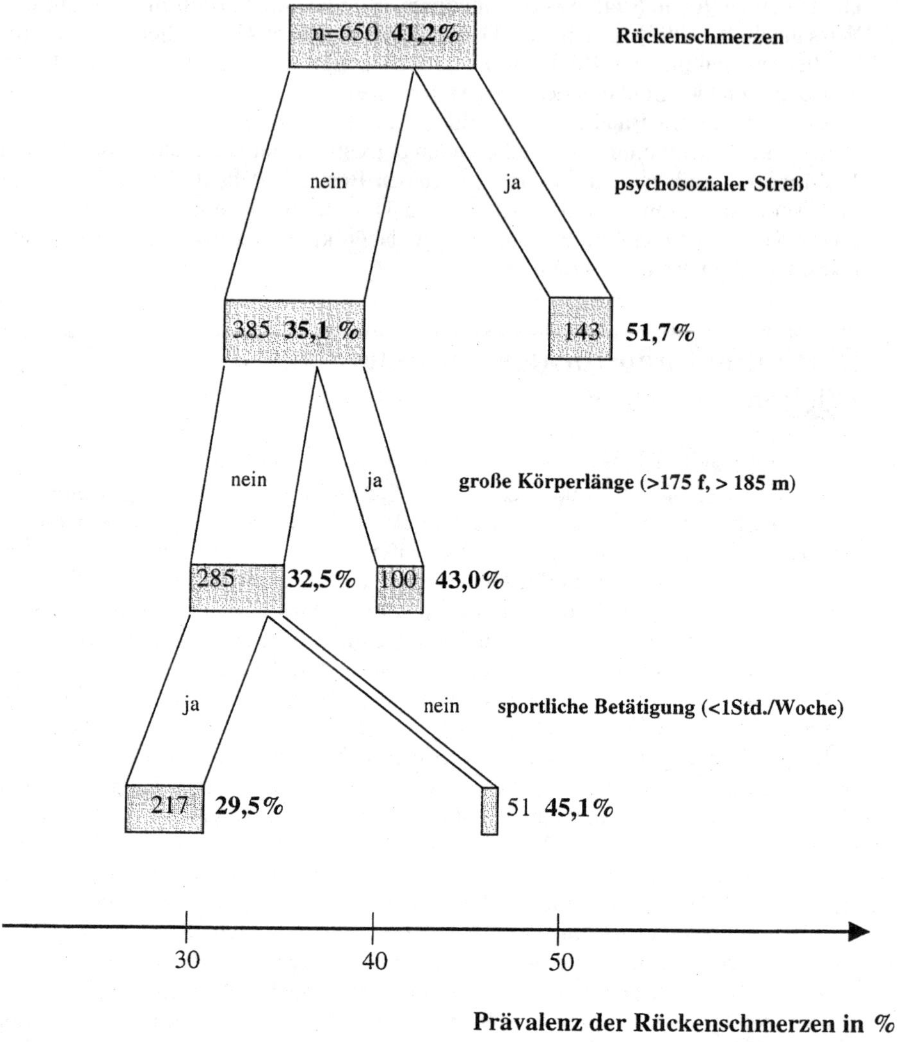

Abb. 2 Ergebnisse der CART-Analyse für die mit Rückenschmerzen assoziierten Faktoren (siehe Text).

Nach Anwendung der CART-Analyse konnte der in Abbildung 2 gezeigte Baum konstruiert werden. Die höchste Signifikanz ergab der Faktor psychosozialer Streß. Während 35,1% der Studierenden mit geringer psychosozialer Belastung an Rückenschmerzen litten, gaben dies 51,7% der Hochbelasteten an. Daraus kann abgeleitet werden, daß eine geringe psychosoziale Belastung einen protektiven Einfluß besaß bzw. eine hohe psychosoziale Belastung den wichtigsten Risikofaktor darstellte. Begünstigt wurden Rückenschmerzen zusätzlich durch eine große Körperlänge. Ein ungünstiger Einfluß der Länge des Körperrumpfes auf das Auftreten von Rückenschmerzen wurde auch in anderen Studien gefunden. In einer entsprechenden Arbeit von Nissinen et al. (1994) wurde ein signifikanter Zusammenhang zwischen der Körperlänge bei 11- bis 13-jährigen Jungen und dem Auftreten von Schmerzen im Lendenwirbelbereich festgestellt.

Als Faktor mit protektivem Einfluß ließ das CART-Modell schließlich das Ausüben von sportlicher Betätigung erkennen. Eine Studie von Troussier et al. (1994) bei Schulkindern belegte, daß die Rückenschmerzprävalenz bei Kindern mit mehr als einer Stunde Fernsehkonsum pro Tag bei über 50% lag. Es zeigte sich dabei eine signifikante Assoziation zwischen dem Fernsehkonsum und dem Auftreten von Rückenschmerzen, so daß der Schluß naheliegt, daß ein primär durch Sitzen geprägter Lebensstil Rückenschmerzen begünstigt. Die Faktoren Geschlecht, regelmäßige Entspannungsübungen, hohe fachliche Belastung und gesunde Ernährung waren in der CART-Analyse nicht signifikant mit dem Auftreten von Rückenschmerzen assoziiert. Überraschend war das Fehlen eines Zusammenhanges zum Geschlecht, obwohl Studentinnen einen höheren psychosozialen Streß angaben (Stock & Krämer, in diesem Band) und dieser Faktor ein wichtiger Einflußfaktor für das Auftreten von Rückenschmerzen war. Möglicherweise wurde dieser geschlechtsspezifische Effekt durch die stärkere Wirkung einer größeren Körperlänge bei den Männern maskiert. Andere Studien (z.B. Leino et al., 1994) wiesen jedoch auf eine höhere Prävalenz von Rückenschmerzen bei Frauen hin.

Auch wenn keine absolut zwingenden kausalen Schlüsse aus dieser Querschnittsstudie gezogen werden können, gaben zusammenfassend die identifizierten Risiko- bzw. Schutzfaktoren "psychosozialer Streß" und "sportliche Aktivität" Hinweise darauf, in welchen Bereichen Interventionen zur Förderung der Rückengesundheit bei Studierenden ansetzen sollten.

Interventionen zur Förderung der Rückengesundheit

Nach Forderungen der Arbeitsmediziner sollten Sitzperioden möglichst kurz und das Sitzen selbst möglichst dynamisch und ergonomisch sein. Wie kann man dieser Forderung in einer Hochschule mit mehr als 19.000 Studierenden gerecht werden, wenn die Haushaltsmittel umfassende Renovierungen und Neueinrichtungen ergonomischer Arbeitsplätze nicht zulassen? Additive Sitzmöglichkeiten, wie z.B. Sitzkeile, Sitzbälle, Sitzkissen oder auch Schreibtischaufsätze, können mit wenig materiellem und finanziellem Aufwand das Sitzen abwechslungsreicher und dynamischer gestalten. Über einen zentralen Verleih von additiven Sitzmöglichkeiten und deren praktischer Gebrauchsanleitung kann ein stärkeres Sitz-Bewußtsein unter den Studierenden geweckt werden. Dieses Bewußtsein ist möglicherweise ebenso wertvoll wie teuer eingerichtete ergonomische Arbeitsplätze, denn es bindet den Einzelnen nicht an vorgegebene Umstände. Vielmehr wird jede/jeder Studierende in die Lage versetzt, sich seine "Sitzumstände" selbst zu schaffen. Die additiven Sitzmöglichkeiten bieten dabei eine kleine Hilfe zur Selbsthilfe.

Die CART-Analyse bestätigt, daß sportliche Aktivität bei Studierenden mit einem geringeren Auftreten von Rückenschmerzen assoziiert ist. Auch wenn kein kausaler Zusammenhang abgeleitet werden kann, kommt der Bewegung und dem Sport an der Hochschule eine hohe Bedeutung zur Verringerung der

Rückenproblematik zu. Eine Untersuchung des Deutschen Studentenwerkes (1990) unter 18.244 Studierenden zeigt, daß Sport als Freizeitbeschäftigung unter Studierenden einen höheren Stellenwert hat als in der vergleichbaren Altersgruppe der Gesamtbevölkerung. Von den Bielefelder Studierenden treiben rund 80% sowohl der weiblichen als auch der männlichen Befragten regelmäßig Sport (Krämer et al., 1997). Der Allgemeine Deutsche Hochschulsportverband (ADH) sieht in der Universität besondere Voraussetzungen gegeben, Bewegungskultur, Sport und Gesundheit miteinander zu verbinden und inhaltlich auszugestalten (zititiert nach Weissinger, 1996). Gerade für Studierende wird aufgrund ihrer Lebenssituation und biografischen Bedingungen eine hohe Bereitschaft für Veränderungen der eigenen Lebensgestaltung postuliert, was auch Veränderungen des Bewegungsverhaltens mit einschließt. Es gilt, Bedingungen zu schaffen und didaktische Maßnahmen zu ergreifen, um den hohen Grad an körperlicher Aktivität bei Studierenden zu stärken und die bislang inaktiven Studierenden sportlich zu aktivieren.

Wie dies umgesetzt werden kann, hängt wesentlich von den vorhandenen räumlichen und personellen Ressourcen ab. Es sind vier Interventionsbereiche von Sport, Entspannung und Gesundheit an der Universität denkbar: gesundheitsbezogene Kursangebote (z.B. im Rahmen des Hochschulsports), gesund-heitsbezogene Beratung, Workshops sowie gesundheitsrelevante Multiplikatorenaus- und -fortbildung.

Projektidee: Koordinationsstelle Rückengesundheit

Die Universität Bielefeld verfügt bereits jetzt über eine Vielzahl gesundheitsrelevanter Einrichtungen und Ressourcen. Eine besondere gesundheitsfördernde Institution der Hochschule ist das der Fakultät für Gesundheitswissenschaften zugeordnete "Gesundheitslabor". Dies ist eine Einrichtung, in der Forschung zur Gesundheit von Studierenden betrieben und außerdem Gesundheitsberatung für Studierende angeboten wird. Das "Gesundheitslabor" ist darüber hinaus ein Zentrum für die Entwicklung gesundheitsförderlicher Hochschulpolitik und für die Verbreitung der Ideen einer gesundheitsfördernden Hochschule.

Die Einrichtung einer zentralen Beratungsstelle für Rückengesundheit im "Gesundheitslabor" ist der praktische Versuch einer intrainstitutionellen Vernetzung der verschiedenen Einheiten mit rückengesundheitsfördernden Programmen und Aktivitäten. Dabei werden die unterschiedlichen, bislang separat agierenden Tätigkeitsbereiche und Funktionen innerhalb der Universität zu einer bezüglich des Themas Rückengesundheit kompetenten Institution zusammengefaßt. Im Zentrum des Netzwerkes steht eine koordinierende Beratungsstelle, in der in der Gesundheitsberatung ausgebildete und erfahrene Personen tätig sind. Die Studierenden können die Beratungsstelle mit ihren Rückenproblemen aufsuchen, werden dann dort beraten und gegebenenfalls an kooperierende Stellen weiterverwiesen. Die Beratung hat als oberstes Ziel, die Kompetenz der Nachfragenden in Bezug auf das Thema Rücken zu stärken, um somit eigenverantwortliches Handeln zu fördern. Die im Anschluß an die Beratung folgenden weiteren Interventionen werden unmittelbar nach individueller Betrachtung medizinischer,

Tab. 1 Die universitäre Aufgabe einzelner Institutionen der Universität Bielefeld und ihre mögliche Funktion innerhalb eines Netzwerkes zur Förderung der Rückengesundheit von Studierenden

Institution	*Universitäre Aufgabe*	*Gesundheitsrelevante Funktionen*
Gesundheitslabor	Gesundheitsberatung, Gesundheitsförderung	Zentrale Vermittlung, Koordinierung
Betriebseinheit Hochschulsport	Organisation des Hochschulsports	Vermittlung in Sportkurse, Bewegungsförderung
Arbeitsbereich Sportwissenschaft	Sportmedizin Bewegung und Motorik	Fitness-Checks, sportmed., biomechan. u. ergonomische Beratung
Universitätsverwaltung	Strukturveränderungen, Planung und Beschaffung	Umsetzung neuer Ideen zur Gestaltung der Arbeits- und Lebensumwelt
Arbeitsbereich Psychologie	Pädagogische Psychologie	Angebot von Entspannungsverfahren
Gesundheitswissenschaftl. Fakultät	Bevölkerungsmedizin und biomedizinische Grundlagen	Gesundheitsrelevanter Innovations- und Informationstransfer
Zentrale Studienberatung	Psychosoziale Beratung	Psycholog. Interventionen und Weiterleitung an psychotherap. Einrichtungen
Studierendenwerk	Dienstleistungen in sozialen und wirtschaftl. Bereichen	Bereitstellung sozialer und kultureller Einrichtungen, Kommunikationsförderung
AStA	Studentische Vertretung	Förderung der Integration
Studentische Selbsthilfe	Kommunikationsorientierte Gruppenintervention	Selbstorganisierte Hilfe für Studierende mit Rückenproblemen

psychologischer und sozialer Gegebenheiten (lebensstilorientierte Anamnese) und zielgerichtet nach dem Willen der Nachfragenden eingeleitet.

Die Vernetzung der vorhandenen Möglichkeiten in der Hochschule hat eine "Hilfe zur Selbsthilfe" für Studierende zum Ziel. Dabei beschränkt sich das Konzept keinesfalls auf die Einbindung von ExpertInnen, sondern versucht maßgeblich auch die studentische Selbstorganisation in Form selbstorganisierter Gruppen (Peer Education) einzubeziehen. Je größer der Anteil der beteiligten Studierenden im gesundheitsfördernden Netzwerk ist, desto günstiger sind die Bedingungen einer erfolgreichen Peer Education.

Förderung des Gesundheitsbewußtseins unter Studierenden

Der Schwerpunkt der vorgestellten Projekte bezieht sich auf die Gewinnung von Kontrollbewußtsein und Kontrolle über die eigenen Lebensumstände für die Entwicklung physischer und psychosozialer Gesundheit. Die Interventionen in diesem Sinne befähigen Studierende, ihre eigenen physischen und psychischen Ressourcen und Stärken zu erkennen und diese in gesundheitsrelevante Handlungen nicht nur im Lebens- und Arbeitsbereich Hochschule umzusetzen. Menschen befinden sich in einem Verhaltenskontext, d.h. in bestimmten Situationen reagieren sie mit eingeübten und wiederkehrenden Verhaltensmustern. Das Symptom "Rückenschmerzen" ist eine mögliche Form der Reaktion beispielsweise auf Streß. In der Klassifikation der Risikofaktoren für Rückenschmerzen bei Bielefelder Studierenden kommt psychosozialem Streß eine sehr hohe Bedeutung zu. Interventionen im Sinne einer gesundheitsfördernden Hochschule richten sich nicht nur auf eine Minimierung von Risiken, sondern konzentrieren sich hauptsächlich gezielt auf die Ressourcen und Stärken der Menschen sowie auf ihre Potentiale z.B. zur Streßbewältigung. Dabei ist das Aufzeigen und Anregen von vielfältigen Möglichkeiten und Handlungsalternativen das herausragende Instrument einer Erweiterung oder gar Auflösung des engen individuellen Verhaltenskontextes.

In einer weiterführenden Phase gesundheitsfördernder Interventionen sind unterstützende Faktoren aus der Umwelt von entscheidender Bedeutung. Im Lebensraum Hochschule sind dies besonders Personen oder Gruppen (Peer Group), die unterstützend wirken, aber auch Impulse von Seiten der Hochschulleitung und der Lehrenden zur gesunden Gestaltung des Unterrichts und der Arbeitsatmosphäre. Um nachhaltige Prozesse innerhalb einer gesundheitsfördernden Universität in Gang zu bringen, bedarf es der Bildung von Koalitionen. Das bedingt eine Kooperation über die Grenzen von Fakultäten, Einrichtungen und Verwaltungseinheiten hinweg, um eine synergistische Vernetzung gesundheitsrelevanter Ressourcen innerhalb der Hochschule zu erreichen. Ein Netzwerk von professionellen und kompetenten Stellen innerhalb der Universität zur Förderung der Rückengesundheit, wie es durch die vorgestellten Projekte entstehen soll, bietet eine ideale Ausgangslage für eine andere Themen aufgreifende und breit angelegte setting-orientierte Gesundheitsförderung. Stark (1996, S. 44) weist auf die Notwendigkeit hin, "nicht nur den persönlichen, sondern auch den professionellen Blickwinkel zu ändern und Situationen nicht nur als das anzusehen, was sie sind, sondern auch als das, was sie sein könnten".

Literatur

Allgöwer A, Stock C, Krämer A (1998). Die gesundheitliche Situation von Studierenden. Prävention, 1:22-25

Bittmann F & Badtke G (1990). Beitrag zur funktionellen Diagnostik des Stütz- und Bewegungssystems in der jugendärztlichen Tätigkeit. Ärztl. Jugendkd, 81:269-275

Bundesministerium für Bildung und Wissenschaft (Hrsg.) (1992). 13. Sozialerhebung des Deutschen Studentenwerkes "Das soziale Bild der Studentenschaft in der Bundesrepublik Deutschland". Bonn

Deck R, Kohlmann T, Raspe H (1993). Zur Epidemiologie des Rückenschmerzes. Psychomed, 5:164-168

Deutsches Studentenwerk e.V. (Hrsg.) (1990). Das soziale Bild der Studentenschaft in der Bundesrepublik Deutschland - 12. Sozialerhebung des Deutschen Studentenwerkes. Bonn

Dirschedl P (1992). Klassifikationsbäume - Grundlagen und Neuerungen. In: Fleischer W, Nagel M, Ostermann R (Hrsg.). Interaktive Datenanalyse mit ISP. Westarp, Essen, 15-30

Eichler J (1993). Psychologische Aspekte im Wirbelsäulengeschehen. In: Rieder H (Hrsg.). Rückenschule interdisziplinär. Thieme, Stuttgart, 82-89

Kleber G (1996). Das bewegungsmangel-geschädigte Kind. Sportunterricht, 45:48-55

Krämer A, Stock C, Allgöwer A (1997). Gesundheitsförderung an der Universität: Bewegung und sportliche Aktivität bei Studierenden. In: von Troschke J & Hoffmann A (Hrsg.). Health Pro Motion. Schriftenreihe der Koordinierungsstelle Gesundheitswissenschaften, Freiburg, 96-109

Leino P, Berg M, Puska P (1994). Is back pain increasing? Scand J Rheumatol, 23:269-276

Lenhardt U, Elkeles T, Rosenbrock R (1994). Rückenschmerzen - Befunde epidemiologischer Forschung. Zeitschr Allgemeinmed, 70:561-564

Nissinen M, Heliövaara M, Seitsamo J, Alaranta H, Poussa M (1994). Anthropometric measurements and the íncidence of low back pain in a cohort of pubertal children. Spine, 19:1367-1370

Raspe HH & Kohlmann T (1994). Die aktuelle Rückenschmerzepidemie. Therapeutische Umschau, 51:367-374

Stark W (1996). Empowerment: Neue Handlungskompetenzen in der psychologischen Praxis. Lambertus, Freiburg

Stock C, Allgöwer A, Prüfer-Krämer L, Krämer A (1997). Gibt es einen Bedarf für eine betriebliche Gesundheitsförderung für Studierende? Zeitschrift für Gesundheitswissenschaften, 3:239-255

Troussier B, Davoine P, de Gaudemaris R, Fauconnier J, Phelip X (1994). Back pain in school children. Scand J Rehab Med, 26:143-146

Weissinger V (1996). Gesundheitsförderung im Studium - Aspekte zum Wohlbefinden im Lebensraum Hochschule. Lorenz-von-Stein-Institut für Verwaltungswissenschaften an der Christian-Albrechts-Universität zu Kiel, Arbeitspapiere Nr. 40

Wilfried Belschner

Welche Universitäten brauchen Studierende heute?

Die Ausgangssituation: Lehre für Standardstudierende

Im Mittelpunkt der hier vorzustellenden empirischen Studie steht die folgende These:
Die Universität bietet zur Zeit in der Lehre eine Dienstleistung an, die für einen erdachten Typus von Standardstudierenden paßt. Die Folgerung aus dieser These lautet: Da die angebotene Dienstleistung Lehre mit den tatsächlichen Merkmalen der Studierenden im Kontext ihrer Lebenswelten nur zu einem niedrigen Prozentsatz übereinstimmt, wird auf der Mikroebene sowohl auf Seiten der Studierenden wie der Lehrenden Leid, auf der Mesoebene, d.h. der Institution Universität, mangelnde Effektivität und Effizienz erzeugt.

Eine verbesserte Kundenorientierung würde bedeuten, die Passung des universitären Dienstleistungsangebotes Lehre zu erhöhen. Dazu ist es erforderlich, die Merkmale der Studierenden, die diese Dienstleistung nachfragen, in Erfahrung zu bringen, also eine Marktanalyse vorzunehmen. Dem Ziel der Gesundheitsförderung als Bestandteil eines Total Quality Management-Projektes (Spörkel et al., 1997) zur Steigerung von Effektivität und Effizienz würde somit besser entsprochen werden können, wenn bezüglich vier Kriterien eine höhere Übereinstimmung mit den Erwartungen der Kunden und Kundinnen (= Studierenden) bestünde: (1) bezüglich der Organisationsziele der Einrichtung Universität, (2) bezüglich ihrer Angebotsstruktur, (3) bezüglich der zur Verfügung gestellten Ressourcen und (4) bezüglich des konkreten Handelns der Anbieter und Anbieterinnen (i.e. Lehrende). An Hand der Ergebnisse einer empirischen Untersuchung sollen fünf Typen von Studierenden vorgestellt werden, auf die sich die Universität in der Lehre im Sinne einer differenzierenden Berücksichtigung der eben genannten vier Kriterien einstellen sollte, um der Leitidee der Gesundheitsförderung in einem höheren Ausmaß zu entsprechen.

Die Marktanalyse: Typen von Studierenden

Das zugrundegelegte Handlungsmodell

Der Untersuchung haben wir ein vereinfachtes Handlungsmodell zugrunde gelegt (Belschner, 1980, Abb. 1). Es besteht aus den drei Komponenten Lebenseinstellungen, Operatoren und Zielvorstellungen. Es wird weiterhin postuliert, daß die drei Komponenten in einem Netz organisiert sind und sich gegenseitig moderieren.

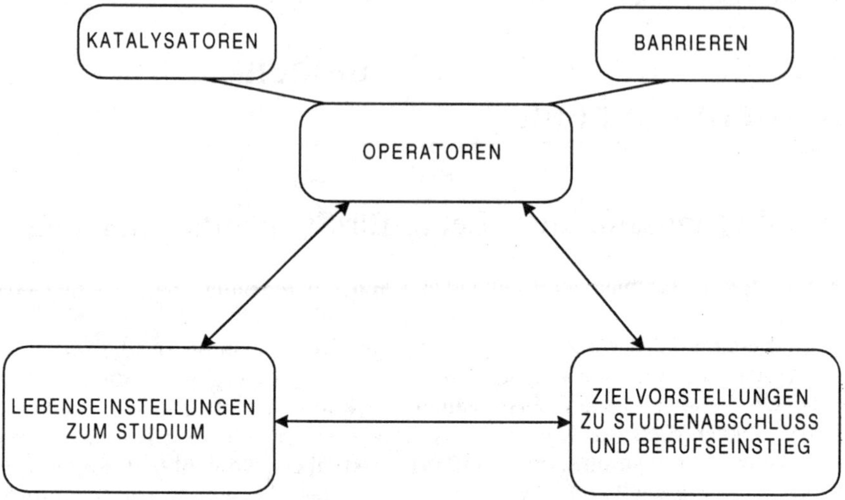

Abb. 1 Vereinfachtes Handlungsmodell (Belschner, 1980)

Die 1. Komponente: Zielvorstellungen (Z) zum Studienabschluß und zum Berufseinstieg

Studierende entwickeln bezüglich ihres Studienabschlusses und der Transition in eine Erwerbsbiographie im Laufe des Studiums unterschiedliche Vorstellungen.Der Studienabschluß wird hier verstanden als Phase eines normativen Übergangs im menschlichen Lebenslauf (Olbrich, 1995). In dieser Transition muß die Person sich mit einer Entwicklungsaufgabe auseinandersetzen, nämlich eine "Veränderung von eingelebten Zusammenhängen" zu meistern. Das Konzept der Zielvorstellungen zum Studienabschluß und zum Berufseinstieg wurde apriori nach 5 Subkonzepten aufgeschlüsselt. Jedes Subkonzept wird im Erhebungsinstrument durch Aussagen operationalisiert.

- *Präsenz von Studienabschluß und Berufseinstieg*
  Die beiden Themen Studienabschluß und Berufseinstieg können für Studierende in ihrer momentanen Lebenssituation in unterschiedlichem Ausmaß bedeutsam sein und sie emotional, kognitiv und aktional bestimmen. Beide Themen können beispielsweise zum allein vorherrschenden Bewußtseinsinhalt werden und den Tagesablauf in seiner Grundstimmung und dem Geschehen strukturieren. Beispiel: Mich interessiert die Zeit nach dem Studienabschluß noch gar nicht.
- *Ausmaß der Zielkonkretisierung nach dem Studium*
  Die Studierenden werden sich darin unterscheiden, in welchem Ausmaß sie bereits zum jetzigen Zeitpunkt wissen, welche Erwerbstätigkeit sie anstreben werden. Das Spektrum kann von dem sicheren Wissen der Übernahme des elterlichen Betriebes bis zur völligen Ungewißheit, was man denn "machen wolle", reichen. Beispiel: Ich weiß genau, was ich nach Abschluß des Studiums machen will.

- *Konvergenz von Studium und Berufstätigkeit*
  Studierende werden sich darin unterscheiden, in welchem Ausmaß sie es als sicher und "gegeben" annehmen, daß zwischen der fachlichen Orientierung ihres Studiums und ihrer zukünftigen beruflichen Tätigkeit ein adäquater Zusammenhang bestehen wird, sie also in einer "ausbildungsadäquaten" Tätigkeit ihren Lebensunterhalt verdienen werden. Beispiel: Ich halte es für schwierig, nach Studienende eine angemessene Arbeit zu finden.
- *Lebenskonzept Fügung*
  Mit dem Subkonzept Fügung wird eine psychische Tendenz angesprochen, sich dem Lebensstrom anzuvertrauen, und in optimistischer Weise offen zu sein für die konstruktiven Möglichkeiten, die in diesem Geschehen auftauchen. Das Lebenskonzept Fügung steht in Kontrast zum Lebenskonzept des Machens und Herstellens, des Kontrolle Ausübens, des Strebens nach individueller Macht und nach dem Aufbau eines individuellen Territoriums des Herrschens (Belschner, 1993). Das Konzept Fügung steht in Zusammenhang mit psychischen Tendenzen wie Urvertrauen (Erikson, 1993) oder der unmittelbaren Erfahrung des Zuhauseseins in einem personalen und transpersonalen Grund (Belschner, 1999). Beispiel: Ich gehe davon aus, daß sich nach dem Studium alles fügen wird und ich ein zufriedenstellendes Leben führen werde.
- *Lebenskonzept Lebenskunst*
  Das Subkonzept Lebenskunst bringt einerseits eine optimistische Grundhaltung zum Ausdruck. Andererseits relativiert es die in westlichen Kulturen selbstverständliche Haltung der Fundierung der Identität über die Erwerbstätigkeit. Beispiel: Arbeiten ist nicht alles im Leben. Ich werde schon irgendwie zurechtkommen.

Die 2. Komponente: Lebenseinstellungen (L) zum Studium

Für dieses Komponente wurde eine Differenzierung von 6 Subkonzepten vorgenommen.

- *L1 Leben im Hier und Jetzt*
  Personen, die diesem Konzept zuzuordnen sind, können im Augenblick leben. Sie können eine hedonistische Orientierung aufrufen, sie sich erlauben und zugestehen. Beispiel: Ich will hier und jetzt leben und Spaß haben.
- *L2 Studium als Lebensmittelpunkt*
  Das Leben ist eindeutig auf das Studium ausgerichtet; wenn es um die Abwägung von Prioritäten geht, wird dem Studium unstreitig der erste Rangplatz eingeräumt. Beispiel: Das Studium ist mein Lebensmittelpunkt.
- *L3 Zukunftsplanung*
  Die Zukunft wird als als ein bestimmbares Geschehen aufgefaßt, das mittels Planung in die von der Person gewollten Bahnen gelenkt werden kann. Beispiel: Ich versuche, meine Zukunft möglichst genau zu planen.
- *L4 Studium als persönliche Entwicklungszeit*
  Die Studienzeit ist ein gesellschaftlich zugestandenes Privileg: die studierende Person erhält einen Freiraum zugesprochen, den sie für ihre persönliche Entwicklung nutzen kann, aber nicht nutzen muß. Sie ist - bei der derzeitigen Organisation des universitären Studiums - letztlich niemandem

Rechenschaft schuldig, was sie in diesem Zeitraum tut: ob sie Ziele anstrebt, welche Ziele sie sich setzt, in welchem Ausmaß sie sich für bestimmte Ziele einsetzt, ob die von ihr präferierten Ziele auch Ziele in einem universitären Horizont sind etc. Beispiel: Das Studium ist ein Zeitraum, in dem ich einige für mich wichtige Dinge tue und auch studiere.

- *L5 Instrumentelle Orientierung*
  Die Studienzeit wird als zielgerichtete Vorbereitung auf die spätere Erwerbstätigkeit aufgefaßt. Das Studium soll die erwartete Qualifikation für eine berufliche Laufbahn aufbauen helfen. Beispiel: Ich studiere, weil ich mich dadurch für meinen späteren Beruf qualifizieren will.
- *L6 Zweifel am Nutzen*
  Die Lebenseinstellungen zum Studium können auch negativ gefärbt sein. Zweifel können an der Sinnhaftigkeit und Zweckmäßigkeit des einmal getroffenen Entschlusses zu studieren nagen. Negative Beispiele tauchen in der Phantasie der Person auf: Ihre Referenzpersonen fanden beispielsweise keine ausbildungsadäquate Arbeit. Beispiel: Ich erwarte nicht, in einem Beruf zu arbeiten, der Verbindungen zu meinem Studium hat.

Die 3. Komponente: Operatoren

Operatoren sind die Mittel, die herangezogen werden, um etwas umzuwandeln (Umwandlungsmittel sensu Dörner, 1976). In dem hier angesprochenen Sachverhalt des Studienabschlusses und des Berufseinstiegs geht es um die psychologischen Prozesse, die Zielsetzungen erreichbarer oder unerreichbarer werden lassen. Es wird deshalb zwischen zwei Arten von Operatoren unterschieden: förderliche Operatoren werden Katalysatoren (K) genannt; mit Barrieren (B) werden hemmende Operatoren bezeichnet.

Katalysatoren (K)
In die Studie wurden 8 Arten von Katalysatoren aufgenommen. Sie werden hier nicht näher beschrieben, sondern lediglich durch ein Item beispielhaft veranschaulicht.

- *K1 Anstrengungsbereitschaft*
  Beispiel: Ich versuche, einen besonders guten Abschluß zu bekommen, um meine Chancen auf dem Arbeitsmarkt zu verbessern.
- *K2 Identifikation*
  Beispiel: Es ist für mich persönlich wichtig, einen besonders guten Studienabschluß zu bekommen.
- *K3 Soziales Netz*
  Beispiel: Ich versuche, private Beziehungen zu Menschen, die mir bei der Beschaffung eines Arbeitsplatzes behilflich sein könnten, aufzubauen bzw. aufrechtzuerhalten.
- *K4 Zielorientiertheit*
  Beispiel: Meine bisherigen Studienleistungen lassen einen zügigen Studienabschluß erwarten.
- *K5 Generalisierte Selbstwirksamkeit*
  Beispiel: Schwierigkeiten sehe ich gelassen entgegen, da ich immer auf meine Fähigkeiten vertrauen kann. (Schwarzer & Jerusalem, 1997)

- *K6 Proaktive Einstellung*
  Beispiel: Es gibt im Leben unzählige Gelegenheiten, die man nur erkennen und ergreifen muß. (Schwarzer, 1997)
- *K7 Optimierende Strategien*
  Beispiel: Ich erwerbe parallel zum Studium Kompetenzen in anderen Berufsfeldern (z.B. durch Doppelstudium), um meine Berufsaussichten zu verbessern.
- *K8 Positive emotionale Haltung*
  Beispiel: Mein Studium macht mir Spaß.

Barrieren (B)
In die Studie wurden 5 Arten von Barrieren aufgenommen. Sie werden - wie schon die Katalysatoren - nur beispielhaft durch ein Item veranschaulicht.

- *B1 (Prüfungs-)Ängste*
  Beispiel: Ich habe häufig (Prüfungs-)Ängste.
- *B2 Depressive Zukunftserwartung*
  Beispiel: Ich habe Angst, nach dem Studium arbeitslos zu sein.
- *B3 Antizipierte Versagensängste*
  Beispiel: Ich habe Angst davor, im späteren Beruf zu versagen.
- *B4 Objekt fremder Einflüsse (negative Proaktivität)*
  Beispiel: Ich fühle mich von anderen gebremst (Schwarzer, 1997).
- *B5 Zentrifugale Verpflichtungen*
  Beispiel: Neben dem Studium habe ich auch noch andere feste Aufgaben zu erfüllen (z.B. Kinder, ehrenamtliche Tätigkeit, Pflege, Sport etc.). Das kostet Kraft und erschwert ein zügiges Studium.

Die Untersuchung

Die drei Komponenten des Handlungsmodells wurden mittels 46 Aussagen operationalisiert und als Fragebogen-Items (6-stufige Likert-Skala) gestaltet. Hinzu kamen 7 Items für biographische Angaben (Alter, Geschlecht, Semesterzahl, vermutete Zahl der Semester bis Studienabschluß, Fachrichtung, schon vorhandene Berufsausbildung, Möglichkeit der Rückkehr in den vorhandenen Beruf, Akzeptanz einer solchen Rückkehr). Die Daten von 66 Studierenden der zweiten Studienphase (Hauptstudium bzw. Hauptdiplom-Phase, Diplom- und Lehramtsstudiengänge) konnten in die Analyse einbezogen werden. Mittels Cluster-Analyse (SPSS, Prozedur Quick-Cluster) wurden 5 Gruppen gebildet. Sie lassen sich durch die Items, denen sie jeweils überdurchschnittlich stark zustimmen bzw. die sie überdurchschnittlich stark ablehnen, in ihrer bevorzugten Studienstrategie charakterisieren.

Tab. 1 Zusammenfassung der biographischen Daten

	Gr. 1	Gr. 2	Gr. 3	Gr. 4	Gr. 5	Gesamt
Alter	28,3	23,9	33,6	27,5	28,9	28,4
Gruppengröße	12	8	9	19	18	66
Frauen	9 75 %	4 50 %	8 88,9 %	14 73,7 %	13 72,2 %	48 72,7 %
Männer	3 25 %	4 50 %	1 11,1 %	5 26,3 %	5 27,8 %	18 27,3 %
Semester bis Studienabschluß	4,2	4,6	4	3,8	4,0	4,1
Aktuelles Semester	7,2	6,1	8	6,8	8,5	7,4
Hypothetische Gesamtstudienzeit	11,4	10,7	12	10,6	12,5	11,5
Studienfach: Psychologie	10 83,3 %	7 87,5 %	8 88,9 %	7 36,8 %	12 66,7 %	44 66,7 %
Lehramt	2 16,7 %		1 11,1 %	5 26,3 %	3 16,7 %	11 16,7 %
sonst. Studienfach		1 12,5 %		7 36,8 %	3 16,7 %	11 16,7 %
mit abgeschlossener Berufsausbildung	3 25 %	2 25 %	7 77,8 %	8 42,1 %	8 44,4 %	28 42,4 %
ohne abgeschlossene Berufsausbildung	9 75 %	6 75 %	2 22,2 %	11 57,9 %	10 55,6 %	38 57,6 %

Die Ergebnisse

Zunächst werden fünf Typen von Studienstrategien dargestellt. Im Anschluß daran wird diskutiert, welche Typen von Universitäten benötigt werden, um auf der Mikroebene die Gesundheit zu fördern, und um auf der Mesoebene eine Steigerung von Effizienz und Effektivität zu ermöglichen.

Typus 1: Studieren als Suche nach Orientierung
Die Studienstrategie dieses Typus läßt sich folgendermaßen beschreiben: Diese Personen studieren auch und haben dabei "so" den Eindruck, den Anforderungen

gewachsen zu sein. Das Studium soll zwar für einen späteren(!) Beruf qualifizieren, aber sie wissen jetzt noch gar nicht, was sie einmal nach dem Studium machen werden. Sie erwarten auch nicht, in einem Beruf tätig zu werden, auf den hin sie ihr Studium qualifizieren könnten. Im Augenblick gibt es jedenfalls kein realistisches und lohnendes Studienziel, für das sie sich aktiv einsetzen. In dieser Zeit des Suchens, Probierens und Herumirrens wollen sie wenigstens versuchen, jetzt gut zu leben; dazu nutzen sie den Freiraum des Studierendenlebens, und dafür sind sie auch bereit zu jobben. Diesem Typus sind in der Stichprobe 18% zuzurechnen.

Typus 2: Studieren als selbstgewählter Lebensmittelpunkt
Personen mit diesem Typus von Studienstrategie lassen sich wie folgt kennzeichnen: Das Studium steht im Mittelpunkt des Lebens; damit das so bleiben kann, gehen sie keine anderen Verpflichtungen ein. Sie sind Vollzeit-Studierende und setzen sich voll und ganz für ihr Studium ein: Sie haben Spaß am Studieren, ihr Fach interessiert sie, und sie schauen auch über den Tellerrand ihres Faches hinaus. Sie sind motiviert und engagiert, denn sie wollen einen guten Abschluß erreichen, weil sie sich davon Vorteile für ihre spätere Erwerbstätigkeit versprechen. Der Studienabschluß selbst und die Zeit danach beschäftigen sie zur Zeit nicht; sie brauchen sich damit auch noch nicht zu befassen, denn sie sind in ihrer Grundstimmung optimistisch und zuversichtlich, nach dem Studium auf jeden Fall klarzukommen und ihren Weg gehen zu können. Aus der Perspektive der Lehrenden sind dies vermutlich "ideale" Studierende. 12 % der Stichprobe entsprechen diesem Typus.

Typus 3: Studieren als zielgerichtetes Teilzeitstudium
Personen mit dieser Studienstrategie zeichnen sich durch ein hohes Ausmaß an Selbstbewußtsein und aktiver Gestaltungskraft aus. Man kann sich Personen vorstellen, die sich optimistisch Chancen schaffen, die sich durch Schwierigkeiten nicht irritieren lassen und Vertrauen in ihre eigenen Fähigkeiten haben. Vom Typus 2 unterscheidet sich diese Personengruppe dadurch, daß das Studium für sie nicht den Lebensmittelpunkt ausmacht; sie ist vielmehr in weitere Kontexte eingebunden, die "eigentlich" Priorität verlangen und wohl auch zuerkannt bekommen. Sie müssen also als "Teilzeit-Studierende" eine Balance zwischen den "privaten" Verpflichtungen und den universitären, d.h. institutionell verankerten Studienanforderungen finden. Auf Grund dieser Einbettung wird die Bedeutung des Studiums relativiert: Die Personen sind durch potentielle negative Ereignisse im Studium nicht so stark verletzbar. Gleichwohl ist das Studium ein wichtiger Teil ihres jetzigen Lebens, und es wird als Gewinn verbucht. Man kann sich vorstellen, daß - begründet aus den anderen, schon bestehenden Verpflichtungen - Erwartungen an die Universität bezüglich einer maßgeschneiderten Organisation des Studiums gerichtet werden. Bei dieser Personengruppe finden sich fünf der acht Aussagen zur generalisierten Selbstwirksamkeit und zur proaktiven Einstellung wieder: Dies kann als Hinweise auf eine stabile, erfahrungsgestützte Haltung des Selbstvertrauens und der Aufgabenbewältigung interpretiert werden. Von diesen Personen werden vor allem Katalysator-Aussagen zur Selbstbeschreibung benutzt. Ihre Zuversicht erstreckt sich bei einer optimistischen Grundhaltung auch auf die Zeit nach dem Studium: Sie sind überzeugt, durch ihre erworbenen Qualifikationen und mit Hilfe ihres sozialen Netzes eine angemessene Beschäftigung zu finden; und sie verhal-

ten sich auch clever, indem sie sich durch Zusatzqualifikationen attraktiv für den Arbeitsmarkt machen wollen. 14% der Stichprobe sind diesem dritten Typus zuzurechnen.

Typus 4: Studieren als Auseinandersetzung mit potentiellem Mißerfolg
Während bei dem dritten Typus Katalysatoraussagen anzutreffen waren, beschreibt sich dieser vierte Typus bevorzugt durch Barriereaussagen: Angst vor Prüfungen, Angst vor schlechten Noten, Angst vor dem Studienende, Angst vor späterer Arbeitslosigkeit sind dominante Merkmale. Als Gegenmittel gegen dieses negative Selbstbild werden Ehrgeiz und Planung eingesetzt: Diese Personen haben nicht das Selbstvertrauen, sich auf die Chancen zu verlassen, die ihnen begegnen werden, sondern sie setzen auf die vorausschauende Planbarkeit ihres Lebensweges. In dem Kontext der vorherrschenden negativen emotionalen Befindlichkeit erhalten die genauen Vorstellungen über die Tätigkeit nach dem Studium den Charakter von eher rigiden Normen, von denen die Gefahr ausgeht, ihnen nicht genügen zu können. Die Personen scheinen darauf festgelegt zu sein, hohe Erwartungen an sich zu stellen: sie haben ein hohes Anspruchsniveau, sind aber eher mißerfolgsmotiviert. Da die hier beschriebenen Personen davon ausgehen, sie seien für ihre Lebensentscheidungen selbst verantwortlich, fällt ein Scheitern ihrer Pläne auf sie selbst zurück. Ein hohes Ausmaß an erlebter Belastung, von "Studienstreß", ist für diese Personengruppe wahrscheinlich. In diesem Cluster versammeln sich 29% der Stichprobe.

Typus 5: Studieren als eine Zeit des Leidens
Diese Personengruppe definiert sich über Ängste und Haltungen, in denen sie sich als Objekt von übermächtigen Einflüssen wahrnimmt. Es scheint im Leben dieser Menschen keinen positiven Bezug, keine Freude, keine Zuversicht zu geben. Sie beschreiben sich als Personen, die nicht auf eine bislang gelungene Biographie zurückblicken können und die es sich deshalb auch nicht zutrauen, einen mutigen Ausgriff in die Zukunft wagen zu können. In der Zukunft gibt es in ihrer Wahrnehmung keine positiven Anreize, die aufgegriffen werden könnten. Sie definieren sich weniger durch die ihnen verfügbaren Kompetenzen und Ressourcen als durch Negationen: was sie nicht können, was ihnen nicht offensteht, was sie nicht erreichen können. (Die 4 Aussagen, denen die Personen dieses Typus 5 zustimmen, sind Negativ-Aussagen; ansonsten lehnen sie 19 positive Aussagen als Selbstbeschreibungen ab!) Die Welt scheint für sie aus Verneinungen, Verweigerungen und Ausgrenzungen zu bestehen. Das Bild von ängstlichen, geradezu dysphorischen und verzweifelten Menschen taucht auf, die ihr Studium und - generalisierend - das gesamte Leben als eine kaum zu bewältigende Last empfinden müssen. Man fragt sich, warum und wozu sie sich dieser leidvollen Anforderung des Studiums unterziehen, in dem es doch scheinbar gar nichts Positives zu entdecken gibt. 27 % der Stichprobe werden diesem Typus zugeordnet.

Die Organisationsentwicklung der Universität - Schlußfolgerungen für die Institution

Bei der Beschreibung der fünf Typen von Studierenden wird möglicherweise schon deutlich geworden sein, daß diesen heterogenen Studienstrategien und diesen divergierenden Erwartungsmustern mit der herkömmlichen "Standard-Universität" nicht entsprochen werden kann. Was hat deshalb von Seiten der Universität zu geschehen, um eine bessere Passung zwischen individuellen und institutionellen Merkmalen zu erreichen?

Will man nicht von vornherein einige der in den 5 Typen charakterisierten Personengruppen von der Universität ausschließen, wird es erforderlich sein, einen Prozeß der Organisationsentwicklung an der Universität anzuregen. Der nächste Arbeitsschritt wird darin bestehen zu prüfen, inwieweit die 5 Personen-Typen mit dem Typus Universität, wie wir ihn zur Zeit kennen, verträglich sind oder in einem Spannungsverhältnis stehen. Dabei sind die vorliegenden Beiträge zur Weiterentwicklung der Universität (Daxner, 1996; Girmes, 1997; Heinrich, 1987; Herrmann, 1997) zu berücksichtigen.

Die Fortschreibung der bisherigen Universität: Typus 2 - Studieren als selbstgewählter Lebensmittelpunkt

Am unproblematischsten dürfte der Typus 2, der "klassische" Studierende, für die jetzige Verfassung der Universität sein. Ihr Zeitbudget steht der Universität zur Verfügung. Sie sind auf die Universität zentriert und können sich deshalb auf die institutionellen Besonderheiten der Universität vergleichsweise flexibel einstellen.

Mixtur von Präsenz- und Fernuniversität: Typus 3 - Studieren als zielgerichtetes Teilzeitstudium

Beim Typus 3 wird die Passung schon schwieriger. Für ein erfolgreiches Studium ist es aus der Sicht der Teilzeit-Studierenden erforderlich, daß sich die Institution als ein Dienstleistungsunternehmen auf ihre "privaten" Erfordernisse einstellt. Hier müßte also im Sinne einer Marktanalyse z.B. erkundet werden,

- wie am zweckmäßigsten im Tagesverlauf die Veranstaltungszeiten zu legen sind;
- welche unterstützenden Maßnahmen und Einrichtungen zu schaffen sind, um eine Erweiterung des verfügbaren Zeitbudgets zu ermöglichen (z.B. Kinderkrippen);
- welche Organisationsformen der Lehre den Bedürfnissen besser entsprechen (z.B. Blockveranstaltungen, Präsenzphasen vs. Fernstudium);
- welche Lehrmaterialien für diesen Typus 3 förderlich sind etc.
- Als Ziel der Organisationsentwicklung taucht das Bild einer Mixtur von Präsenz- und Fernuniversität auf.

Die MentorInnen-Systeme: Typus 4 - Studieren als Auseinandersetzung mit potentiellem Mißerfolg

Bei dieser Personengruppe stand die Auseinandersetzung mit studienbezogenen Ängsten im Vordergrund. In der untersuchten Population stellte dieser Typus die größte Teilstichprobe dar. Die bisher vorgehaltenen Maßnahmen zur Unterstützung ängstlicher Studierender (Einrichtungen der Studienberatung oder der psychosozialen Beratungsstellen) scheinen nicht ausreichend zu sein. Ihre Angebote werden entweder nicht wahrgenommen oder nicht angenommen oder sie treffen nicht den Kern der bei diesen Personen anzutreffenden Merkmalskonstellationen. Welche Innovationen auf der Meso-Ebene könnten also im Sinne der Gesundheitsförderung hilfreich sein?

Eine Variante von Universität, die zumindest in der Eingangsphase des Studiums vorstellbar ist, wären MentorInnen-Systeme, die eine stärkere Führung dieser Studierenden ermöglichen. Das heißt, daß

- es einen weit umfänglicheren Kontakt im Sinne der Betreuung zwischen Studierenden und Lehrenden geben könnte (wie er an amerikanischen Universitäten gehandhabt wird);
- das Studium hinsichtlich Lernstoff und Lernziele übersichtlicher und kleinschrittiger angelegt ist - es ist "schulähnlicher";
- das Studium strukturierter ist; es enthält weniger vage Freiheitsgrade, sondern bietet mehr Möglichkeiten zum gezielten Feedback durch Mentoren und Mentorinnen, um den Studierenden im Setting Universität die Auseinandersetzung mit ihren Ängsten zu erlauben. Es geht also um eine settingbezogene Problemaktualisierung (Grawe, 1994): Die Personen sollen in der realen Erfahrung erleben können, daß die Bedeutungen, die sie Personen, Ereignissen, Situationen, Normen etc. zuschreiben, ohne Verlust verändert werden können.

Die fachunspezifische Orientierungsphase: Typus 1 - Studieren als Suche nach Orientierung

Bei dieser Personengruppe stand die Suche nach einer Lebensaufgabe und nach einer Lebensorientierung im Vordergrund. Die bisherige Organisation der Universität, nämlich ihre Unverbindlichkeit, wird benutzt, um in diesem Freiraum eine Klärung träumerisch zu erhoffen oder durch aktives Handeln zu erreichen. Für diese Personengruppe würde sich also die Einrichtung einer Orientierungsphase anbieten, die noch nicht zu einem fachspezifischen Studium gehört. Diese Phase wäre derart zu gestalten, daß Klärungen und Erprobungen in einer fehlerfreundlichen Atmosphäre aktiv von Seiten der Universität angesprochen und organisiert werden. Auch hier ist wie bei dem MentorInnen-System für Typus 4 ein personalintensives Angebot erforderlich.

Die Auszeit:
Typus 5 - Studieren als eine Zeit des Leidens

Für diese zahlenmäßig zweitstärkste Gruppe wird ein quasi-therapeutisches Setting aufgerufen (Deutsches Studentenwerk, 1997). Es ist dies die Gruppe mit der höchsten Semesterzahl und mit der höchsten hypothetischen Gesamtstudiendauer. Diese Personen werden in ihrem Studium massiv mit persönlichen Haltungen konfrontiert, die ein Gelingen ihrer Biographie im Rahmen der herkömmlichen Institution Universität nicht nur in Frage stellen, sondern unwahrscheinlich werden lassen. Für diese Personengruppe ist es unter dem Aspekt der Gesundheitsförderung vorstellbar, daß in das Studium eine "Auszeit" eingeschoben wird. Dieser sportbezogene Ausdruck meint, daß eine Mannschaft das laufende Spiel bewußt und gewollt unterbrechen kann, um sich zu beraten und taktische Änderungen zu verabreden. Eine Auszeit im Studium würde bedeuten, daß die Person nicht länger im Studium vor sich hinleidet und nicht vorankommt oder für einen längeren Zeitraum am Scheitern entlangschlingert, bis sich der Prozeß zum Abbruch des Studium aufschaukelt. Die Person verordnet sich vielmehr gewollt eine Unterbrechung ihrer Leidenszeit, um ihre Lebenssituation zu klären und sich kompetentere Modi des Konstruierens und Managens der Studiensituation anzueignen. In dieser Auszeit wird es der Person unter Verbleiben in der Institution Universität ermöglicht, sich intensiv mit ihren Lebensmustern und Lebenszielen zu befassen. Neuorientierungen bezüglich des Studienfachs oder der außeruniversitären, beruflichen Ausbildung könnten in der Auszeit rechtzeitiger angebahnt werden.

Schlußfolgerung

Bei den hier vorgestellten Überlegungen wurde nicht versucht, über Ausgrenzungen von bestimmten Personengruppen die Universität in ihrer derzeitigen Verfaßtheit zu "retten". Es wurden vielmehr Vorschläge unterbreitet, die im Sinne einer Strategie der systemischen Entwicklung (Belschner, 1998) sowohl von den Individuen (d.h. Studierende und Lehrende) wie auch von der Institution gleichzeitig und gleichrangig Entwicklung erwarten und verlangen. Mit Hilfe der auf die verschiedenen Typen von Studierenden abgestellten Veränderungen der Organisation Universität ließe sich die Effektivität und die Effizienz erheblich steigern, beispielsweise in Bezug auf die Senkung der drop out-Rate. Die Mitbeachtung solcher volkswirtschaftlicher Kriterien und der in Projekten der Qualitätssicherung üblich gewordenen Kriterien scheinen dringend geboten zu sein, damit die Universität - auch - zu einer gesundheitsfördernden Hochschule werden kann. Vielleicht ist es noch ein utopischer Gedanke, daß - bei der Suche nach dem unverwechselbaren Profil einer Universität - Gesundheit zum tragenden Leitbild werden könnte und sich das Präsidium einer Universität von einem durchgängigen, verpflichtenden Konzept der Gesundheitsförderung einen Standortvorteil für die Anziehung von Studierenden, Lehrenden und Personal verspricht.

Danksagung

Der Autor dankt Herrn cand. psych. Jörg Glaeser für die Erhebung und Auswertung der Daten.

Literatur

Belschner W (1980). Konstruktion und Bearbeitung pädagogischer Situationen. In: Belschner W, Dross M, Hoffmann M, Schott F. Verhaltenstherapie in Erziehung und Unterricht. Anwendung. Kohlhammer, Stuttgart, 2:99-168

Belschner W (1993). Gesundheits- und krankheitsbezogene Handlungsorientierungen. In: Belschner W & Müller-Doohm S. Junge Generationen zwischen Liebe und Bedrohung. Edition Sigma, Berlin

Belschner W (1998). Gesundheitsförderung als systemische Intervention. Studienbrief 9 des Weiterbildenden Fernstudiums Angewandte Gesundheitswissenschaften. Universität Bielefeld und FHS Magdeburg

Belschner W (1999). Integrale Gesundheit. In: Belschner W & Gottwald P (Hrsg.). Gesundheit und Spiritualität. BIS, Oldenburg

Daxner M (1996). Ist die Uni noch zu retten? Rowohlt, Reinbek

Dörner D (1976). Problemlösen als Informationsverarbeitung. Kohlhammer, Stuttgart

Deutsches Studentenwerk DSW (Hrsg.) (1997). Zum Stellenwert und zur Notwendigkeit spezifischer psychologisch-psychotherapeutischer Beratungsangebote für Studierende. Dokumentation des DSW, Bonn

Erikson EH (1993). Identität und Lebenszyklus. Suhrkamp, Frankfurt

Girmes R (1997). Studium Berufsentwicklung Persönlichkeitsentwicklung. Waxmann, Münster

Grawe K (1994). Psychotherapie ohne Grenzen. Verhaltenstherapie & psychosoziale Praxis, 26:357-370

Heinrich K (1987). Zur Geistlosigkeit der Universität heute. BIS, Oldenburg

Herrmann T (1997). Hochschulentwicklung - Aufgaben und Chancen. Asanger, Heidelberg

Olbrich E (1995). Normative Übergänge im menschlichen Lebenslauf: Entwicklungskrisen oder Herausforderungen? In: Filipp SH (Hrsg.). Kritische Lebensereignisse. Psychologie Verlags Union, Weinheim

Schwarzer R & Jerusalem M (1997). Generalisierte Selbstwirksamkeit. Unveröffentl. Arbeitspapier. FU Berlin

Schwarzer R (1997). Das Konstrukt Proaktivität. Unveröffentl. Arbeitspapier. FU Berlin

Spörkel H, Ruckriegl B, Janßen H, Eichler A (1997). Total Quality Management im Gesundheitswesen. Psychologie Verlags Union, Weinheim

Beispiele guter Praxis

Mark Dooris

Promoting sustainable health within a university setting: a case study

Background

In 1995, the University of Central Lancashire became one of the first few universities in Europe to establish a Health Promoting University [HPU] initiative. In doing so, it became part of an emergent movement for what has become known as "settings-based health promotion".

Health promotion has been practised within settings such as schools and workplaces for many years. However, the concept of an actual settings-based approach has begun to take shape only recently, its roots being in the World Health Organisation [WHO] Health for All [HFA] initiative and Ottawa Charter for Health Promotion. The latter drew upon HFA's principles and concepts, and upon the work of a number of theorists concerned not so much with the avoidance of ill-health as with the creation of positive health - what Antonovsky has called salutogenic research (Antonovsky 1987, 1996). It stated that:

"Health is created and lived by people within the settings of their everyday life; where they learn, work, play and love."

The first and best known example of settings-based health promotion is, of course, Healthy Cities (Tsouros, 1990). The late 1980s and 1990s saw parallel initiatives take root in a number of smaller settings such as hospitals and schools, supported and legitimated by WHO and, within the UK, by the publication of national health strategies. The recent consultation document "Our Healthier Nation" builds on the previous Government's endorsement of settings by highlighting the role of healthy schools, workplaces and neighbourhoods. Although universities have not been mentioned explicitly within these strategies, there has been growing interest in exploring what it might mean to apply the settings-based approach to health promotion within a higher education context.

Establishing the HPU at the University of Central Lancashire

Context

The University of Central Lancashire is a large forward-looking higher education institute with 20,000 students, which over recent years has undergone a period of rapid expansion, development and change. It has a strongly developed policy framework and a strong commitment to working in active partnership with local agencies. Its main campus is located in Preston, a town with a population of 130,000, situated in Lancashire in the North West of England. Preston has had a long-standing involvement in HFA and Healthy Cities work and has in the past few years strengthened its intersectoral working and begun the process of creating structures to enable the integration of health and sustainable development agendas.

– The HPU initiative at Central Lancashire was established in 1995, when two years' initial funding was made available for a Co-ordinator to be based within the Department of Health Studies. This followed the active involvement of the Faculty of Health within Preston's Health Promoting Hospital Project and the organisation of an international seminar on the settings-based approach to health promotion (Theaker & Thompson, 1995). Following an evaluation of this first phase of the HPU in July 1997, the University committed permanent resources to enable the initiative to move forward into a longer-term second phase.

Conceptual framework

The first task was to develop a conceptual framework which defined the essential characteristics of the settings-based approach and enabled this to be applied to the University.[7] Drawing on a sparse but growing body of literature (e.g. Baric 1993; Baric 1994; Kickbusch 1995; Theaker & Thompson 1995; Grossmann & Scala, 1993) a number of defining characteristics were agreed:
Firstly, underpinning principles and perspectives were identified:

- holistic, socio-ecological model of health
- equity and social justice
- sustainability
- participation
- enablement and empowerment
- co-operation
- consensus and mediation
- advocacy
- reflexivity
- focus on the setting as a social system
- focus on populations, policy and environments
- commitment to sustainable integrative actions.

Secondly, it was acknowledged that the settings-based approach is characterised by the use of particular methods and techniques. Through organisational development, it is possible to identify why and how a "healthy" organisation can perform better and how a commitment to and investment in health can be embedded within the structures, mechanisms, culture and routine life of the institution. In turn, organisational development can be most effectively operationalised through the use of project management, concerned with the processes

7 For a more detailed discussion of the conceptual basis of Health Promoting Universities, see: Tsouros et al., (1998).

of change management, policy development, knowledge and skills development, and quality, audit and evaluation.

Thirdly, it was recognised that whilst the University has a number of functions common to any large organisation - for instance, it employs people and it provides a physical environment in which people operate - it also has roles which infuse it with a distinctive culture and mission, which should inform the initiative's conceptual framework. Three points serve to illustrate this:

- Universities are concerned with enabling students to explore and develop an understanding of themselves as whole people and with empowering them to develop their full potential - within, outside and beyond the University setting. The HPU thus rejects the view that health promotion *"is strongly normative... [and] endeavours to persuade people to adopt certain lifestyles"* (Downie et al., 1990) and instead seeks to provide a supportive environment which enables students to explore possibilities, experiment safely and make their own choices.
- Universities are places where students are *"involved in the process by which skill, knowledge and modes of thought are transmitted from one generation to the next,"* (Cauthery, 1973) often going on to achieve positions of relative power and influence. Recognising that the way people live their lives determines the future health and sustainability of the planet, which in turn affects the health of current and future generations (King, 1990), the HPU is concerned with "education for global citizenship", developing in students and staff a broad-based understanding and consciousness which enables the pursuit of sustainable health[8] during their University career and beyond.
- Universities have a significant influence outside of the campus. The HPU is thus concerned not only to develop the health of the organisation internally, but also to promote the well-being of the wider community.

Aims and objectives

Having devised a conceptual framework, it was agreed that the overarching aims of the HPU initiative should be:

- to integrate within the University's structures, processes and culture a commitment to health and to developing its health promoting potential
- to promote the health and well-being of staff, students and the wider community.

[8] The term "sustainable health" is increasingly being used to emphasise two facets of effective health promotion: *firstly*, a recognition that health is dependent upon environmentally and socially sustainable human development - as articulated within Agenda 21 [United Nations, 1992, Earth Summit: Agenda 21, New York, UN]; and secondly, a concern to ensure that health promotion interventions are themselves durable and sustainable in the way they are set up and implemented.

Within these overall aims, six objectives were set, forming a broad "agenda for action":

to integrate a commitment to and vision of health within the University's plans and policies

- to develop the University as a supportive and healthy workplace
- to support the healthy social and personal development of students
- to create health promoting and sustainable physical environments
- increase understanding, knowledge and commitment to multi-disciplinary health promotion across all University faculties and departments
- to support the promotion of sustainable health within the wider community.

Organisational structure

Having agreed a conceptual framework, the next step was to establish an organisational structure to ensure that the project would move forward to achieve its aims and objectives. As is commonly the case, this presented dilemmas in balancing between the value of a formalised structure and the dangers of an over-bureaucratised approach. Having discussed a number of options, a Project Steering Group was established - able to establish working groups and task groups as necessary, reporting to Management and Executive Teams, and linking to parallel intra-university initiatives and inter-agency alliances [see Fig. 1]. Chaired by a Pro Vice Chancellor, the Steering Group comprises the Project Co-ordinator [based in the academic department of Health Studies within the Faculty of Health], senior managers from key service areas, representatives from the Students' Union and all University Faculties, and the Health Promotion General Manager for North West Lancashire.

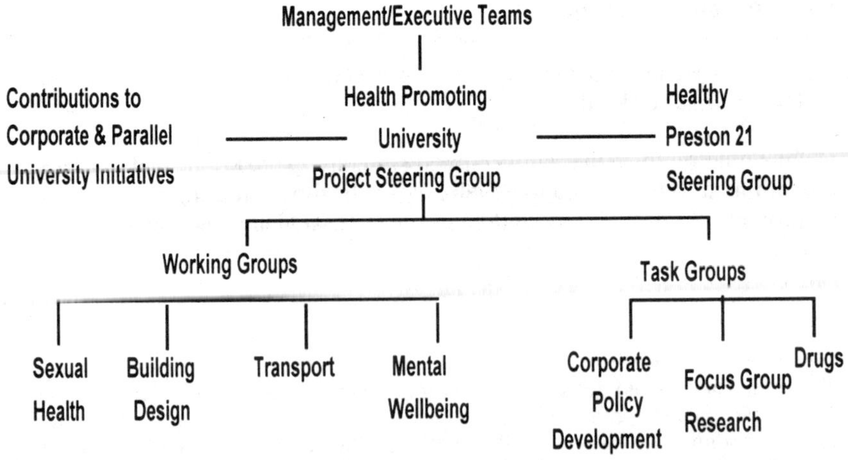

Fig. 1 Organisational structure

HPU development and implementation

The work of the HPU during both its first and second phases can be summarised for convenience under a number of categories, which reflect a concern to combine long-term strategic organisational development with high-visibility activities:

Policy and planning

The integration of health within the policy and planning process was identified as a central priority for the HPU:

- Phase 1 activities included a contribution to the University Plan, the writing and adoption of a Corporate Policy on Health and a baseline health word-
search "audit" of existing policies and plans.
- Phase 2 has prioritised participation within a major review of all university policies to ensure that a commitment to promoting sustainable health becomes further embedded within and across all policy areas. In addition, the Drugs Task Group has undertaken a consultation exercise with key staff and is currently writing procedural guidelines on drug use and misuse within the University context.

Issue-focused multi-agency working groups: Four issues - sexual health, building design, transport and mental well-being - were identified as appropriate foci for long term Project Working Groups. The selection was made on a pragmatic basis concerning relevance, interest and expertise, opportunities and resources, and the groups [comprising staff and students together with representatives from relevant external agencies] were set up sequentially in order to avoid overload:

- Phase 1 action included production of reviews of relevant research and practice, the development of strategic implementation guidance to support the Corporate Health Policy and participation in high-profile initiatives [e.g. World AIDS Day, Green Transport Week].
- Phase 2 has sought to build upon and consolidate the work initiated in Phase 1, expanding programmes of events for high visibility initiatives, working to ensure that the strategic implementation guidance is translated into meaningful mainstream action and organising seminars and conferences.

Other internal work: This focus on ensuring that the HPU does not remain a discrete project, but becomes an integral part of the mainstream has been supported through representation on a number of University Committees [e.g. Health and Safety, Environment and Ethics], liaison with parallel initiatives [e.g. Sustainable University Project, Staff Attitude Survey], participation in service reviews [e.g. occupational health], collaboration on Staff Training and

Development and most recently the establishment of task groups to progress specific objectives [e.g. academic development].

Local liaison and networking: In acknowledgement that the University forms part of and is a key agency within the wider community, the HPU has prioritised active involvement in local and regional multi-agency groupings such as Healthy Preston 21 [which seeks to integrate health and Local Agenda 21 working] and issue based taskforces.

National liaison and networking: The University has also prioritised networking with other Health Promoting Universities and involvement in the HFA Network [UK] Ltd.

International liaison and networking: The HPU Co-ordinator has been actively involved in the WHO Multi-City Action Plan on Health and Sustainable Development and has liaised closely with the WHO Regional Office for Europe in the development of a framework for the strategic development of Health Promoting Universities at a European level.

Communication and promotional work: Phase 2 has prioritised the development of a communications strategy for the HPU, which includes the development of a website, the production of a logo and marketing materials, internal and external media work and submission of conference and journal papers.

HPU evaluation and future development

The first phase of the initiative was completed with the production of a comprehensive evaluation report (Dooris, 1997). Using a model common in health promotion practice - comprising process, impact and outcome measures - this suggested that the HPU has been largely successful in achieving its objectives, and that its structures, processes and immediate communication mechanisms have worked effectively and efficiently. There has been a natural evolution within the initiative itself, as it has developed a conceptual framework, established an organisational structure and implemented a wide ranging work programme. This has resulted in a gradual deepening of understanding concerning the initiative's values and ethos and an increased clarity of purpose concerning the roles of Steering Group and working group members. It has also been accompanied by a growing recognition of the initiative's potential to increase the well-being of staff, students and the wider community, and more broadly to "add value" to the University in terms of overall distinctiveness, performance and productivity.

As indicated above, the second phase has begun to consolidate and build upon the Phase 1 work and the planning focus of the HPU Steering Group has shifted away from "vertical" issues and towards more "horizontal" cross-cutting processes [e.g. communication, training, mediation, policy development] which have the potential to be integrated within the mainstream responsibilities of services and faculties.

Whilst it is clear that organisational development and cultural change are extremely long-term activities and that progress will often be slow and frustrating, it is also apparent that progress *has* been made. The recently approved 1998-99 Action Plan reflects a significant movement from the margins to the mainstream and suggests that there *is* the potential for an holistic commitment to sustainable health to be successfully embedded within the structures and culture of the University of Central Lancashire and other universities.

References

Antonovsky A (1996). The salutogenic model as a theory to guide health promotion. Health promotion International, 11 (1):11-18

Antonovsky A (1987). Unraveling the Mystery of Health. Jossey-Boss, San Francisco

Baric L (1994). Health Promotion and Health Education in Practice: Module 2 – The Organisational Model. Barns, Altrincham

Baric L (1993). The Settings Approach – Implications for Policy and Strategy. Institute of Health Education, 31 (1):17-24

Cauthery P (1973). Student health. Priory Press, London

Dooris M (1997). Health Promoting University Project: Phase I Progress and Evaluation Report. University of Central Lancashire, Preston

Downie R, Fyfe C, Tannahill A (1990). Health Promotion. Models and Values. Oxford University Press, Oxford, 183

Grossmann R & Scala K (1993). Health Promotion and Organisational Development: Developing Settings for Health. WHO Regional Office for Europe, Copenhagen

Kickbusch I (1995). An Overview to the Settings-Based Approach to Health Promotion. In: Theaker T & Thompson J (Hrsg.). The Setting-Based Approach to Health Promotion. Report of an International Working Conference 17-20 November 1993

King M (1990). Health is a Sustainable State. Lancet, 336:364-367

Theaker T & Thompson J (1995). The Settings-Based Approach to Health Promotion. Report of an International Working Conference 17-20 November 1993

Tsouros A (1990). WHO Healthy Cities Project: A Project Becomes a Movement. WHO Regional Office For Europe, Copenhagen

Tsouros A, Dowding G, Thompson J, Dooris M (1998). Health Promoting Universities. WHO Regional Office For Europe, Copenhagen

Evelyne de Leeuw, Gerjo Kok, Frans Nijhuis

SalutUM – Universiteit Maastricht: a health promoting university

Introduction

In 1998, the University Maastricht initiated its *health promoting university* programme, called SalutUM. This paper introduces the core document for the programme, that is, the document that was the starting point for debate between university central management (Chancellor, Board), faculties, service units and student bodies.

University is a setting for health

Since 1986 the World Health Organization increasingly focuses on so-called "settings for health". In that year, WHO started its *Healthy Cities Project*. The Organization wanted to demonstrate that it is possible to promote health integrally in the urban context specifically. The approach does not aim at any unique risk group, but focuses on the broader context in which health is created. Settings, according to WHO, are places where people *"live, love, work and play"*. Settings are environments in which people develop their capacities, where they create and maintain social networks, and where they spend a substantial proportion of their time.

Healthy Cities became a success. By 1998, around 5000 cities worldwide have committed themselves to the objectives of the programme. Of those, 1000 are in Europe. Spin-offs of the Healthy Cities Project were, among others, (networks of) Health Promoting Schools, Healthy Regions, Healthy Islands (particularly in the South Pacific), Health Promoting Hospitals, Health Promoting Workplaces and even Healthy Prisons (in Britain).

Following a successful pilot project at the University of Lancashire the European Regional Office of WHO decided to try and establish a network of *Health Promoting Universities (HPUs)*. Because of its expertise and close relations to WHO/EURO, the *World Health Organization Collaborating Centre for Research on Healthy Cities* of the Faculty of Health Sciences of Universiteit Maastricht was invited to take part in a first round-table discussion on the issue.

As a consequence of that first round-table the Deans of the Schools of Health Sciences and Psychology had a meeting with the University Chancellor and the Head of the *World Health Organization Collaborating Centre for Research on Healthy Cities*. Even though the HPU idea was appealing, it was agreed that mere ideology would not be sufficient. A working group was established to develop a strategic plan for the Health Promoting University in Maastricht, composed of professors in organisational psychology, health promotion and Healthy Cities. This paper is the outcome of their work.

Health Promoting University – An integral vision of health

A *Health Promoting University* is characterized by its explicit concern for health issues. The focus of that concern is the entire university community, i.e. staff, faculty as well as students. But also more "peripheral" stakeholders should be involved. One can think of associated institutions (the teaching hospital, research institutes), visitors of the university and communities that are impacted by university (such as neighbourhoods with large numbers of students living there as well as the presence of student cafés).

It is important to emphasise that health issues to a very limited extent have to do with disease, mortality or morbidity. The WHO approach advocates the importance of quality of life and well-being, rather than the mere absence of disease.

The involvement of the stakeholders mentioned above must be considered in both the development and maintenance of an HPU programme. Consulting it at the earliest possible stages with individuals and stakeholders is essential. They should thereby have the conviction that their ideas are respected and that suggested solutions will seriously be taken into consideration.

Health Promoting University Maastricht: SalutUM

There are numerous reasons for any institution to be involved in health issues. The fact that already at this point in time many people have expressed an interest in working on health matters indicates a sound basis for a successful HPU programme in the Universiteit Maastricht.

Particularly among university staff there is attention for health. Both the Safety & Environment Department as well as the Occupational Health Service consider health to be part of their remit. Institutionally, though, health affairs seem to have a more peripheral rather than central position. Especially the Occupational Health Service works more on a reactive rather than pro-active remit. And problems in the field of safety and environment only acquire agenda status when problems arise. A more integrated health approach would enhance both the mission and strategy of these entities.

Health matters within the student population, unfortunately, have no agenda status yet. It is fully unclear which are the conditions within various study programmes, within faculties, the university as a whole and within institutions liaising with the university, that are promoting or hindering student health. One could think of examination stress, study working conditions and pressure on students to perform through their years of presence in the university. Thus, health and well-being must be considered unseparable components of the study environment.

Especially in the area of disability management and policies for physically challenged people there seem to be enormous opportunities for our university. Issues to be raised, here, could address the degree to which staff and students with permanent or temporary physical limitations can still perform adequately within the university, in terms of work and study, but also in the field of leisure.

The university is not a closed environment. It is a living part of society. Each and every day hundreds of people participating in experiments, hospital patients, external contract partners, clients and others visit our Alma Mater. Attention for their health and well-being is also of utmost importance. Investing in health, safety and well-being of all groups mentioned above is thus important. Not just because health is such an intrinsically important human value, but also because conscientious attention for health will have added value to the institution as a whole.

One could think of the attractiveness of a *Health Promoting University* as an employer. In a period in which the traditional profile of the university (*international and innovative*) seems to attract less and less prospective employees. In recruitment procedures, a health dimension as a profile characteristic of the institution may again add to the attractiveness of our university. Finally, the innovative mission of the Universiteit Maastricht, its participation in numerous international networks and collaborative efforts, as well as the University's mission to work in a student-oriented manner are ultimately all facilitating factors for establishment and further development of a *Health Promoting University* programme.

The opportunities

In more than just one area there are opportunities for the Universiteit Maastricht to develop an *HPU* frame of reference. Traditionally, the university is strongly rooted in its health faculties. Both the Faculty of Medicine as well as the Faculty of Health Sciences are considerable sources of knowledge and expertise. The Faculty of Psychology also has a strong emphasis on health issues. The presence of a prestigious Academic Hospital is further contributing to the general health character of the university. As noted above, within the university service sector (safety and environment, occupational health) health is within the institutional remit.

The participation by the university and its constituent parts in national and international networks around health matters is a final factor for the high potential success of an *HPU* programme.

In summary, our analysis of the current situation leads us to believe that a more integrated mobilisation of current knowledge and expertise is not only possible in the Universiteit Maastricht, but even a rather desirable development.

A planned approach

Experiences and analyses of other settings-based health programmes in which we have been involved (*Healthy Workplaces* and *Healthy Cities*) have shown the importance of planned approaches in order to ensure success of such programmes. The following steps are suggested:

Step 1 Preparation and introduction
- sharing of information with key actors
- agreement on mission and delineation of roles
- establishment of a steering group
- introduction of the programme

Step 2 Orientation on methods
- making an inventory of issues and available methods
- establish research issues, baseline indicators and research group
- linking demand, source and method

Step 3 Inventory of health, safety and quality of life risks
- broad inventory of perceived and epidemiologically determined risks
- extensive inventory of risks

Step 4 Risk evaluation and priority setting
- establish reasons for evaluation and priorities
- criteria for evaluation
- analysis of seriousness of bottlenecks and priorities for action
- the role of the organisation

Step 5 Determination of interventions
- decide together
- intervene at the source of the problem
- limit threats, enhance opportunities
- delineate types of problems and their approaches
- involve additional (external) experts

Step 6 Implementation of interventions
- interventions as projects
- activities and roles towards implementation
- anticipate resistance and other barriers of implementation
- checklist of priorities and implementation steps

Step 7 Maintenance of durability and sustainability
- integration of programme and steps in regular decision-making procedures
- establish ownership of programme by organisational units

Step 8 Evaluation, follow-up and "after-care"

Setting up SalutUM

Setting up the type of programme described here requires, in spite of all the potential, knowledge and expertise, additional resources and commitment. In that sense, the Universiteit Maastricht is an organisation like all others. There are different, and possibly conflicting, competences and interests. The establishment of this programme should therefore be carefully considered and planned. Even though various organisational units (faculties, departments, services) have their own unique potential, it is important to initiate the programme at a central level. Thus possible conflicts of competence are minimized beforehand. We plea for the appointment of an *HPU co-ordinator* under the direct responsibility of the University Board.

For a number of reasons given above (direct involvement and participation by the university populations; profile characteristics) it is important to initiate a broad publicity campaign around the programme. Such publicity will not only have external importance, but serves internal purposes as well. "*Change and feedback conferences*" should be considered. Participation in, and possibly co-organising of, a European HPU Conference in collaboration with WHO/EURO could be an important stimulus.

Also, both in the development as well as implementation phases of the programme, careful research into health, safety and quality of life issues is important, as well as process evaluations. Again, even though there are well-developed competences among different schools and departments, such studies should be initiated and monitored at the central level. Additional research resources should be allocated by the Board in a longer term and sustainable manner.

Once more, we wish to emphasise that an HPU *programme* is at least a middle to long-term endeavour. Health, safety and quality of life problems are generally latent in organisations. One should allow for a relatively extended period in which individual problems can surface, and be translated into collective problems. Only once this has been accomplished concrete steps can be taken. An open, planned approach is therefore essential. It must then be unequivocally clear when specific phases start and end, what the precise goals and objectives are and what the expectations of the programme are at different organisational levels.

Sabine Stiehler, Frank Nestmann

Das Dresdner Netzwerk Studienbegleitender Hilfen:

Theorie und Praxis eines Modells präventiver Studentenberatung

Gesundheitsförderung, die Menschen ein größeres Ausmaß an Selbstbestimmung über ihre Gesundheit ermöglichen und sie zur Stärkung ihrer Gesundheit befähigen will, setzt an individuellen wie sozialen gesundheitsbezogenen Ressourcen und Kompetenzen an. Individuen, soziale Gemeinschaften und deren Lebensräume und Lebenskontexte sind die Ziele ressourcenorientierter Beratung, die im Zentrum präventiver, kurativer und rehabilitativer gesundheitsförderlicher Maßnahmen steht. Ein Beratungsansatz, der seinen Schwerpunkt auf die Ressourcen des Systems Universität und auf die Ressourcen seiner Mitglieder legt, kann als zentraler Bestandteil eines Konzepts settingbasierter Gesundheitsförderung verstanden werden. Das Dresdner Netzwerk Studienbegleitender Hilfen (DNS) aktiviert und stärkt durch vielfältige Beteiligungsprojekte und Selbsthilfeaktivitäten die alltäglichen Beratungs- und Unterstützungsquellen von Studierenden und MitarbeiterInnen der Universität. Auch durch eine Vernetzung formeller und informeller Beratungsangebote trägt das Modell DNS zu einem umfassendem Klima gegenseitiger Hilfe und Unterstützung bei, das aus Gesundheitsförderung an der Hochschule eine gesundheitsfördernde Hochschule werden läßt.

Studien- und Studentenberatung

Der Wechsel von der Schule zur Hochschule, die gesamte Spanne des Hochschulstudiums und die folgende Einmündung in einen Beruf beinhalten eine Vielzahl studienbezogener, aber auch persönlicher und sozialer Entwicklungsaufgaben, Handlungsanforderungen, kritischer Lebensereignisse und Krisenperioden.

Studierende erfahren dauerhaft im Laufe ihres Studiums, insbesondere aber in den Übergangsphasen zu bisher ungewohnten Aufgaben und Rollen sowie zu neuen Lebens- und Arbeitszusammenhängen die Notwendigkeit sich zu orientieren, zu planen, zu entscheiden, angemessen zu handeln und dabei ein emotionales Gleichgewicht zu erhalten. Kontinuierlich gilt es, das Studium und seine Anforderungen mit den Bedingungen und Ansprüchen des persönlichen, sozialen und familialen Lebens in Einklang zu bringen, um in beiden oft eng miteinander verwobenen Sphären eigene Entfaltungschancen nutzen und eigene Ziele realisieren zu können. Dies gelingt nicht immer.

Häufig werden Studierende im Laufe ihres Studiums (wie im Übergang von der Schule zum Studium oder im Übergang vom Studium zum Beruf) auch mit persönlichen sozialen und studienbezogenen Problemen konfrontiert, die ihre individuellen Handlungs- und Bewältigungsfähigkeiten überfordern. Solche Episoden oder Phasen emotionaler, kognitiver und handlungsbezogener Verunsicherung, Desorientierung und Hilflosigkeit sind im Studienverlauf statistisch (d.h. bei potentiell allen Studierenden) wie temporär (d.h. besonders zu bestimmten Belastungszeiten wie Studieneingang, Prüfungen, Hochschulwechsel etc.) "normal". Mögliche Folgen zeigen sich dann sowohl in bezug auf psychosoziale Belastungen des privaten Alltags wie in bezug auf Krisen im Studienverlauf, die bis zum Studienabbruch führen können.

Mit beratender Hilfe und Unterstützung können Studentinnen und Studenten sowohl die alltäglichen (z.B. Lern-) wie die "besonderen" (z.B. Prüfungs-) Herausforderungen des Studiums und des StudentInnenlebens besser meistern. Beratung kann helfen, Belastungen und Problemen vorzubeugen. Sie kann auch dazu beitragen, entstandene persönliche und Studienprobleme sowie bereits zur Krise gewordene Schwierigkeiten besser zu bewältigen und deren negative Folgewirkungen auf Leben und Studium abzumildern oder zu überwinden. Beratung kann zur Schaffung, zum Erhalt und zu einer Erhöhung und Wiedererlangung von persönlichem Wohlbefinden beitragen und kann Studienzufriedenheit und Studienerfolg fördern und damit letztlich helfen, Studienabbrüche zu vermeiden.

Eine Entwicklungsperspektive auf das Studium definiert die Rolle der professionellen Helfer als die von präventiven Beraterinnen und Beratern im Erziehungs- und Bildungssystem. In diesem System ist ein psychosoziales Problem alles, was eine Person davon abhält, sich ihren Entwicklungsaufgaben zu stellen und diese als Möglichkeiten für ihr persönliches Wachstum zu nutzen. Damit verschieben sich Beratungsaufgaben weg von der Bereitstellung von Psychotherapie oder informationszentrierter Bildungs- und Berufsberatung hin zu einer Funktion, Individuen zu helfen, optimal von der Universitätserfahrung für die eigene fachliche Entwicklung wie für das eigene persönliche Wachstum zu profitieren.

Kurative Aufgaben im Sinne von individueller psychotherapeutischer Hilfe und auch informationszentrierte Bildungs- und Berufsberatung bleiben für viele bedeutsam, aber die Konzeptionalisierung des Beratungsbereichs verändert sich. Betont werden die Möglichkeiten, Krisenepisoden und Krisenperioden auch im Universitätsstudium persönlich zu nutzen, um dem einzelnen und der Gemeinschaft angemessenere Methoden des Umgangs mit Entwicklungsanforderungen und Entwicklungsstreß zu vermitteln. So schlägt Ivey (bereits 1967) vor, die traditionellen universitären Beratungsstellen in Einrichtungen umzuwandeln, die er "Zentren für studentische Entwicklung" nennt. Sie sollen Katalysatoren für Veränderungen in Bildung und Erziehung sein. Sie sollen Universität, Fakultäten und deren MitarbeiterInnen sowie Studierende in Gruppen zusammenbringen und versuchen, eine allgemeine soziale Atmosphäre und ein umfassendes Organisationsklima zu schaffen, die alle vorhandenen persönlichen und institutionellen Ressourcen für persönliches Wachstum und für gemeinschaftliche Entwicklung fördern.

Hierzu bedarf es allerdings einer grundlegenden konzeptionellen und praktischen Erweiterung und Umorientierung der herrschenden Studien- und Studierendenberatung, die sich (bis auf Ausnahmen) vornehmlich am "psychotherapeutischen" und/oder an einem "Informationsvermittlungsmodell" von Beratung ausrichtet und die Entwicklung von Personen wie die des Systems Universität wenn überhaupt dann nur als flankierende Aktivitäten betrachtet (Mc Carthy, 1970).

Ein neues Beratungsverständnis

Eine eigenständige Identität von Beratung speist sich aus drei Rollen (Gelso & Fretz, 1992):

1. Die *präventive Rolle*, in der versucht wird, Problemursachen und Probleme zu antizipieren, sie umgehbar zu machen oder ihnen vorzubeugen. Die Hauptfunktion von Beratung ist, Individuen und Gruppen dabei behilflich zu sein, Veränderungen in ihrer persönlichen und sozialen Umwelt (auch in Bildung und Beruf) vorzunehmen, die die Auftretenswahrscheinlichkeiten von Problemen minimieren, und dadurch die Notwendigkeit kurativer Maßnahmen zu vermeiden.
2. Die *entwicklungs- und wachstumsfördernde* Rolle versucht Individuen und Gruppen dabei zu unterstützen, die größtmöglichen Entfaltungschancen aus der Erfahrung ihrer eigenen Kräfte und Potentiale zu erkennen und weiterzuentwickeln. In der Entwicklungsorientierung werden Krisen und Probleme in der Biographie nicht als offensichtliche Krankheiten und Pathologien wahrgenommen und interpretiert, sondern als normative menschliche Erfahrungen, die sowohl eine Herausforderung als auch Entwicklungsaufgaben der Anpassung an neue Lebensphasen darstellen. Erlebnisse wie Versagen, Trennung oder Krankheit, Gefühle wie Selbstzweifel, Trauer oder Nichtmehrweiterwissen, die im Mittelpunkt vieler Beratungsprozesse stehen, sind solche grundlegenden Entwicklungserfahrungen.
3. Schließlich richtet sich die *kurativ/heilende* Rolle - die in größter Nähe zur therapeutischen Funktion liegt - auf Unterstützung von Individuen und Gruppen, Probleme zu bewältigen, Störungen, welcher Art auch immer, zu beseitigen, Schädigungen und Verletzungen zu kurieren und Defizite zu kompensieren.

Ein Charakteristikum von Beratung ist die weitgehende Integration dieser drei Rollendimensionen. Präventive, kurative und entwicklungsfördernde Rollen schlagen sich in *Merkmalen und Charakteristika* nieder, die in ihrem Zusammenwirken Beratung von anderen Interventionskonzepten unterscheiden lassen:

Zunächst einmal fokussiert Beratung *die Stärken, die Potentiale und die Ressourcen* von Personen und sozialen Umwelten und orientiert sich auf positive Anteile psychischer Gesundheit des KlientInnensystems unabhängig vom Ausmaß und von der Intensität der anliegenden Problemstellungen und Störungen. Die Betonung liegt auf der *Entwicklung von Ressourcen* statt auf der Heilung, liegt auf Sicherung von Wohlbefinden stärker als auf Beseitigung von Krankheit. Ressourcenorientierte Beratungskonzepte (Nestmann, 1997) stellen hierbei neben den *persönlichen* vor allem die *sozialen Kräfte* - also z.B. die Wohlbefinden sichernden und Streß und Störungen abpuffernden Qualitäten sozialer Beziehungen und sozialer Netzwerke - in den Mittelpunkt ihrer Betrachtungen. D.h. auch bei den sozialen Systemen werden statt und neben deren potentiellen Störungs- und Belastungsqualitäten die Unterstützungs- und Hilfepotentiale betont. Beratung ist somit geprägt durch eine optimistische Philosophie, die unterstellt, daß Menschen sich ändern können. Menschen können Einfluß nehmen auf sich und ihre Umwelt, Ressourcen nutzen und ein gelingenderes Leben führen, auch wenn sie in ihren Fähigkeiten und Möglichkeiten gestört, behindert, eingeschränkt oder benachteiligt sind.

Beratung betont die *Interaktion von Person und Umwelt.* Sie blickt nicht nur auf die Persönlichkeit und nicht nur auf das Soziale. Bevorzugt werden vielmehr interaktionistische Sichtweisen, die die wechselseitigen Einflüsse von Personen und Umwelt konzeptionell sowie in praktischer Beratungsarbeit berücksichtigen. Bezogen auf das Problem oder die anstehende Aufgabe kann eine Lösung durch eine *Veränderung der Person,* durch eine *Veränderung der Umgebung* oder aber wie in den meisten Fällen durch eine *Veränderung der Interaktion zwischen Person und Umgebung* gefunden werden. Dies eröffnet Beratung im Gegensatz zu anderen Interventionsformen sehr vielfältige Ansatzpunkte, die über die Ratsuchenden selbst weit hinausgehen (Hershenson et al., 1996).

Beratung befaßt sich schwerpunktmäßig mit relativ "intakten" Personen. Die *Normalität des Klientels* wird in den meisten Definitionen betont. Allerdings berichten Studien- und StudentInnenberatungsdienste international auch zunehmend von schwerer und multidimensional beeinträchtigten KlientInnen der universitären Beratungspraxis. Berater und Beraterinnen arbeiten dennoch meist mit Menschen, deren Probleme zwar vielfältig sind, die sich aber noch in relativ "normalen" und in eigener Anstrengung bearbeitbaren Dimensionen bewegen. Lebensprobleme, die als normative wie als nichtnormative kritische Lebensereignisse im Leben vieler Menschen eintreten, alltägliche psychosoziale Schwierigkeiten und Anforderungen stehen im Vordergrund. Es sind Klienten und Klientinnen, die vor Aufgaben gestellt sind oder Probleme erfahren, die sie zeitweise belasten, die ihr Wohlbefinden beeinträchtigen, die ihnen Unannehmlichkeiten bereiten und die eine Entfaltung ihrer Möglichkeiten nicht zulassen. Beratung beschränkt sich damit meist auch auf *zeitlich überschaubare Interventionen,* die in unterstützenden und edukativen Aktivitäten stark kontext- und problembezogen die Entwicklung von Bewältigungsstrategien fördern.

Gelso & Fretz (1992) skizzieren als weiteres einigendes Merkmal die *Verankerung von Beratung in den jeweiligen Lebenskontexten* und dabei die traditionelle Betonung von Erziehung, Bildung und Beruf im Leben von Menschen. Eine Beratung an Hochschulen, die die formulierten Präventions-, Entwicklungs-, Ressourcen- und Kontextorientierungen in den Mittelpunkt ihrer Funktion rückt und die Aktivierung von persönlichen Stärken, sozialen Kräften und Systempotentialen als ihre Hauptziele begreift, kann dabei neue Wege weisen.

Erste konzeptionelle wie praktische Anknüpfungspunkte liefern hier Beratungsmodelle, die seit den 70er und 80er Jahren in US-amerikanischen Universitäten und Colleges erprobt und etabliert wurden und seit langem einer angemessenen Übertragung bedürfen. Beratungszentren an ca. 80% der amerikanischen Colleges und Universitäten (D'Andrea & Salovey, 1983; Salovey & D'Andrea, 1984) praktizieren und evaluieren unterschiedlichste Programme der Ressourcenaktivierung im System Hochschule. Training und Einsatz studentischer Beraterinnen und Berater richten sich sowohl auf die Unterstützung von Studierenden bei Studienproblemen (Studienorientierung beim Einstieg, Studienplanung und Bildungslaufbahn, Arbeitsschwierigkeiten etc.) wie auf die Hilfe und Begleitung in gesundheitlichen und psychosozialen Krisen (Partner- und Beziehungsprobleme, Drogen, Schwangerschaft, Eßstörungen etc.). Zahlreiche dieser Peer-Beratungsmodelle zielen auf spezifische Studierendengruppen (ausländische Studierende, Schwule und Lesben, Alkoholgefährdete, chronisch Kranke etc.) und reichen von der generellen Bereitstellung sozialer Unterstützungsleistungen über formalisierte psychosoziale Beratungsangebote bis zu ausdifferenzierten Trainings- und Behandlungsprogrammen (Kompetenz- und Selbstsicherheitstrainings, spezifische Lernprogramme und "Lernen-lernen", systematische Desensibilisierung bei Ängsten etc.). Studierende beraten Studierende in Beratungsdiensten, über Telefon, Hotlines, in Frauen- oder Männerbüros und Krisenzentren oder in Wohnheimen und Klubs.

Auch die gezielte Aktivierung und Förderung von Selbsthilfegruppen und Unterstützungsgruppen Gleichbetroffener (support groups) erstreckt sich über die ganze Bandbreite studentischen Lebens und studentischer Probleme: Selbsthilfegruppen zu Abhängigkeits- und Suchtproblemen, zu Einsamkeit und Isolation, zu Behinderungen, zu nahezu allen Arten von Gesundheitsbeeinträchtigungen und schweren Krankheiten, zu Gewalt und Missbrauch etc., aber auch zu vielen persönlichen und sozialen Hindernissen und Störungen des Arbeitens und Lernens, zu Prüfungsängsten, Desorientierung und Sinnverlust im Studium etc. (Giddan & Austin, 1982).

Die gezielte Entwicklung alltäglicher sozialer Netzwerke und sozialer Unterstützungssysteme auf dem Campus (in Arbeits-, Wohn- und Freizeitbereichen) wird häufig über die Peer-Beratung und die Selbsthilfegruppen angestrebt. Patenschafts- und Partnerschaftsprogramme auf der dyadischen Ebene (durch die Vermittlung von "Big-Brothers" oder "Big-Sisters" z.B. für Neuankömmlinge oder für zeitweise belastete Studierende), Förderung und Aktivierung von Wohngemeinschaften und sogar Versuche der sozialökologischen Einflußnahme auf gemeinschaftsförderliche Gestaltung von Wohn- und Studienorten und -räumen werden berichtet (s. zusammenfassend Giddan, 1988).

Das Dresdner Netzwerk Studienbegleitender Hilfen (DNS)

Das Dresdner Modell[9] einer präventiven Studentenberatung legt seine konzeptionellen wie praktischen Schwerpunkte im Gegensatz zu herkömmlichen Beratungsangeboten an deutschen Hochschulen und Universitäten auf eine *entwicklungsorientierte und vorsorgende* Unterstützung von Studierenden im

[9] Das Dresdner Netzwerk Studienbegleitender Hilfen wird als Verbundprojekt des Institutes Sozialpädagogik und der Zentralen Studienberatung der TU Dresden über Mittel des Hochschulsonderprogrammes HSP III gefördert.

Studienverlauf durch *Aktivierung und Förderung alltäglicher und informeller Hilfe- und Selbsthilferessourcen* im System Hochschule und durch die *Vernetzung professioneller und nichtprofessioneller Hilfe- und Beratungsangebote* in und außerhalb der Universität.

Ohne die Notwendigkeit psychologisch-psychotherapeutischer Beratungs- und Therapieangebote für Studierende zu verkennen und ohne den Bedarf an gezielter informativer Unterstützung bei Studienwahl, Studienorientierung, Studienaufbau und -ablauf durch professionelle Studienberatung zu unterschätzen, definiert das Dresdner Modell es als Aufgabe des *Gesamtsystems Hochschule*, Studierende in ihren Entwicklungsaufgaben im Studienverlauf wie in dort auftretenden Problemen und Krisen zu unterstützen. Ziel ist es, der engen Verwobenheit von Studienanforderungen und -problemen mit allgemeinen persönlichen Lebensanforderungen und -problemen der Studierenden gerecht zu werden - sei es, daß persönliche und soziale Lebenslagen und Lebensereignisse die Gestaltung und den Verlauf des Studium und die gezielte Bewältigung von Studienanforderungen tangieren, oder daß umgekehrt Belastungen und Schwierigkeiten des Studiums und des Studierens das persönliche und soziale Leben von Studierenden und ihren Beziehungssystemen beeinträchtigen.

DNS setzt sich zum Ziel, die Hochschule, ihre Mitglieder, ihre soziale Struktur, ihre organisatorischen und raumzeitlichen Bedingungen zu einem möglichst allseitig stützenden und beratenden Zusammenhang zu entwickeln, der förderliche Lebens- und Arbeitsbedingungen für alle - insbesondere aber für die Studierenden - bereitstellt und Belastungen und Probleme des privaten Alltags wie des Studiums soweit als möglich aus eigener Kraft vorbeugen, behandeln und bewältigen läßt. Neben spezialisierten Beratungseinrichtungen und hauptamtlichen Beraterinnen und Beratern (z.B. der Zentralen Studienberatung, des Studentenwerks etc.) verfügt die Hochschule über vielfältige Unterstützungsressourcen und Hilfepotentiale, die für eine präventive Studentenberatung aktivierbar und nutzbar sind. Zentrale Aufgabe einer präventiven Studentenberatung nach dem Dresdner Modell ist es, all die informellen (alltäglichen) wie formellen (professionellen) Unterstützungsressourcen im und um das System Hochschule zu aktivieren, zu fördern und gezielt zusammenzuführen, die eine umfassende präventive, kurative und rehabilitative Hilfe für Studentinnen und Studenten gewährleisten können.

Soziale Netzwerk- und soziale Unterstützungsförderung

Soziale Netzwerke haben über ihre soziale Unterstützungs- und Regulationsfunktion eine zentrale Bedeutung für die Erhaltung und Wiederherstellung von Wohlbefinden und Gesundheit ihrer Mitglieder. Soziale Unterstützung aus sozialen Netzwerken kann in Belastungs- und Streßsituationen die Entstehung von Störung und Krankheit abpuffern und kann helfen, die Funktionsfähigkeit des einzelnen zu erhalten. Belastungsunabhängig bietet soziale Unterstützung einen Rückhalt in der Gemeinschaft, verhindert Isolation, schafft Zugehörigkeit und Geselligkeit und wird bedeutsam für die Entstehung und Bewahrung von persönlicher Identität, von Selbstwert und Selbstbewußtsein, Bewältigungsoptimismus und Bewältigungskompetenz. Soziale Unterstützung aus sozialen Netzwerken hat also sowohl Effekte einer gegenseitigen materiellen, praktischen, informatorischen und aufgaben- sowie problemorientierten Hilfe, als auch eher psychologische Effekte eines Aufgehobenseins, einer Integration in eine sorgende und schützende Gemeinschaft, die indirekt wiederum persönliche Handlungs- und Bewältigungskompetenz fördern (Röhrle, 1994; Röhrle et al., 1998).

- Im Rahmen der Netzwerkförderung wurde das Teilprojekt *"Tauschring TUD"* ins Leben gerufen, nachdem bei den Dresdner Studententagen die Verbreitung der Idee auf große Resonanz unter den Studierenden verschiedener Fachrichtungen traf. Über den Tauschring können geldlos Dienstleistungen getauscht werden. Die Währung ist "Talente", die Einheiten sind Stunden. Im Vordergrund stehen die eigenen Fähigkeiten, die angeboten und getauscht werden - im Hintergrund die Möglichkeiten, neue Bekanntschaften zu machen und Kontakte zu knüpfen. Durch zentrale "Kontenführung" wird das Tauschen in einer großen und größer werdenden Gruppe möglich (z.B. werden getauscht: PC-Aufrüstungen und -Installationen, Kinderbetreuung, Nähen von Kleidung, Massagen, Haareschneiden usw.).
- Organisierte Gruppen unter Studierenden gibt es vornehmlich in von Studierenden angeleiteten Tutorien (für Erstsemester und im Studienverlauf als Ergänzung zu Vorlesungen, Seminaren). Diese Gruppen können über die *Begleitung* (Erfahrungs- und Wissenstransfer zwischen Tutorinnen und Tutoren durch Gesprächsrunden, Beratung zur Reflexion der TutorInnentätigkeit) und *Schulung der Tutorinnen und Tutoren* erreicht und unterstützt werden. Das Schulungskonzept integriert fachübergreifende Inhalte wie Gesprächsleitung, Gruppenarbeit, Aktivierungsmethoden u.a. Am Modell einer Übungsgruppe werden soziale Schlüsselqualifikationen trainiert und an die Studierendengruppen weitergegeben. Die ersten Schulungs- und Begleitungsphasen zeigen einen deutlichen Bedarf an Übungen, Ideen- und Methodenaustausch unter potentiellen TutorInnen.
- Ansatzpunkte zur Förderung und Unterstützung sozialer Beziehungen liegen in der Verstetigung von Gruppen über die Tutorien hinaus für diejenigen Mitglieder, die zusammenbleiben möchten (z.B. in Seminaren mit Übungscharakter, Wohnheim- oder Kochgruppen, Elterngruppen der universitätseigenen Kinderkrippe).

Selbsthilfeförderung

In Selbsthilfegruppen werden persönliche und soziale Bedürfnisse der Gemeinsamkeit und Geselligkeit, des Dazugehörens und des Zusammenseins mit "Gleichen" bzw. Gleichbetroffenen erfüllt. Mitglieder von Selbsthilfegruppen erleben sich nicht mehr als vereinzelt und alleine betroffen, sie sehen die Bewältigungsanstrengungen und -erfahrungen anderer, sie sind Modell für andere und erhalten Modelle durch andere mit gleichen Anliegen oder Problemen. Sie bekommen die Chance, Mitgliedern in der Gruppe in ihrer Hilfe für sich selbst zu helfen und durch die Unterstützung von anderen sich selbst als hilfreich und hilfekompetent zu erleben. Viele Mitgliedschaften in Selbsthilfegruppen gehen in alltägliche Freundschafts- und Unterstützungsbeziehungen über. Zudem wird über die Erfahrung der hilfreichen eigenen wie der hilfreichen Gruppenfunktion sowohl eigener Bewältigungsoptimismus wie Vertrauen in eigene Hilfekompetenz und die hilfreiche Funktion von sozialen Beziehungen und Gruppen gefördert (Balke & Thiel, 1991).

Im Dresdner Netzwerk Studienbegleitender Hilfen existiert das Teilprojekt "Studieren-Unterstützen-Beraten - WAY" *(sub-way)* als *Kontakt- und Koordinationsstelle* für studentische Selbsthilfegruppen. Zunächst wurde ein Angebot themenzentrierter Selbsthilfegruppen zu "Studienorganisation", "Prüfungsvorbereitung" und "Diplomphase" an einer Fakultät organisiert. Im nächsten Schritt erfolgte die Ausweitung auf andere Fakultäten und Wohnheime, die durch die Übertragung von Raumressourcen durch die Universität möglich wird. Diese Ausweitung zielt auf Gruppengründungen zu fächerübergreifenden Themen wie "Neu in Dresden", "Studieren mit Kind", "Studierende über 30", zu denen sich InteressentInnen in der Kontaktstelle gemeldet haben. Gruppenangebote in Wohnheimen werden nach Anleitung von Studierenden geplant und organisiert.

Förderung alltäglicher Hilfe

Ein Großteil alltäglicher Problembelastungen in den verschiedenen Lebensbereichen - Gesundheit, soziale Beziehungen, Studium, Arbeit etc. - wird nicht von betroffenen Individuen alleine und auch nicht unter Hinzuziehung professioneller HelferInnen vermieden, bearbeitet, bewältigt, sondern durch die Beteiligung alltäglicher "natürlicher" HelferInnen. Diese alltäglichen HelferInnen sind oft Personen, die man kennt und die in den Belastungssituationen erreichbar und zugänglich sind, Menschen, denen man vertraut, die bereit sind, zuzuhören, zu unterstützen, zu helfen. Neben Personen aus dem engeren persönlichen sozialen Netzwerk (s.o.) sind es häufig auch Menschen, die in sozialen Systemen und Institutionen bestimmte, oft kommunikationsintensive Rollen und Funktionen innehaben, die sie in Kontakt zu vielen Mitmenschen bringen. Hier ist eine größere Vertrautheit und Bekanntheit oft nicht ausschlaggebend. Häufig werden Hilfesuche und Problemoffenbarungen gerade durch Anonymität und Unverbindlichkeit, durch das Fehlen einer gemeinsamen Vergangenheit und Zukunft gefördert. Alltägliche HelferInnen leisten Hilfe und Unterstützung oft integriert in andere zwischenmenschliche Interaktionen, z.B. ihre eigentlichen beruflichen Aufgaben und Zuständigkeiten (Nestmann, 1988).

Im Zuge einer präventiven Studentenberatung wurden zunächst alle nichtwissenschaftlichen MitarbeiterInnen der Universität hinsichtlich potentieller alltäglicher Hilfefunktionen schriftlich befragt (SekretärInnen, BibliothekarInnen, PförtnerInnen, HausmeisterInnen, Cafeteria-MitarbeiterInnen, MitarbeiterInnen in Prüfungsämtern, Praktikumsämtern, Immatrikulationsamt, Auslandsamt etc.).

Die Ergebnisse machen deutlich, daß Problemgespräche mit Studentinnen und Studenten sich in der Erfahrung nichtwissenschaftlicher MitarbeiterInnen als "alltägliche", d.h. in den Berufsalltag eingebundene und auf Wiederholung angelegte, soziale Konfigurationen zeigen. 88% der Antwortenden (N=350) geben an, mit Studierenden über studienbezogene Probleme zu sprechen und 83% berichten von Gesprächen über private/persönliche Probleme. Die Analyse offenbart eindrucksvoll, wie von Studierenden in Krisensituationen (z.B. bei Prüfungsängsten, Prüfungsversagen oder Arbeitsschwierigkeiten, aber auch bei finanziellen Problemen oder Schwierigkeiten, Studium und Beruf zu vereinbaren) zunächst örtlich und sozial "nahe" Gesprächsressourcen genutzt werden.

Geplant sind für diese MitarbeiterInnengruppen Austausch-, Informations- und Beratungsforen. Erste Gruppendiskussionen haben ein dringendes Bedürfnis nach mehr Information - z.B. über Verweisungsmöglichkeiten und die Tätigkeit der Beratungsdienste - deutlich gemacht.

Vernetzung von Beratungsdiensten

Die Beratungslandschaft ist geprägt durch eine Vielzahl von Angeboten und Diensten, die aufgrund ihrer unterschiedlichen Entstehungsgeschichten, Zuständigkeitsregelungen, FinanzierungsträgerInnen, Professionszugehörigkeiten, Interventionskonzepte häufig eher nebeneinander her oder gar in Konkurrenz agieren, statt in Abstimmung und Kooperation. Einzelne institutionelle Rationalitäten und Ziele rangieren oft vor dem Interesse und den Bedürfnissen der Zielgruppen, für die Angebote und Dienste konzipiert sind. Eine Vernetzung von Beratungsdiensten versucht, die jeweilige Fachspezifik der Angebote zunächst transparent zu machen und sie in einer geplanten Koordination der unterschiedlichen Leistungen zur Geltung zu bringen und dabei Synergien zu entwickeln und zu nutzen.

Im Zusammenspiel der unterschiedlichen Beratungs- und Hilfeangebote, in ihrer Abstimmung und gegenseitigen Ergänzung und Kompensation sollen u.a. die jeweiligen Einzelaktivitäten wie ihre Bündelung zur Gesamtintervention nachhaltiger und effektiver werden. Es sollen durch Vermeidung und Reduzierung von Doppelungen Freiräume für neue Aktivitäten entstehen können. Kooperation im Einzelfall wie in generellen Versorgungsplanungen trägt über Vernetzung zur Qualitätssicherung und Qualitätssteigerung bei - insbesondere dann, wenn auch eine Vernetzung von formellen, institutionalisierten und professionellen Leistungen mit den informellen alltäglichen und nichtprofessionellen Ressourcen gelingt (Bergold & Filsinger, 1993).

An der Technischen Universität Dresden gibt es vielfältige Beratungsdienste und BeraterInnen (StudienfachberaterInnen, Zentrale Studienberatung, Immatrikulationsamt, Akademisches Auslandsamt, Gleichstellungs- und Behindertenbeauftragte/r, Career Service, Studentenwerk, Hochschulteam Arbeitsamt), die in verschiedensten Studien- und Lebensbereichen Hilfe anbieten. Um diese Angebote transparent werden zu lassen, hat das Dresdner Netzwerk Studienbegleitender Hilfen Treffen der Beratungsdienste organisiert, auf denen alle MitarbeiterInnen gebeten waren, ihr Beratungsspektrum zu präsentieren. Deutliche Schwerpunkte der Informations- und Beratungsangebote an der TU Dresden gibt es in den Bereichen: Beratung zu sozialen Fragen, Finanzierung, Studienwechsel, Arbeitsmarktchancen, Auslandsstudium, Jobvermittlung. Deutlich unterrepräsentiert - obwohl von den Diensten ein Bedarf artikuliert wurde - ist die Beratung bei psychischen und psychosozialen Problemen und in den Bereichen, die im Netzwerk Studienbegleitender Hilfen angegangen werden

(Netzwerkförderung, Selbsthilfe, MultiplikatorInnenschulung, Analyse der Beratungsangebote). Die Vernetzungaktivitäten werden in einer Form fortgesetzt, die die Dienste selbst zum "Veranstalter" einer Weiterbildung für die MitarbeiterInnen anderer Stellen werden läßt, indem das jeweilige Angebotsprogramm den KollegInnen anderer Dienste präsentiert wird. Diese Fortführung der Zusammenführung der BeratungsträgerInnen dient der Transparenz der jeweiligen Tätigkeitsbereiche und -inhalte und der sich daraus abzeichnenden und ergebenden Kooperation, Koordination und Vernetzung.

Ebenfalls im Zuge der Vernetzung wurde durch das DNS die Fachschaftsratsarbeit analysiert und Treffen der Fachschaftsräte der Universität organisiert. Im Mittelpunkt bisheriger Treffen stand die Erstsemesterarbeit. Es gibt hier fachschaftsübergreifende Impulse wie z.B. die Initiierung von gemeinsamen Veranstaltungen zwischen einzelnen Fachrichtungen und das Bedürfnis nach intensiver Abstimmung und Zusammenarbeit zwischen allen Fachschaften der Universität. Diese Vernetzungstreffen werden gemeinsam mit der Geschäftsführung Soziales beim Studentenrat der Hochschule fortgeführt.

Flankierende Beratung im Übergang zum Studium

Im Übergang zum Studium sind SchülerInnen und Studieninteressierte besonderen Orientierungsschwierigkeiten ausgesetzt. In diesen Entscheidungszeiten stehen ihnen die Berufs- und Studienberatung der Arbeitsämter und der Hochschulen zur Seite. Diese professionellen Angebote genügen jedoch häufig nicht dem Anspruch, eine fundierte Studienwahl zu treffen, wie Untersuchungen zum Studienabbruch belegen. Wichtig scheint, daß Schülerinnen, Schüler und Studieninteressierte mehr Gelegenheiten bekommen, die Hochschule durch den Kontakt zu Studierenden und Lehrkräften "von innen" kennenzulernen. Ebenso können Hochschulangehörige in den Schulen ihre Fachrichtungen präsentieren sowie durch den Kontakt mit BeratungslehrerInnen ihre Erfahrungen an die Schüler und Schülerinnen weitergeben.

- Eine präventive Studentenberatung geht verschiedene Wege, um die Informations- und Beratungsbedürfnisse der Schülerinnen und Schüler zu ermitteln. Es wurden die "Öffnungstage" der Universität (wie das "Schnupperstudium" und der "Tag der offenen Tür") genutzt, um Kurzinterviews mit SchülerInnen durchzuführen. Ergänzende Interviews mit Schülern und Schülerinnen in den Schulen - verbunden mit Studieninformationen "von Studierenden für SchülerInnen", die sich einer hohen Akzeptanz erfreuen, sollten Aufschluß darüber geben, welche Angebote der Information und Beratung zur Studienwahl, welche Beratungspersonen und -orte von Schülern und Schülerinnen gerne angenommen werden. Erste Auswertungsergebnisse zeigen, daß für ca. 80% (N=250) professionelle BeraterInnen die zentralen AnsprechpartnerInnen sind. Für nur ca. 40% gelten die Eltern, Verwandten und Freunde als wichtige Informations- und Beratungsquellen. Fast 100% der befragten SchülerInnen wünschen sich Kontakt zu Studierenden im gewünschten Studienfach.
- Über vom DNS hergestellte Kontakte und das Angebot von Fachschaftsräten und einzelnen Studierenden, Informationsgespräche mit Schülerinnen und

Schülern zu führen, wird (ebenso wie in einigen naturwissenschaftlichen und technischen Fächern über Praktika) ein niedrigschwelliges Informations- und Beratungsangebot für Studieninteressierte bereitgestellt.
In diesem Bereich des Übergangs von der Schule zum Studium wurden auch Patenschaften zwischen Gymnasien und HochschullehrerInnen (dokumentiert in einer Broschüre) hergestellt, um über ein festes AnsprechpartnerInnennetz die Präsenz der Technischen Universität an den Gymnasien zu intensivieren.

Das DNS bindet in seinen vielfältigen Einzelmaßnahmen zahlreiche Studierende, studentische Multiplikatoren sowie MitarbeiterInnen der TUD mit und ohne Beratungsauftrag ein. Viele Studierende (bisher insgesamt 20) sind über Praktika, Diplomarbeiten, Hilfskraftstellen und ehrenamtliche Hilfe unmittelbar an den Projektarbeiten beteiligt. Das Modellprojekt läuft bis zum Jahr 2000 und wird intern evaluiert.

Literatur

Balke K & Thiel W (1991). Jenseits des Helfens: Professionelle unterstützen Selbsthilfegruppen. Lambertus, Freiburg

Bergold J & Filsinger D (1993). Vernetzung psychosozialer Dienste. Juventa, Weinheim

D'Andrea VJ & Salovey P (1983). Peer Counseling-Skills and Perceptions. Science and Behavior Books, Palo Alto

Gelso CJ & Fretz BR (1992). Counseling Psychology. Harcourt, Brace, Jovanovich, Fort Worth, TX

Giddan NS & Austin MJ (1982). Peer Counseling and Self-Help Groups on Campus. Charles Thomas Pub, Springfield, Ill

Giddan NS (1988). Community and Social Support for College Students. Charles Thomas Pub, Springfield, Ill

Hershenson DB, Power PW, Waldo M (1996). Community Counseling - Contemporary Theory and Practice. Allyn & Bacon, Boston

Ivey AE (1967). The Center for Student Development: Innovation for Campus Mental Health. Colorado State University Paper

Mc Carthy B (1970). New Approaches to Mental Health Services in Colleges and Universities. Psychological Reports, 27:420-422

Nestmann F (1997). Beratung als Ressourcenförderung. In: Nestmann F (Hrsg.). Beratung - Bausteine für eine interdisziplinäre Wissenschaft und Praxis. DGVT, Tübingen, 15-38

Nestmann F (1988). Die alltäglichen Helfer. de Gruyter, Berlin

Röhrle B (1994). Soziale Netzwerke und Soziale Unterstützung. PVU, München

Röhrle B, Sommer G, Nestmann F (1998). Netzwerkinterventionen. DGVT, Tübingen

Salovey P & D'Andrea VJ (1984). A Survey of Campus Peer Counseling Activities. Journal of the American College Health Association, 32 (6):262-265

Dietmar Chur

Zur Produkt- und Prozeßqualität universitärer (Aus-) Bildung

Strukturveränderungen als Voraussetzung für ein Qualitätsmanagement an der Universität

Schon seit einiger Zeit wird eine öffentliche Debatte über die Wirksamkeit von Studium und Lehre an deutschen Universitäten geführt (vgl. etwa: Wissenschaftsrat, 1986). Das universitäre Studium soll insgesamt nachhaltiger werden, und es soll Qualifikationen vermitteln, die stärker an den konkreten Anforderungen des heutigen gesellschaftlichen Lebens, vor allem der Berufswelt, ausgerichtet sind. Unter dem Hinweis, daß eine qualifizierte (Aus-) Bildung von Fach- und Führungskräften ein wesentlicher Standortvorteil bei einer sich verschärfenden internationalen Konkurrenz um globale Märkte sei, haben sich an dieser Diskussion auch die Verbände der Wirtschaft beteiligt (vgl. Spitzenverbände der Wirtschaft, 1992; DIHT, 1996). Während zunächst quantitative Kennwerte wie Studiendauer, Wechsel- und Abbruchquoten im Vordergrund standen (Deutscher Hochschulverband, 1990), hat sich inzwischen innerhalb und außerhalb der Universitäten eine Auseinandersetzung über die Qualität universitärer Lehr-Lern-Prozesse entwickelt (vgl. Hochschulrektorenkonferenz, 1992; BS, 1993; Stifterverband, 1997; Arnold & Schüßler, 1998).

Um das Produkt, das durch Studium und Lehre an den Universitäten erzielt wird, zu verbessern, wird in den letzten Jahren durch Novellierungen des Hochschulrahmengesetzes und der Universitätsgesetze der Länder versucht, die Strukturreform der Hochschulen voranzutreiben. Diese Initiativen wollen die Lehre gegenüber der Forschung aufwerten, sie an externen - vor allem beruflichen - Anforderungen orientiert sehen und Strukturveränderungen der Universität bis hin zu einer Organisation mit Produktverantwortung und Marktbezug vornehmen. Konkurrenz der Universitäten um Studierende, eine an Zielvereinbarungen gekoppelte Mittelzuweisung, betriebswirtschaftliches Rechnungswesen mit dezentraler Ressourcenverantwortung und transparenten Leistungskennwerten in Studium und Lehre sowie der Aufbau von weisungsorientierten Steuerungsstrukturen zwischen Hochschulleitung, Fakultäten und Professoren sind die wesentlichen Elemente der bereits realisierten und der gegenwärtig geplanten gesetzlichen Vorgaben. Nicht nur die Organisation von Studium und Lehre - etwa durch veränderte Studien- und Prüfungsordnungen oder durch die Einführung von Studienkommissionen und Studiendekanen - sondern auch die Lehr-Lern-Prozesse selbst sollen effektiviert werden. So unterziehen sich heute angehende Hochschullehrerinnen und Hochschullehrer didaktischen Kursen, Lehrveranstaltungen werden evaluiert, und es wird gefordert, die Bildungsziele der Universität um die Entwicklung von außerwissenschaftlichen und fachübergreifenden (Schlüssel-) Kompetenzen zu erweitern.

Im Verlauf dieses Prozesses sahen und sehen sich die Universität und ihr Personal mit bisher ungewohnten "Zumutungen" konfrontiert: Für eine Bewertung der (Aus-) Bildung werden auch außerwissenschaftliche Qualitätskriterien herangezogen, die Universität als ganzes wird stärker äußeren Zwecksetzungen unterworfen, und an die Stelle der bisherigen statusbezogen-kollegialen Steuerung soll eine Führungsstruktur treten, die sich an dem Vorbild von Wirtschaftsunternehmen orientiert. Dies widerspricht wesentlichen Prinzipien der angestammten universitären Struktur und Kultur:

- dem Prinzip der Wissenschaftlichkeit als einzigem oder letztlich ausschlaggebendem Qualitätsmerkmal von Studium und Lehre ("Bildung durch Wissenschaft"),
- dem Prinzip der Autonomie der Universität in ihren Normen und Zwecksetzungen, sowohl nach außen im Sinn einer Unabhängigkeit gegenüber steuernden Eingriffen aus anderen gesellschaftlichen Bereichen als auch nach innen im Sinn einer Unabhängigkeit der einzelnen universitären Subsysteme (Hochschulleitung, Fakultäten, Institute, Lehrstühle) im Verhältnis zueinander.

Durch diese neueren Entwicklungen wird die Universität stärker als bisher zu einer dienstleistenden Institution für die Gesellschaft. Sie wird gerade im Bereich von Studium und Lehre für deren Anforderungen durchlässiger, indem sie ihre Organisationsstrukturen nach außen und nach innen öffnen muß. Die Qualität der universitären (Aus-) Bildung kann sich dann nicht allein aus einem professoralen Status aufgrund einer wissenschaftliche Karriere von der Promotion über die Habilitation bis zur Berufung gleichsam selbstverständlich ableiten. Sie wird diskussionsbedürftig und ist auch anhand von außerwissenschaftlichen und außeruniversitären Bewertungskriterien zu rechtfertigen. So müssen etwa die Fakultäten in periodischen Berichten die tatsächliche Wirkung ihrer Lehre darlegen. Lehren schließt damit ausdrücklich die Verantwortung ein, ob und in welchem Ausmaß Studierende erreicht und bei ihnen nachhaltige Lernprozesse angeregt werden. Diese Verantwortung kann nicht mehr durch die Klage über eine mangelnde "Studierfähigkeit" (vgl. Finkenstaedt & Heldmann, 1989) an die Studierenden selbst oder an die auf das Studium vorbereitenden Gymnasien delegiert werden.

Eine Lehre, die sich von einem verkündenden zu einem bezogenen Geschehen entwickeln muß, wird adressat(inn)enorientiert und interaktiv. Unter dieser Voruaussetzung sind Lehren und Studieren als Elemente eines Lehr-Lern-Prozesses zu verstehen, die sich wechselseitig beeinflussen und so gemeinsam das Produkt der (Aus-) Bildung erbringen. Die Qualität dieses Produkts hängt dann wesentlich davon ab, ob die beiden Komponenten des (Aus-) Bildungsprozesses - Lehren und Studieren - sich gegenseitig befruchten oder hemmen. Eine "gute" Lehre regt nachhaltiges Lernen an, und aktive Studierende wirken anregend auf die Lehre, während eine "schlechte" Lehre die Studierenden demotiviert und passive Studierende die Lehrenden hemmen.

Abb. 1 Lehren und Studieren als zirkulär verbundene Komponenten des universitären (Aus-) Bildungsprozesses

Durch die sich vollziehenden Strukturveränderungen in Studium und Lehre begreift sich die Universität als ein offenes System und richtet ihre Funktion aktiv an gesellschaftlichen Anforderungen aus. Dadurch werden die strukturellen Voraussetzungen für ein Qualitätsmanagement in der universitären (Aus-) Bildung geschaffen. Eine solche umfassende Qualitätssicherung setzt sich gegenwärtig in den Bereichen von Produktion und Dienstleistung unter dem Stichwort des Total Quality Management durch (Zink, 1995; Wunderer, 1997, S. 369ff). Nach entsprechenden Kriteriensystemen wie etwa dem "Europäischen Modell für Umfassendes Qualitätsmanagement" (EFQM-Modell) wird dort unter der Leitlinie einer konsequenten Kundenorientierung grundsätzlich zwischen zwei Aspekten der Qualität unterschieden: Qualität der Produkte und Ergebnisse ("Results") sowie Qualität der Potentialfaktoren und Prozesse ("Enablers"), die zu diesen Produkten führen. Die Ermöglichung und Sicherung der Qualität setzt nicht erst bei einer Kontrolle der Produkte an, sondern bereits bei den Voraussetzungen und Abläufen der Produktion.

Diese beiden Aspekte von Qualität können auch auf das Studium und die Lehre an der Universität bezogen werden, indem sowohl das Produkt der universitären (Aus-) Bildung - die durch ein Studium erworbenen Kompetenzen - als auch der dahin führende Prozeß von Lehren und Lernen kritisch und qualitätsbewußt überprüft werden. Erste Anregungen hierzu finden sich in der Empfehlung des Rates der Europäischen Union zur Qualitätssicherung in der Hochschulbildung (EU, 1998).

Produktqualität universitärer (Aus-) Bildung: Fachkompetenz und Schlüsselkompetenzen

Unter den neuen Vorzeichen einer gegenüber der Gesellschaft verantwortlichen und verantworteten universitären (Aus-) Bildung bedeutet Produktqualität, daß Studierende neben fachlich-wissenschaftlichen Kompetenzen auch außerfachliche, persönlichskeitsnahe Schlüsselkompetenzen auf einer Ebene von Einstellung und Handlungssteuerung erwerben. Arnold & Schüßler (1998) sprechen in diesem Zusammenhang von einem paradigmatischen "Wandel der Lernkulturen".

An der Universität Heidelberg wurde im Rahmen eines vom Land geförderten Projektes ein Modell der Schlüsselkompetenzen aktiven und eigenständigen Studierens entwickelt (Chur, 1995a, 1995b). Danach sind neben der Fachkompetenz die folgenden Schlüsselkompetenzen durch die universitäre (Aus-) Bildung zu fördern:

- Die Fähigkeit zur eigenverantwortlichen aktiven Orientierung
- Die Fähigkeit zum zielbewußten Handeln
- Die Fähigkeit zum selbstgesteuerten Lernen und Arbeiten
- Soziale Kompetenzen.

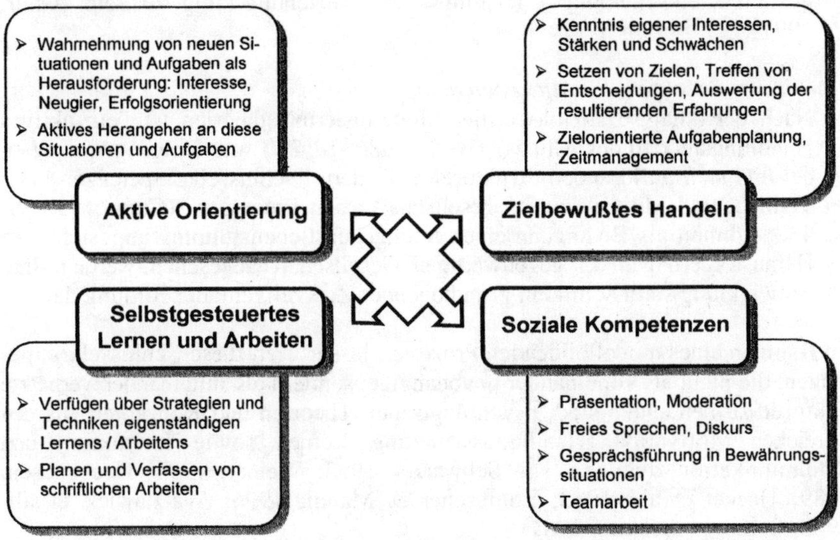

Abb. 2 Modell der Schlüsselkompetenzen aktiven Studierens

Für die universitäre (Aus-) Bildung sind diese Schlüsselkompetenzen unter vier Aspekten bedeutsam:

- *Effektivität und Sinnhaftigkeit des Studiums.*
  Schlüsselkompetenzen können als Voraussetzung für ein aktives, nachhaltiges und zielorientiertes Studium angesehen werden (vgl. Dichtl et al., 1990; Lewin et al., 1995). Zusätzlich ist aufgrund der erwähnten wechselseitigen Beeinflussung von Studium und Lehre davon auszugehen, daß aktive und zielorientierte Studierende gleichzeitig auch eine bessere Lehre anregen.

- *Qualifikation für die Anforderungen der Berufswelt.*
  Seit Mertens (1974) wird immer wieder auf das gewandelte berufliche Anforderungsprofil von Fach- und Führungskräften hingewiesen. Globalisierte Märkte, veränderte Führungs- und Organisationsstrukturen, die Anpassung an rasch expandierende neue Wissensbestände durch lebenslanges Lernen sind nur einige der Anlässe, weshalb Schlüsselkompetenzen heute als wesentli-

che Voraussetzungen für eine Einstellung und für beruflichen Erfolg angesehen werden (Stangel-Meseke, 1994; Staufenbiel, 1997).

- *Bildung der Persönlichkeit im Studium.*
  Unter einer entwicklungspsychologischen Perspektive gilt das Studium als eine spezielle Lebensphase "spätadoleszenter" Identitätsbildung und Reifung, in der die Entfaltung persönlicher und sozialer Kompetenzen für die einzelne Person eine wichtige Rolle spielt (Bohleber, 1982; Chur, 1987). Aufgrund dieser Kompetenzen wird es ihr auch möglich, geeignete Antworten auf die "paracurricularen", nicht direkt im Studienplan ausgewiesenen Anforderungen des Studiums zu finden, etwa den eigenen (Aus-) Bildungsprozeß zu gestalten, entscheidungs-, leistungs- und beziehungsfähig zu sein (Chur, 1991).

- *Verantwortungsvolles Alltagshandeln.*
  Nach der Analyse soziologischer Modernisierungstheorien ist "ein aktives Handlungsmodell des Alltags" (Beck, 1986, S. 217) im Umgang mit Wandel und sich auflösenden Strukturen gefordert. "Schlüsselkompetenzen einer Teilhabe und Mitwirkung an gesellschaftlichen Prozessen" (Chur, 1998, S. 432) können als Bedingung einer gelungenen Lebensführung angesichts der Herausforderungen der gegenwärtigen Gesellschaft angesehen werden. Ihre Entwicklung stellt somit ein grundlegendes Ziel zeitgemäßer Bildung dar.

Im Rahmen eines modellbildenden Prozesses lassen sich diese Schlüsselkompetenzen, die nicht als voneinander unabhängige, sondern als miteinander vernetzte Faktoren zu betrachten sind, psychologischen Theorien und Konzepten aus den Bereichen Motivation, Handlungssteuerung, Lernen sowie Interaktion und Kommunikation zuordnen (vgl. Schwarzer, 1993; Weiner, 1994; Heckhausen, 1989; Hacker et al., 1983; Lompscher & Mandl, 1996; Watzlawick et al., 1969; Schulz von Thun, 1981).

Diese Schlüsselkompetenzen müssen als eine zentrale Voraussetzung für Gesundheit und Wohlbefinden der einzelnen Person angesehen werden. Der Freisetzungsprozeß von überkommenen Normen und Vorgaben in der "zweiten Moderne", den Beck unter dem Stichwort der Individualisierung beschreibt, läßt bei jedem Mitglied der heutigen Gesellschaft einen verstärkten und kontinuierlichen Bedarf an individuellem Halt in einer komplexen und offenen Lebenswelt entstehen. Dieser Halt ist immer weniger durch Rückgriff auf feste äußere Strukturen und vorgegebene Handlungsmuster zu erreichen, sondern vielmehr durch aktive Orientierung, zielbewußtes Handeln, Lernbereitschaft und soziale Kompetenz einer auf sich selbst zurückverwiesenen Person. Diese Situation enthält eine "riskante Freiheit", die je nach individuellen Voraussetzungen und Ressourcen genutzt werden kann oder nicht. Zufriedenheit, Erfolg und Wohlbefinden oder persönliche Beeinträchtigung, Desintegration und Armut sind die Kennzeichen unterschiedlicher biographischer Verläufe von "Modernisierungsgewinnern" und "Modernisierungsverlierern" (Keupp, 1987).

Prozeßqualität universitärer (Aus-) Bildung: Didaktik nachhaltigen Lernens

Unter dem Kriterium einer prozeßbezogenen Qualität von Studium und Lehre wäre die Lehr-Lern-Interaktion nach den didaktischen Prinzipien für ein expansives und nachhaltiges Lernen zu gestalten (vgl. Arnold & Schüßler, 1998). Dieses ist abzuheben von einem rezeptiven und "defensiven Lernen" (Holzkamp, 1991), bei dem auf Lernanforderungen nicht durch eigentliches Lernen reagiert wird, sondern durch verschiedene lernvermeidende Bewältigungsstrategien der sich als "Objekte" erlebenden Lernenden, wie etwa Vortäuschung von Lernergebnissen, prüfungsbezogenes "Einpauken" von Stoff, Orientierung an vorweggenommenen Erwartungen der Lehrenden. Holzkamp führt dies vor allem darauf zurück, daß in den Lernprozessen die Dispositionen und Intentionen der Lernenden zu wenig Berücksichtigung finden. Er spricht in diesem Zusammenhang vom "Lehr-Lern-Kurzschluß", einer "Gleichsetzung von Lernen mit Lehrlernen"(1995, S. 391ff.), die einer instruktiven lehrzentrierten Didaktik zugrundeliegt, und meint damit die zweifache (unbegründete) Annahme, daß dann gelernt wird, wenn gelehrt wird und daß das gelernt wird, was gelehrt wird. Diese Kritik am instruktiven Vorgehen, es gehe unberechtigterweise von der Kontrollierbarkeit der Lernprozesse durch Lehrende aus, entspricht auch neueren systemischen Positionen. Danach sind es die Lernenden, die letztlich bestimmen, ob und was gelernt wird. Über deren Lernprozesse kann "von außen" nicht direkt verfügt werden, sie können nur durch einen anregenden Rahmen ermöglicht werden. Einer Typologie aus dem Bereich der lösungsorientierten Beratung (de Shazer, 1989) entsprechend wären die Lernenden im rezeptiv-defensiven Lernmodell zumeist in der Rolle von "BesucherInnen" oder "Fordernden/Sich-Beklagenden", im Modell des nachhaltigen Lernens dagegen eher in der Rolle von "KundInnen", die eigene Anliegen selbstverantwortlich verfolgen.

In mancher Hinsicht entsprechen die an der Universität zu beobachtenden Lehr-Lern-Prozesse dem Paradigma defensiven Lernens. In einer Zentrierung auf die Vermittlung wissenschaftlicher Inhalte, sei es in frontalen Vorlesungen oder in Seminaren mit vorlesungsartig präsentierten Referaten und mit Diskussionen in einseitigen Interaktionsstrukturen, werden grundlegende Ressourcen von Arbeits- und Lerngruppen für ein nachhaltiges Lernen nicht oder nur geringfügig genutzt. Die vorherrschende Lern- und Kommunikationskultur an der Universität hat auch Auswirkungen auf die Befindlichkeit und Motivation der Studierenden, also auf ihre Gesundheit. So führen Krüger et al. in ihrer Untersuchung über studentische Probleme als belastenden Faktor an, daß "Aspekte von Bildung (im Unterschied zu Ausbildung), Kommunikation und Emotionalität zu kurz kämen" (1986, S.22). Die Universität "bietet sich auch in ihren Substrukturen nicht ausreichend als scientific community im Sinne einer kommunikativen Diskursgemeinschaft an, sondern eher als instrumentell zu benützende Institution, die wesentliche Identifikations-, Motivations-, und Partizipationsbedürfnisse der Studierenden an sich vorbeilaufen läßt" (ebd., S.28). Erhebungen zu Studiendauer, Fachwechsel und Studienabbruch legen ebenfalls den Schluß nahe, daß die frustrierende Erfahrung in einer resonanzarmen Lernumwelt einen beträchtlichen Teil der Studierenden in eine Haltung des

Rückzugs und der Resignation treibt (vgl. Dichtl et al., 1990; Lewin et al., 1995).

Ziel einer zeitgemäßen Didaktik ist es hingegen, Lernen als Aktivität einer lebendig sich entwickelnden Person zu fördern. Sie regt zu nachhaltigen Lernprozessen an, die zu einem Wissen und zu Kompetenzen führen, mit denen sich die lernende Person als "Lernsubjekt" identifiziert, die sie als bedeutungsvoll erlebt, weil sie mit dem Vorwissen, mit den persönlichen Erfahrungen und Anwendungsinteressen verbunden werden können. Angeregt werden solche signifikanten und nachhaltigen Lernprozesse durch eine prinzipiell adressat(inn)enorientierte Didaktik, die sich ausdrücklich um Handlungsorientierung, Aktivierung der Teilnehmenden, lebendige Interaktion in der Gruppe unter Einbezug von sozialem Feedback, Kopplung der Lernschritte an bestehende Konzepte der Teilnehmenden, Anwendungsbezug sowie um die Ermöglichung offener, selbstgesteuerter Lernprozesse im Rahmen einer vorgegebenen Struktur bemüht.

In einem solchen Modell der Entwicklung des Lernprozesses "von den Aktivitäten der Lernenden her" (Arnold & Schüßler, 1998, S. 152) verlagert sich auch die *Aufgabe der Lehrenden.* Sie besteht in einer Steuerung der Rahmenbedingungen, um offene Lernprozesse bei den Studierenden zu ermöglichen. Dabei verstehen sich die Lehrenden vor allem als "Facilitators": Sie beraten die Studierenden in inhaltlichen Fragen, arrangieren die Lernsituationen und moderieren den Lernprozeß in der Gruppe. Statt durch die Vorwegnahme von Ergebnissen nachvollziehende Lernschritte nahezulegen, fördern sie erschließende Aktivitäten der Lernenden, die sich individuell oder in der lebendig interagierenden Gruppe die Inhalte selbst erarbeiten. Der Lehr-Lern-Prozeß vollzieht sich als Zusammenarbeit in verteilten Rollen und Verantwortlichkeiten.

Voraussetzung für eine solche Zusammenarbeit ist eine *lernzielorientierte Planung*, die sich nicht nur an inhaltlichen, sondern auch an methodisch-didaktischen Gesichtspunkten orientiert. Dabei werden die Lernthemen nach ihrem Bildungsgehalt, ihrem Anwendungsbezug und ihrem Zusammenhang mit der Erfahrungswelt der Lernenden analysiert, mögliche Lernziele auf der Ebene von Fach- und Schlüsselkompetenzen werden bestimmt und geeignete Methoden für das erschließende Lernen ausgewählt. Auf der Grundlage der vorgeschlagenen Lernziele und Arbeitsformen wird mit den Studierenden eine *Vereinbarung* über deren Lernanliegen und über die Beiträge beider Seiten zum Lernprozeß getroffen.

Als grundlegende Sequenz innerhalb des Lehr-Lern-Prozesses bietet sich eine *Sandwich-Struktur* mit drei Schritten an: einer eröffnenden Phase folgen die Bearbeitungs- und die Auswertungsphase. Dem eigentlichen Lernschritt der Bearbeitungsphase geht das Ankoppeln an bereits bestehendes Wissen und bestehende Erfahrungen der Lernenden voraus, ihm folgt eine Integration des Gelernten in den Wissens- und Erfahrungshorizont. Für alle drei Schritte können aktivierende, handlungsorientierte und kommunikationsfördernde *Lernformen* eingesetzt werden:

- in der eröffnenden Phase etwa Blitzlicht, Paarinterview, Brainstorming oder Kartenabfrage
- in der Bearbeitungsphase die Präsentation neuer Gesichtspunkte durch aktivierende Referate, an Leitfragen und Aufgaben orientierte Teamarbeit in Kleingruppen, der Einsatz von Plan- und Rollenspielen
- in der Auswertungsphase die Präsentation der erarbeiteten Ergebnisse und die weiterführende Diskussion, die zu einer weiteren Sequenz von Eröffnung, Bearbeitung und Auswertung führen kann.

Von grundsätzlicher Bedeutung sind dabei Vorgehensweisen, die offene, selbstgesteuerte Lernprozesse im Rahmen einer vorgegebenen Struktur ermöglichen, wie etwa das problemorientierte Lernen (Renkl et al., 1996) zur Bearbeitung von Aufgaben oder die Moderationsmethode/Metaplantechnik (Pädagogik, 1995, 1996) zur Koordination von Lernschritten und zur Auswertung von Lernergebnissen.

Zur Anregung und Steuerung nachhaltiger Lehr-Lern-Prozesse müssen Lehrende neben methodisch-didaktischen Fähigkeiten und einer entsprechenden Rollenklarheit auch *Kompetenzen des Gruppenleitens* einsetzen. Als Grundlagen dafür wären vor allem das Konzept der dynamischen Balance von Thema, Person und Gruppe aus der Themenzentrierten Interaktion (Cohn, 1981; Langmaack, 1996) sowie Konzepte zu Strukturen und Prozessen in Gruppen aus der Gruppendynamik (Däumling et al., 1974; Antons, 1992) zu nennen. Dadurch kämen in den universitären Lehr-Lern-Prozessen neben den Lerninhalten auch die Faktoren "Person" und "Gruppe", neben frontalen und einseitigen auch vernetzte Interaktionsstrukturen sowie neben bearbeitenden auch formierende und klärende Phasen des Gruppenprozesses ins Spiel.

Um diese methodisch-didaktischen Prinzipien für ein nachhaltiges Lernen fruchtbar einsetzen zu können, ist es förderlich, *Strukturen und Funktionen der verschiedenen universitären Lernangebote* - Vorlesung, Seminar, begleitendes schriftliches Material sowie die Betreuung von Haus- und Abschlußarbeiten - neu zu bestimmen.

So wurde im Rahmen einer Strukturreform des Medizinstudiums an Universitäten der Niederlande und der Schweiz eine konsequente Umorientierung vom rezeptiven zum selbstgesteuerten Lernen ermöglicht (Schmidt et al., 1991; Burri et al., 1995). In einer Kombination von koordinierendem Seminar und gezieltem Selbststudium werden dort integrative und anwendungsbezogene Fragestellungen nach den Grundsätzen des problemorientierten Lernens bearbeitet. Diese Veranstaltungen stehen im Zentrum des Curriculums und werden durch ein flankierendes System von begleitenden Vorlesungen und schriftlichen Lernmaterialien unterstützt, die das Hintergrundwissen bereitstellen. Aber auch ohne eine solche Umstellung könnten *Seminare* lernfördernder gestaltet werden, indem etwa Referate in eine aktivierende Struktur nach dem erwähnten Sandwich-Prinzip eingebettet und grundsätzlich nach den Gesichtspunkten einer auf die Zuhörenden hin orientierten Präsentation gehalten und vor allem auch bewertet werden.

Angesichts der Verfügbarkeit gedruckter und elektronischer Lernmedien ist die Vermittlung von Wissen vor großen Gruppen in dem Maß, wie dies heute noch an Universitäten geschieht, weder lernfördernd noch zeitgemäß. Didaktisch gut aufbereitete *Lernmaterialien* ermöglichen bei den Studierenden oft in einem höheren Maß selbstgesteuertes Lernen und weisen deshalb in vielen Fällen eine größere "didaktische Nähe" (Arnold & Schüßler, 1998, S.94ff) auf als Präsenzveranstaltungen. *Vorlesungen* sind nur noch insofern ein unverzichtbares Element in einem Konzept nachhaltigen Lernens, als sie die Vorteile von Präsenzveranstaltungen wirklich nutzen und einen persönlichen Bezug zwischen Vortragenden und Zuhörenden sowie zwischen den Zuhörenden ermöglichen. Dies geschieht sicher in einem gewissen Grad auch durch engagierte und mitreißende Vorträge. Vorlesungen sollten jedoch über wissenschaftlich-inhaltliche Kriterien hinaus systematisch an methodisch-didaktischen Gesichtspunkten orientiert werden, wie etwa Bezug zur Erfahrungswelt der Beteiligten, Strukturierung und Portionierung des Inhalts entsprechend der menschlichen Aufmerksamkeitsspanne, angemessener Einsatz von Medien, Durchmischung der Vortragsteile mit aktivierenden Elementen und mit Aufgaben zur Bearbeitung. Einen ähnlichen Ansatz präsentiert Liebig (1998) mit seinem Konzept der "selektiven Vorlesung", bei der sich Präsentationsphasen und Gruppenarbeitsphasen abwechseln.

Auch die Art der *Betreuung von schriftlichen Haus- und Abschlußarbeiten* durch die Lehrenden ist ein wichtiges Element zur Förderung nachhaltigen Lernens. Hier sollten gemeinsam mit den Studierenden nach den Grundsätzen einer strikt zielorientierten und handlungsanleitenden Planung konkrete Fragestellungen für Thema und Gliederung herausgearbeitet werden, die dann schrittweise verfolgt werden können, anstatt, wie dies häufig geschieht, nur Themenbereiche ohne konkreten Zielbezug abzusprechen.

Die beschriebenen didaktischen Strategien und Methoden sind durch eine entsprechende struktursetzende Moderation auch in größeren Gruppen erprobt und anwendbar. Neben einem vertieften und nachhaltigen Erwerb fachlicher Kompetenzen bewirken sie in einem gewissen Ausmaß auch die Entwicklung von Schlüsselkompetenzen, indem sie zielorientiertes, selbständiges Arbeiten und soziale Kompetenzen wie Präsentation, Diskurs, Feedback und Teamarbeit fördern.

"Gesundheit" als Aspekt der Qualität universitärer Lehr-Lern-Prozesse

Im Rahmen der von der WHO initiierten Projekte zur Gesundheitsförderung wird angestrebt, Organisationen oder "Settings" (Dooris et al., 1998) so zu entwikkeln, daß sie als bedingende Umgebungen menschlichen Handelns Wohlbefinden und Entwicklung ermöglichen. Gesundheit, eine zentrale Qualität menschlichen Lebens, wird dabei "als kontextabhängiges Problem" (Grossmann & Scala, 1994, S.18) und zugleich als aktionales, von der Selbstbestimmung und Initiative des einzelnen abhängiges Geschehen betrachtet. Bezugspunkt ist die handelnde Person in ihrer Wechselwirkung mit dem sozioökologischen Kontext (vgl. hierzu auch: Nestmann, 1997; Chur, 1997).

Rezeptives Lehr-Lernen	**Nachhaltiges aktives Lernen**
➔ Prinzip *Aufnahme vorgegebener Antworten und Lösungen.* **➔ Konzept** *Gelernt wird, was gelehrt wird.* **➔ Lernprozeß** *Lehrende als kontrollierende Experten, Lernende als Besucher(innen) oder Fordernde / Sich-Beklagende. Extrinsisch motiviertes, defensiv-strategisches und oberflächliches Lernen.*	**➔ Prinzip** *Erarbeiten eigener Antworten und Lösungen in einer herausfordernden und fördernden Struktur.* **➔ Konzept** *Einstellungs- und handlungsrelevant gelernt wird das, wozu ein aktiver persönlicher Bezug besteht.* **➔ Lernprozeß** *Lehrende als Facilitators, Lernende als Kund(inn)en, die ein persönliches Anliegen aktiv verfolgen. Intrinsisch motiviertes, offensiv-selbstverantwortliches und vertieftes Lernen.*
Rezeptiv Nachvollzug präsentierten Wissens. **Instruktiv** Lerntempo und Lernschritte sind vorgegeben. **Inhaltsbezogen, kognitiv** Bildung durch Wissenschaft. **Unverbunden, abstrakt** Wenig direkte Bezugnahme auf Kenntnisstand und Erfahrungshorizont der Lernenden. **Wenig interaktiv** Vortrag oder einseitige Interaktionen, wenig Feedback-Kultur.	**Aktivierend** Erarbeiten von Ergebnissen durch erschließende Aktivitäten anhand von Leitfragen und Aufgaben. **Selbstgesteuert** Offene Lernprozesse in einem strukturierten Rahmen durch kooperative Leitung, Arbeitskontrakt, Strukturvorgaben, individuelle und Kleingruppenarbeit. **Handlungsorientiert** Erwerb von Kompetenzen durch praktische Lern-/Arbeitsschritte. **Ankoppelnd** Anknüpfen an bereits vorhandene Konzepte durch Sandwich-Struktur (Aktivierung des Wissens- und Erfahrungshorizonts - Lernschritt – Integration). **Interaktiv** Nutzen des sozialen Potentials durch Moderation des Gruppenprozesses, Arbeit in wechselnden Kleingruppen, gegenseitiges Feedback.

Abb. 3 Rezeptives und nachhaltiges Lernen

Die Ottawa Charter für Gesundheitsförderung (WHO Europe, 1986) nennt als einen wesentlichen Aspekt der Qualität "Gesundheit" die Entwicklung persönlicher Kompetenzen. Dooris et al. (1998) sprechen von "Befähigung und Empowerment" als einer grundsätzlichen Perspektive der Gesundheitsförderung. In den Konzepten für eine gesundheitsfördernde Hochschule spielt neben einer gesundheitsbezogenen Forschung und neben der gesundheitsfördernden Wirkung der Organisation "Universität" auf ihren weiteren Kontext auch der Bereich von Studium und Lehre eine zentrale Rolle: "A university provides an environment in which students are not only formally educated but develop personally and socially at a significant time in their lives. This development has profound effects not only during their time in higher education but throughout the rest of their lives - in the choice they take, in their values and priorities and in their jobs, homes and communities." (Abercrombie et. al., 1998, S. 31). Hier sind im Zusammenhang von Gesundheitsförderung die grundlegenden Bedingungen genannt, die bei der Bestimmung der Qualität der universitären (Aus-) Bildung im einzelnen dargelegt wurden:

- Struktur und Kultur der Universität werden als environment, als Kontext für die Qualität von Lehren und Studieren betrachtet.
- Als anzustrebendes Produkt der (Aus-) Bildung werden neben fachlichen Kompetenzen gerade auch persönliche und soziale Kompetenzen genannt.
- Wirkungen dieses Produkts werden sowohl für das Studium selbst als auch für das Handeln in Alltag und Beruf postuliert.

Insofern kann die Förderung von Schlüsselkompetenzen und von nachhaltigem Lernen - also die Verbesserung der Produkt- und der Prozeßqualitat der universitären (Aus-) Bildung - als eine Konkretisierung der Empfehlungen für eine gesundheitsfördernde Hochschule angesehen werden. Studierende, die ihre Schlüsselkompetenzen entwickeln, stehen in einer aktiven Haltung zu den Anforderungen, mit denen sie sich konfrontiert sehen. Sie öffnen sich für Bildungsprozesse, welche die eigene Persönlichkeit einschließen und schaffen dadurch eine wesentliche Voraussetzung für eine gelingende Lebensführung, um im Umgang mit den Herausforderungen durch Wandel, Strukturverflüssigung und Individualisierung in der heutigen Gesellschaft kompetent zu bestehen. Nachhaltige Lernprozesse bewirken eine lebendige, die Person anregende Kommunikation unter den Studierenden sowie zwischen Studierenden und Lehrenden. Sie vermitteln Aktivität und Sinnbezug beim Studium und verhindern Motivationsverlust, Rückzug und Passivität.

Allerdings ist in diesem Zusammenhang auch die kritische Frage zu stellen, ob eine Ausrichtung universitärer (Aus-) Bildung an ökonomisch bedingten gesellschaftlichen und beruflichen Anforderungen in jedem Fall der Selbstbestimmung und dem Wohlbefinden der Menschen dient. Unter dem Gesichtspunkt der Gesundheitsförderung muß in der Tat die jeweilige Person in den Mittelpunkt der (Aus-) Bildung gestellt werden. Bildung kann zwar nur dann zu kompetentem, selbstbestimmtem Handeln führen, wenn sie auf den Umgang mit Anforderungen angemessen vorbereitet. Jedoch muß durch einen entsprechenden personenbezogenen Rahmen gewährleistet sein, daß nicht die unreflektierte Erfüllung von Anforderungen vermittelt wird, sondern daß die wahrnehmende, bewertende und entscheidende Person Bezugspunkt der Bildung ist. Dies ist dann gegeben, wenn die Kompetenzen, die erworben werden sollen, nicht als vorgegebene Normen definiert sind, sondern als Fähigkeiten, welche die einzelne Person auf der Grundlage ihrer Eigenheiten und Werte letztlich selbst bestimmt, und wenn die dahin führenden Lernprozesse Möglichkeiten der Selbststeuerung eröffnen (vgl. Chur, 1998). Unter diesem Gesichtspunkt, nämlich eine personen- und nicht normzentrierte Entwicklung von Kompetenzen im Umgang mit gesellschaftlichen Anforderungen zu ermöglichen, ist eine gewisse Autonomie universitärer (Aus-) Bildung sinnvoll und notwendig.

Konkrete Ansatzpunkte zur Verbesserung der Produkt- und der Prozeßqualität der universitären (Aus-) Bildung: Das Heidelberger Projekt

Vor dem Hintergrund der beschriebenen Überlegungen zur Qualität der universitären (Aus-) Bildung wurde im Rahmen eines Modellprojektes des Landes Baden-Württemberg an der Universität Heidelberg die Abteilung Schlüsselkompetenzen des Zentrums für Studienberatung und Weiterbildung eingerichtet. Sie versteht sich als ein "Competence-Center" innerhalb der Universität, das den Fakultäten und Instituten ein spezielles Service-Angebot bereitstellt. Dieses bezieht sich sowohl auf die Prozeßqualität der universitären (Aus-) Bildung als auch auf ihre Produktqualität.

Als Beitrag zur Prozeßqualität werden studentische Tutorinnen und Tutoren, die fachbezogene Veranstaltungen leiten, und Angehörige des akademischen Mittelbaus didaktisch geschult sowie Lehrende durch Workshops und individuelle Beratung bei der Initiierung nachhaltiger Lernprozesse in ihren Lehrveranstaltungen unterstützt. Zur Verbesserung der Produktqualität wurde in zehn Fächern aus verschiedenen Fakultäten ein Tutorienprogramm mit dem Ziel eingerichtet, in verschiedenen Phasen des Studienverlaufs durch spezielle Kurse Schlüsselkompetenzen zu fördern. Diese Kurse, die Bestandteil der Studienpläne der am Programm beteiligten Fächer sind, werden von geschulten Tutorinnen und Tutoren (Studierende höherer Semester oder Graduierte des Faches) geleitet.

Dieser doppelte Ansatzpunkt zur Verbesserung der (Aus-) Bildungsqualität wurde aus zwei Gründen gewählt. Zum einen entwickeln sich Schlüsselkompetenzen zwar auch durch nachhaltige Lehr-Lern-Prozesse in fachbezogenen Veranstaltungen, sie können jedoch durch besondere flankierende Angebote gezielter gefördert werden. Zum anderen erweist sich ein solches kombiniertes Vorgehen zur Verbesserung der Qualität der universitären (Aus-) Bildung als effektiver, weil es bei beiden Komponenten des Lehr-Lern-Prozesses ansetzt, bei den Lehrenden und bei den Studierenden.

Das Tutorienprogramm zur studienbegleitenden Förderung von Schlüsselkompetenzen

Die Kurse des Tutorienprogramms sind auf der Grundlage von Rahmenkonzepten im Detail auf die Gegebenheiten des einzelnen Faches zugeschnitten und zum Teil mit fachbezogenen Seminaren verzahnt. Das Programm besteht aus folgenden Bausteinen:

– *Direkt vor Studienbeginn*: Zwei- bis dreitägige Orientierungseinheit zu den Themen "Anregungen zum aktiven Studieren", "Auseinandersetzung mit den eigenen Studienerwartungen, mit den konkreten Anforderungen eines wissenschaftlichen Studiums und mit Studienzielen".

- *Während des ersten Semesters*: Kurs zur Einführung in Lern- und Arbeitstechniken sowie in die Gestaltung von Hausarbeiten, Klausuren und Referaten.
- *Im mittleren Studienverlauf*: Jeweils eintägige Blockkurse zu den Themen "Strategien sebstgesteuerten Lernens", "Schreiben von Hausarbeiten und Klausuren", "Zeitmanagement", "Aufbau und Präsentation von Referaten".
- *In der Examensphase*: Dreistündige Blockveranstaltung und anschließender Kurs zu den Themen "Dialog mit Prüfenden", "Erfahrungsaustausch mit Absolvent(inn)en", "Erfolgsorientierung und Einsatz von Lerntechniken", "Zeitplanung", "Strukturierung der schriftlichen Arbeit/Klausur", "Rollenspiele zur Prüfungssituation", "Vorbereitung auf die Bewerbung".

Diese Tutorien finden in Gruppen von zehn bis zwanzig Teilnehmenden statt. Sie sind in Aufbau und Didaktik an den bereits beschriebenen Prinzipien für ein nachhaltiges Lernen orientiert und verfolgen das Ziel, bei den Teilnehmenden sowohl Kenntnisse als auch Einstellungen und Handlungsmöglichkeiten zu erweitern. Für Studierende von Fächern, die nicht am Tutorienprogramm teilnehmen, werden von den Mitarbeiter(inne)n der Abteilung Schlüsselkompetenzen direkt Kurse zu den Themen "Strategien selbstgesteuerten Lernens", "Schreiben von Hausarbeiten und Klausuren", "Zeitmanagement", "Aufbau und Präsentation von Referaten" sowie "Aktive Bewerbungsstrategien" angeboten.

Für die Tutorinnen und Tutoren wurde ein Ausbildungsprogramm mit dem Ziel entwickelt, sie zur Umsetzung der didaktischen Konzepte in der Arbeit mit konkreten Gruppen zu befähigen. In ihrem mehrphasigen Aufbau entspricht die Tutor(inn)en-Ausbildung im wesentlichen den Empfehlungen von Wahl et al. (1995) für Train-the-Trainer-Maßnahmen. Schulungsbestandteile, die von Mitarbeiter(innen) der Abteilung Schlüsselkompetenzen geleitet werden, wechseln sich mit kollegial organisierten Phasen ab:

- In einem zweitägigen Workshop "Didaktik und Gruppenleiten" werden die grundlegenden Konzepte für die Tutor(inn)entätigkeit im eigenen Lernprozeß der Trainingsgruppe erfahrbar gemacht und vermittelt.
- In kollegialen Sitzungen besprechen die Tutorinnen und Tutoren die konkreten Veranstaltungsdesigns.
- Ein daran anschließendes zweitägiges Moderatorentraining dient dazu, Leitungsverhalten in konkreten Situationen durch Rollenspiele zu erproben und auf einer Verhaltensebene zu festigen.
- Als transfersicherndes Element werden den Tutorinnen und Tutoren Coaching und Supervision in kleineren Gruppen angeboten. Unterstützt wird diese praxisbegleitende Beratung durch wechselseitige Hospitationen der Tutor(inn)en in den Kursen der Kolleg(inn)en.
- Zusätzlich erhalten sie die Möglichkeit, in Trainings die eigenen Schlüsselkompetenzen weiterzuentwickeln.

Die Ergebnisse der begleitenden Evaluation der schlüsselkompetenzfördernden Kurse lassen sich wie folgt zusammenfassen:

Eine Erhebung bei 579 Studierenden einer Fakultät zu den Erfahrungen mit dem fachlichen Curriculum ergab deutliche Hinweise, daß sich Schlüsselkompetenzen im Verlauf des regulären Studiums nicht weiterentwickeln (Kretzschmar et al., 1996). Die Veranstaltungen finden bei den Teilnehmenden eine breite Zustimmung und werden einhellig als eine sinnvolle Ergänzung des Studienangebots bewertet. Außerfachliche Kompetenzen konnten zu einem hohen Ausmaß erworben oder weiterentwickelt werden. Die Einstellung zum Studium und das Studierverhalten haben sich in die gewünschte Richtung verändert (Selbsteinschätzung sowie HAKEMP-Studium, Geyer & Lilli, 1992). Die eingesetzten aktivierenden Lernformen werden positiv bewertet. Auch die TutorInnen erweitern durch die Schulung und die Tätigkeit ihre außerfachlichen Fähigkeiten für das eigene Studium und für den späteren Beruf. Die Studiendekane und InstitutsdirektorInnen der beteiligten Fächer beobachten aufgrund der Tutorien nicht nur bei den Studierenden, sondern auch bei sich selbst positive Auswirkungen, wie etwa eine größere Befriedigung in der Lehre und im Diskurs mit aktiveren und kompetenteren Studierenden.

Ausgehend von der Erkenntnis, daß für den Erfolg von Bildungsmaßnahmen in einer Organisation eine flankierende Absicherung durch unterstützende Strukturen unerläßlich ist (Chur, 1999), werden im Heidelberger Projekt Strategien der Personalentwicklung mit solchen der Organisationsentwicklung verbunden. Diese strukturbezogenen Aktivitäten sind an den folgenden Leitlinien ausgerichtet: Ankoppeln an die Bedarfslage sowie an die bestehende Struktur und Kultur der Organisation "Universität", Berücksichtigung des Nutzens aller Beteiligten (Hochschulleitung, Fakultäten, Institute, Lehrende, Tutorinnen/Tutoren und Studierende) sowie Aufbau erfolgssichernder neuer Strukturen. Die Erfolgsaussichten des Projektes wären ohne eine solche flankierende Strategie äußerst gering, da grundsätzliche Vorbehalte an der Universität überwunden werden müssen. Die Erfahrungen zeigen, daß sowohl das Konzept der Schlüsselkompetenzen als auch die Didaktik nachhaltigen Lernens vielfach als der Universität wesensfremde Elemente bewertet werden. Hier stoßen zwei verschiedene Konzeptionen von Qualität aufeinander. In der traditionellen Sichtweise der Universitäten gelten außerwissenschaftliche Elemente als qualitätsmindernd. Sie entsprechen nicht dem elitären Anspruch der Universitäten, der sich auf die Exklusivität des Wissenschaftlichen gründet.

Die Hinwendung zum Konzept der Schlüsselkompetenzen und zu einer Didaktik nachhaltigen Lernens erfordert für viele Angehörige der Universität eine Umorientierung, die grundlegende Werte in Frage stellt. Deswegen wird im Heidelberger Projekt vorrangig darauf geachtet, an Kultur und Strukturen der Universität anzukoppeln und durch Verhandlungen und Gespräche ein Angebot zu formulieren, das an den Fakultäten und Instituten nicht als Anspruch, sondern als Entlastung erfahren wird. Die Zusammenarbeit im Projekt beruht auf verbindlichen Vereinbarungen mit der Spitze der Fakultäten und Institute über die Beiträge beider Seiten. Die Abteilung Schlüsselkompetenzen entwickelt die Konzepte für die Tutorien, schult die Tutorinnen und Tutoren, evaluiert die Effekte und achtet auf die Qualitätssicherung. Die beteiligten Fakultäten und Institute tragen die Verantwortung für die Organisation der Kurse sowie für deren Integration in den bestehenden Studienplan und damit in die formale

Struktur des Studiums. Ergebnisse und Erfahrungen werden am Ende eines jeden Semesters gegenseitig rückgemeldet und gemeinsam ausgewertet. Durch einen Steuerkreis unter Vorsitz des Rektors der Universität, in dem die Studiendekane der Fakultäten und die InstitutsdirektorInnen der beteiligten Fächer vertreten sind, sowie durch Berichte an den Senatsausschuß für die Lehre werden die Aktivitäten des Projektes an die Leitungsebene der Universität angekoppelt.

Unterstützung von FachtutorInnen und Lehrenden bei der Förderung nachhaltigen Lernens in Lehrveranstaltungen

Durch ihre Konzeption bieten die Tutorien zur Schlüsselkompetenzförderung auch Anregungen für die didaktische Gestaltung von fachbezogenen Lehrveranstaltungen in den beteiligten Fächern, also für eine verbesserte Prozeßqualität der fachlichen (Aus-) Bildung. In vielen Fällen wurden methodische Elemente aus den Schlüsselkompetenz-Tutorien auf reguläre Lehrveranstaltungen und fachbezogene Tutorien übertragen. Bei den Lehrenden der am Tutorienprogramm beteiligten Fächer entstand allmählich eine verstärkte Nachfrage bei der Abteilung Schlüsselkompetenzen für eine Erweiterung der Zusammenarbeit. So wurden über das Tutorienprogramm hinaus auch Bausteine für Lehrveranstaltungen - etwa zur Präsentation von Referaten - oder Workshops und Beratung zu didaktischen Fragen angeboten, wie etwa "TeilnehmerInnenaktivierung in Seminaren" oder "Gestaltung von Propädeutika in einem reformierten Grundstudium". Eine solche Unterstützung für Lehrende erfolgt in der Regel entweder als individuelles Coaching oder als Workshop für eine Gruppe, z.B. für verschiedene HochschulassistentInnen eines Faches oder für das Personal eines Lehrstuhls.

Für Studierende in höheren Semestern, die als "FachtutorInnen" Vorlesungen und Seminare in Gruppen begleiten und vertiefen sowie für Promovierende, die Teilaufgaben in der Lehre übernehmen, besteht ein Angebot von jeweils eineinhalbtägigen Basis- und Aufbaukursen. In den Basiskursen werden die Grundlagen einer Didaktik nachhaltigen Lernens vermittelt (Leitungsrolle, Organisation aktivierender Lernprozesse, Gewinnen der Studierenden für eine Didaktik nachhaltigen Lernens). In den Aufbaukursen erarbeiten sich die Teilnehmenden konkrete Strategien für die Planung und Durchführung ihrer eigenen Veranstaltungen anhand der didaktischen Konzepte "Zielorientierte Planung", "Problemorientiertes Lernen", "Prozeßsteuerung in Gruppen", "Einsatz aktivierender Lernsituationen" und "Moderationsmethode". Diese unterstützenden Angebote für FachtutorInnen und Lehrende zielen darauf ab, anstelle einer Didaktik des Vermittelns und Nachvollziehens erschließendes, handlungsbezogenes Lernen in ergebnisoffenen Prozessen zu ermöglichen.

Über diese Aktivitäten hinaus wird sich in der Zukunft ein weiteres Kooperationsfeld zwischen einer Abteilung mit Know-How für die Vermittlung von Schlüsselkompetenzen und der Lehre eröffnen: In der Folge der Neufassung des § 19 Hochschulrahmengesetz wird von der Kultusministerkonferenz die Einführung von Bachelor-Studiengängen empfohlen, in denen Elemente der "Vermittlung fächerübergreifender Qualifikationen" (Kultusministerkonferenz, 1999) enthalten sein sollen.

Ziele

Verbesserung der Produktqualität der universitären (Aus-) Bildung durch Förderung von Schlüsselkompetenzen

- eigenverantwortliche aktive Orientierung
- zielbewußtes Handeln
- selbstgesteuertes Lernen und Arbeiten
- soziale Kompetenzen

Verbesserung der Prozeßqualität der universitären (Aus-) Bildung durch Förderung nachhaltiger Lehr-Lern-Prozesse

- Bestimmung von Strukturen und Funktionen der verschiedenen Lernangebote
- zielorientierte Veranstaltungsplanung
- Rollenklarheit in der Kooperation mit Lernenden
- Steuerung von Strukturen und Prozessen in Gruppen

Angebot

Tutorienprogramm

in die Studienpläne integrierte Kurse im ersten Semester, im Studienverlauf und in der Examensphase

Direkte Kurse für Studierende

Strategien selbständigen Arbeitens, Zeitmanagement, wissenschaftliches Schreiben, Aufbau und Präsentation von Referaten, Vorbereitung auf die Bewerbungssituation

Didaktische Schulung von Fachtutor(inn)en und Mittelbau

Basistraining: Grundlagen der Didaktik nachhaltigen Lernens
Aufbautraining: Vorbereitung konkreter Veranstaltungen

Workshops und Beratung für Lehrende

orientiert am jeweils vorgetragenen Anliegen

Flankierende strukturentwickelnde Aktivitäten

Etablierung als Competence-Center für Produkt- und Prozeßqualität der universitären (Aus-) Bildung

Aufbau einer geregelten Struktur der Zusammenarbeit mit der Universitätsleitung und mit den Fakultäten

Abb. 4 Angebotsspektrum eines Competence-Centers zur Förderung der Qualität der universitären (Aus-) Bildung.

Durch ein solches breit gefächertes Angebot zur Unterstützung sowohl der Prozeß- als auch der Produktqualität der universitären (Aus-) Bildung, das in einen geregelten strukturellen Rahmen an der Universität eingebettet ist, entsteht eine vertrauensvolle Zusammenarbeit mit den Fakultäten und Instituten. Im Verlauf einer solchen Kooperation werden nach und nach die jeweils fachspezifischen Ansatzpunkte zu einer Verbesserung der (Aus-) Bildungsqualität deutlich, an denen schrittweise gearbeitet werden kann. Dadurch erweist sich ein solches Competence-Center, wie es die Abteilung Schlüsselkompetenzen darstellt, als unterstützender Faktor bei der Erreichung der Reformziele der Universitäten. Durch die Kombination von personal- und strukturentwickelnder Tätigkeit kann es für den Aufbau einer gesundheitsfördernden Hochschule entscheidende Funktionen übernhemen.

Literatur

Abercrombie N, Gatrell T, Thomas C (1998). Universities and health in the twenty-first century. In: Tsouros AD, Dowding G, Thompson J, Dooris M (Hrsg.). Health Promoting Universities. Concept, Experience and Framework for Action. WHO Regional Office for Europe, Copenhagen

Antons K (1992). Praxis der Gruppendynamik: Übungen und Techniken. Hogrefe, Göttingen

Arnold R & Schüßler I (1998). Wandel der Lernkulturen. Ideen und Bausteine für ein lebendiges Lernen. Wissenschaftliche Buchgesellschaft, Darmstadt

Beck U (1986). Risikogesellschaft. Auf dem Weg in eine andere Moderne. Suhrkamp, Frankfurt

Bohleber W (1982). Spätadoleszente Entwicklungsprozesse. In: Krejci E & Bohleber W (Hrsg.). Spätadoleszente Konflikte. Verlag für Medizinische Psychologie im Verlag Vandenhoeck & Ruprecht, Göttingen

BS - Berufsverband der Studienberaterinnen und Studienberater von Baden-Württemberg (Hrsg.) (1993). Aktives Studieren. Beratung als Ressource an der veränderten Hochschule. Heidelberg

Burri PH, Janosa-Dietrich U, Zbinden K (1995). Das Studienreformprojekt der Medizinischen Fakultät der Universität. Meducs, Bern, 8 (1):7-15

Chur D (1987). Studium als Zeit persönlicher Entwicklung und die Bedeutung von Beratung. In: Zentrale Studentenberatung (Hrsg.). Studentenberatung an der Universität Heidelberg 1967-1987 - Aufgaben, Konzepte, Arbeitsformen. Universität Heidelberg

Chur D (1991). Die Notwendigkeit einer direkten Kooperation der Zentralen Studien- und Studentenberatung mit Hochschullehrern. In: Hochschulrektorenkonferenz (Hrsg.). Ein Jahr davor - Studieren in Europa. Dokumente zur Hochschulreform 72/1991, Bonn Berlin

Chur D (1995a). Die Förderung von Schlüsselkompetenzen aktiven Studierens als Aufgabe einer Kooperation von Zentraler Beratungsstelle und Fakultäten. Schriftenreihe Beratung und Kompetenzentwicklung an der Hochschule 2. Universität Heidelberg

Chur D (1995b). Beratung als Kompetenzförderung - Prinzipien und Strategien am Beispiel eines Projekts in der Studierendenberatung. System Familie, 8 (2):103-110

Chur D (1997). Beratung und Kontext - Überlegungen zu einem handlungsanleitenden Modell. In: Nestmann F (Hrsg.). Beratung. Bausteine für eine interdisziplinäre Wissenschaft und Praxis. DGVT, Tübingen

Chur D (1998). Die Förderung von Schlüsselkompetenzen durch Beratung im Rahmen einer kontextbezogenen Methodik. PÄDForum, 5:431-439

Chur D (1999, in Vorbereitung). Erwachsenenbildung und Train-the-trainer-Maßnahmen im Schnittpunkt von Personal- und Organisationsentwicklung. In: Strittmatter-Haubold V (Hrsg.). Konzeptionen und Ansätze für Train-the-trainer-Maßnahmen.

Cohn R (1981). Von der Psychoanalyse zur themenzentrierten Interaktion. Klett-Cotta, Stuttgart

Däumling AM, Fengler J, Nellessen L, Svensson A (1974). Angewandte Gruppendynamik. Selbsterfahrung, Forschungsergebnisse, Trainingsmodelle. Klett-Cotta, Stuttgart

de Shazer S (1989). Der Dreh. Überraschende Wendungen und Lösungen in der Kurzzeittherapie. Carl-Auer-Systeme, Heidelberg

Deutscher Hochschulverband (Hrsg.) (1990). Verkürzung der Studienzeit. Vorschläge und Stellungnahmen – eine Dokumentation. Band I und II. Bonn

Dichtl E, Schneider W, Wolf B (1990). Die Studiendauer an deutschen Universitäten. Eine empirische Analyse. Universität Mannheim

DIHT - Deutscher Industrie- und Handelstag (Hrsg.) (1996). Autonomie, Wettbewerb, Profilbildung. Vorschläge der Spitzenverbände der Wirtschaft zur Reform des Hochschulwesens. Bonn

Dooris M, Dowding G, Thompson J, Wynne C (1998). The settings-based approach to health promotion. In: Tsouros AD, Dowding G, Thompson J, Dooris M (Hrsg.). Health Promoting Universities. Concept, Experience and Framework for Action. WHO Regional Office for Europe, Copenhagen

EU (Hrsg.) (1998). Empfehlung des Rates vom 24. September 1998 betreffend die europäische Zusammenarbeit zur Qualitätssicherung in der Hochschulbildung. Amtsblatt der Europäischen Gemeinschaften L 270 vom 7.10. 1998:56-59

Finkenstaedt T & Heldmann W im Auftrag des Deutschen Hochschulverbandes (Hrsg.) (1989). Studierfähigkeit konkret. Erwartungen und Ansprüche der Universität. Karl Heinrich Bock, Bad Honnef

Geyer S & Lilli W (1992). Konsequenzen von Handlungs- und Lageorientierung im Studium: Ein Vergleich zweier Fachrichtungen. Zeitschrift für Sozialpsychologie, 119-128

Grossmann R & Scala K (1994). Gesundheit durch Projekte fördern: Ein Konzept zur Gesundheitsförderung durch Organisationsentwicklung und Projektmanagement. Juventa, Weinheim

Hacker W, Volpert W, von Cranach M (1983). Kognitive und motivationale Aspekte der Handlung. Hans Huber, Bern

Heckhausen H (1989). Motivation und Handeln. Springer, Berlin Heidelberg

Hochschulrektorenkonferenz (HRK) (Hrsg.) (1992). Konzept zur Entwicklung der Hochschulen in Deutschland: Einstimmiger Beschluß des 167. Plenums der Hochschulrektorenkonferenz. Dokumente zur Hochschulreform 75/1992. Bonn

Holzkamp K (1991). Lehren als Lernbehinderung. Forum Kritische Psychologie, 27:5-22

Holzkamp K (1995). Lernen. Subjektwissenschaftliche Grundlegung. Campus, Frankfurt New York

Keupp H (1987). Psychosoziale Praxis im gesellschaftlichen Umbruch. Psychiatrie Verlag, Bonn

Kretzschmar A, Maier M, Saamer G (1996). Studiensituation und Beratung. Eine Untersuchung an der Theologischen Fakultät. Universität Heidelberg

Krüger HJ, Steinmann I, Stetefeld G, Polkowski M, Haland-Wirth T (1986). Studium und Krise. Eine empirische Untersuchung über studentische Belastungen und Probleme. Campus, Frankfurt New York

Kultusministerkonferenz (KMK) (1999). Strukturvorgaben für die Einführung von Bachelor-/Bakkalaureus- und Master-/Magisterstudiengängen. Beschluß der 285. KMK vom 5.3.1999

Langmaack B (1996). Themenzentrierte Interaktion. Einführende Texte rund ums Dreieck. Beltz, Weinheim

Lewin K, Heublein U, Sommer D, Cordier H (1995). Studienabbruch - Gründe und anschließende Tätigkeiten. Ergebnisse einer bundesweiten Befragung im Studienjahr 1993/94. Hochschul-Informations-System A1/95, Hannover

Liebig V (1998). Die selektive Vorlesung. Produktive Interaktion zwischen Lehrenden und Lernenden. Handbuch Hochschullehre, 18. EL, Beitrag A3.20. Raabe Fachverlag für Wissenschaftsinformation, Bonn

Lompscher J & Mandl H (1996). Lehr- und Lernprobleme im Studium. Bedingungen und Veränderungsmöglichkeiten. Hans Huber, Bern

Mertens D (1974). Schlüsselqualifikationen. Thesen zur Schulung für eine moderne Gesellschaft. Mitteilungen aus Arbeitsmarkt- und Berufsforschung, 7:36-43

Nestmann F (1997). Beratung. Bausteine für eine interdisziplinäre Wissenschaft und Praxis. DGVT, Tübingen

PÄDAGOGIK (1995). Themenheft "Die Moderationsmethode" 6

PÄDAGOGIK (1996). Themenheft "Die Moderationsmethode" 12

Renkl A, Gruber H, Mandl H (1996). Kooperatives problemorientiertes Lernen in der Hochschule. In: Lompscher J & Mandl H (Hrsg.). Lehr- und Lernprobleme im Studium. Bedingungen und Veränderungsmöglichkeiten. Hans Huber, Bern

Schmidt HG, Boshuizen PA, de Vries M (1991). Comparing problem-based with conventional education: a review of the University of Limburg medical school experiment. Universität Limburg

Schulz von Thun F (1981). Miteinander reden. Störungen und Klärungen. Rowohlt, Reinbek

Schwarzer R (1993). Streß, Angst und Handlungsregulation. Kohlhammer, Stuttgart

Spitzenverbände der Wirtschaft (Hrsg.) (1992). Differenzierung, Durchlässigkeit, Leistung. Bildungspolitische Position der Spitzenverbände der Wirtschaft. Bonn

Stangel-Meseke M (1994). Schlüsselqualifikation in der betrieblichen Praxis: Ein Ansatz in der Psychologie. Deutscher Universitäts-Verlag, Wiesbaden

Staufenbiel J (1997). Berufsplanung für den Management-Nachwuchs. Staufenbiel Institut für Studien- und Berufsplanung, Köln

Stifterverband für die Deutsche Wissenschaft (Hrsg.) (1997). Qualitätsentwicklung in einem differenzierten Hochschulsystem. Dokumentation eines Symposiums. Wissenschaftszentrum Bonn

Wahl D, Wölfing W, Rapp G, Heger D (1995). Erwachsenenbildung konkret. Mehrphasiges Dozententraining. Eine neue Form erwachsenendidaktischer Ausbildung von Referenten und Dozenten. Deutscher Studien Verlag, Weinheim

Watzlawick P, Beavin J, Jackson D (1969). Menschliche Kommunikation. Hans Huber, Bern

Weiner B (1994). Motivationspsychologie. Beltz PVU, Weinheim

WHO Europe (1986). Ottawa Charter for Health Promotion. Health Promotion, 1 (4):3-5

Wissenschaftsrat (Hrsg.) (1986). Empfehlungen zur Struktur des Studiums. Köln

Wunderer R (1997). Führung und Zusammenarbeit. Beiträge zu einer unternehmerischen Führungslehre. Schäffer-Poeschel, Stuttgart

Zink K (1995). Total Quality Management: Begriff und Aufgaben - ein Überblick. In: Pressmar D (Hrsg.). Total Quality Management. Betriebswirtschaftlicher Verlag Gabler, Wiesbaden

Silke Gräser

PsyBe: Ein Modell zur Gesundheitsförderung in der Studienabschlußphase

Hochschule als ein Setting für Gesundheitsförderung

Hochschule bietet sich in verschiedener Hinsicht als Setting der Gesundheitsförderung an; zum einen im Sinne eines gesunden Unternehmens, dessen Beschäftigte ein gesundes Arbeitsumfeld und gesunde Arbeitsbedingungen vorfinden sollen, zum anderen als gesunde Bildungsinstitution, die eine wichtige gesellschaftspolitische Aufgabe übernimmt, indem sie Gesellschaft (aus)bildet. Bildung als Aufgabe der Hochschulen bezieht sich sowohl auf die berufliche Perspektive als auch auf die persönliche Identitätsbildung. Die Hochschule bietet deshalb, ähnlich wie das Setting Schule (vgl. Paulus in diesem Band), ein günstiges Feld und einen idealen Ansatzpunkt, um Gesundheitsförderung zu etablieren und zu fördern (vgl. Dooris et al., 1998).

Studierende als eine der Zielgruppen von Gesundheitsförderung in der Hochschule sind potentielle Entscheidungs- und FunktionsträgerInnen, die wichtige Funktionen als MultiplikatorInnen der Gesundheitsförderung in vielen verschiedenen gesellschaftlichen Bereichen einnehmen können. Über die Organisationsstrukturen und das soziale Gefüge der Institution prägt die Hochschule zudem eine spezifische Kultur und Tradition von Gesundheit, die ein Verständnis von Gesundheit ebenso beeinflußt wie die Bedeutung, die Gesundheit für den Menschen einnimmt (vgl. Brösskamp-Stone et al., 1998). Daneben kann und muß die Hochschule als Institution des gesellschaftlichen Wandels im Rahmen ihrer Vorbildfunktion Anstöße geben, um im Sinne eines umfassenden salutogenen Verständnisses Gesundheit und Gesundheitsförderung in gesellschaftliche Bereiche zu integrieren. Damit kann sie die wichtige Aufgabe übernehmen, eine setting-orientierte Gesundheitsförderung zu implementieren und sich somit im Sinne der Ottawa-Charta (WHO, 1986) zu einem wichtigen Agenten der Entwicklung einer gesundheitsfördernden Gesamtpolitik entwickeln.

Setting-orientierte Gesundheitsförderung

Gesundheitsförderung ist im Sinne des Setting-Ansatzes dort zu verorten, wo Menschen leben, arbeiten und ihre Freizeit verbringen. Die Hochschule bietet ein Setting, in dem sowohl die Studierenden als auch die in der Hochschule Beschäftigten einen Großteil ihrer Zeit verbringen, in dem sie leben, lernen und arbeiten, in dem sie sich wohl oder unwohl fühlen. Ein Setting umfaßt die Gesamtheit der eine Lebenswelt prägenden Bedingungen einer Gruppe in einem umgrenzten sozialen System (z.B. Kommune, Betrieb, Schule, Krankenhaus oder Gefängnis). In all diesen Settings wird unter Einbezug der spezifischen lebensweltlichen Bedingungen des Settings versucht, Gesundheit als Entscheidungskriterium in alle relevanten Bereiche und Ebenen einzuführen. "Gesundheitsförderung bedeutet, das Kriterium Gesundheit in die Handlungs- und Entscheidungsprozesse eines Systems einzuführen" (Grossmann & Scala, 1994). Der setting-orientierte Ansatz der Gesundheitsförderung versteht Systeme als einen geeigneten Ansatzpunkt für die Gestaltung von Bedingungen, die Wohlbefinden ermöglichen oder erschweren. Die Hochschule als ein solches System gibt Bedingungen vor, die Wohlbefinden und Gesundheit erleichtern oder behindern.

Ziel einer gesundheitsfördernden Intervention sollten sowohl das System selber als auch die darin agierenden Individuen sein. Nur die Beachtung beider Komponenten, der strukturellen und der individuellen, ermöglicht zielgerichtete gesundheitsfördernde Aktivitäten, die in der Umsetzung wichtige Prinzipien der Gesundheitsförderung mitdenken und sie so erfolgreich werden lassen. Dabei stehen neben der Zieldefinition Gesundheit vor allem auch die Handlungsformen der Gesundheitsförderung wie Vermitteln und Vernetzen, Befähigen und Ermöglichen und Interessen Vertreten als zentrale Prinzipien für gesundheitsförderndes professionelles Handeln im Mittelpunkt.

Gesundheitsförderung meint insbesondere die Bereitstellung struktureller Voraussetzungen für Gesundheit. Gesundheitsförderung hebt sich ab von einem Menschenbild, in dessen Fokus die individuelle Verantwortung für Gesundheit liegt; vielmehr integriert sie die strukturellen Bedingungen, die die Lebenswelten von Menschen ausmachen. Lebenswelten sind zentrale Ansatzpunkte der Gesundheitsförderung. Ausgangspunkt ist die Überlegung, daß Menschen in einer transaktionalen Beziehung zu ihrer Umwelt stehen, und so auch ihre Definitionen und ihr Verständnis von Gesundheit und Krankheit durch die Bedingungen geprägt sind, die sie in ihrem Kontext vorfinden. Indem die Gesundheitsförderung die multifaktoriellen Bedingungen von Gesundheit in einem Setting als Ansatzpunkte für gesundheitsfördernde Interventionen versteht, setzt sie sich auch ab von einem Risikofaktoren-Modell. Nicht die Identifizierung gesundheitsschädigender Verhaltensweisen und deren Modifikation stehen im Mittelpunkt der Interventionen, sondern vielmehr die salutogenen Ressourcen, die Schutzfaktoren von Menschen, die es ermöglichen, daß sie gesund bleiben. Im Sinne einer solchen Ressourcenorientierung kommt den protektiven Faktoren, den Faktoren also, die Gesundheit aktiv fördern, zentrale Bedeutung zu.

Gesundheitsförderung im Studienverlauf

Als einen Ansatzpunkt für Gesundheitsförderung im Studium beschreibt Weissinger (1996) Maßnahmen, die sich mit dem Studienverlauf der Studierenden beschäftigen. Zu solchen studienphasenspezifischen Aktivitäten gehören Maßnahmen zum Studienbeginn, in der Orientierungsphase und zum Studienende. Dabei findet die Studienabschlußphase erst neuerdings Beachtung. Die derzeit zunehmende Beschäftigung mit diesem Thema geht einher mit aktuellen Diskussionen um Effektivität und Effizienz des Hochschulstudiums. Angesichts der zunehmenden Bedeutung der Qualitätssicherung im Hochschulbereich wird das Ende des Studiums und mit ihm der Übergang von AbsolventInnen in die Berufstätigkeit zu einem Anliegen der Hochschulen. Zunehmend mehr Initiativen an den Hochschulen haben es sich zur Aufgabe gemacht, den Berufseintritt ihrer AbsolventInnen zu unterstützen.

Der Übergang selber steht in einem Kontext von sich stetig mehr individualisierenden gesellschaftlichen Strukturen, die sich im Rahmen beruflicher Übergänge als Abkehr vom "Normalarbeitsverhältnis" und von einer "Normalbiographie" niederschlagen. Die Strukturen, die die berufliche Realität von HochschulabsolventInnen ausmachen, fordern von ihnen Bewältigungskompetenzen, die es ihnen ermöglichen, sich flexibel auf dem Arbeitsmarkt zu orientieren und mit längeren Phasen von Arbeitslosigkeit oder ungesicherten Arbeitsverhältnissen wie Honorarverträgen, Werkverträgen oder anderen Formen befristeter Beschäftigungsverhältnisse umzugehen.

Der Studienabschluß und mit ihm die Transition (Übergang) von der Hochschule in das Berufsleben ist für Studierende ein wichtiges Lebensereignis. Transitionen werden definiert als potentielle kritische Lebensereignisse, die gekennzeichnet sind durch ein "Stadium des relativen Ungleichgewichtes in dem bis dato aufgebauten Passungsgefüge zwischen Person und Umwelt, die eine Neuorganisation des Person-Umwelt-Gefüges erforderlich macht" (Filipp, 1995). Zweifellos ist die Übergangssituation eine existentielle Lebenssituation, die Anforderungen an Bewältigungskompetenzen und –ressourcen stellt und ein krisenhaftes Potential hat. Dabei ist die Sichtweise einer solchen Neuorganisation nicht per se potentiell pathologisch; vielmehr schließt der An-forderungscharakter positive oder günstige Veränderungen mit ein und beinhaltet die Möglichkeit von Wachstum und persönlicher Entwicklung. Eine solche Sichtweise setzt sich ab von einer defizitorientierten Betrachtungsweise, die im Sinne eines *kritischen* Lebensereignisses vor allem die pathologische Sicht einnimmt. Ein gesundheitsfördernder Übergang ist daher nicht ein Übergang ohne Stressoren, sondern zielt ab auf die bestmögliche Bewältigung; auf die Bedingungen, die es ermöglichen, daß der Übergang in größtmöglichem Maße für den Menschen kontrollierbar bleibt, das Wohlbefinden so wenig wie möglich negativ beeinflußt wird und in Abstimmung mit der subjektiven Zielbestimmung als gelungen bewertet wird.

Gesundheitliche Lage und protektive Faktoren in der Studienendphase

Im Rahmen des Überganges finden individuelle Veränderungen im lebensweltlichen Kontext von AbsolventInnen statt wie Veränderungen im persönlichen, sozialen und beruflichen Kontext, die positiv besetzt sei können, aber auch als belastend erlebt werden können und zu einem krisenhaften Ereignis werden können (vgl. Stiehler & Nestmann in diesem Band). Nur wenige Untersuchungen beschäftigen sich mit der gesundheitlichen Lage der Studierenden in der Studienabschlußphase. Brunner & Bachmann (1999) stellen in einer Schweizer Studie allerdings fest, daß sich das gesundheitliche Befinden zum Studienende hin verschlechtert; zu dieser Zeit wird der allgemeine Gesundheitszustand durch die Studierenden schlechter eingeschätzt als zu Studienbeginn und Studienmitte.

Zudem gibt es Hinweise auf ein geschlechtsspezifisches Ergebnis in der Dimension psychischen Wohlbefindens, operationalisiert durch das Ausmaß an Depressionen in der Studienendphase. So liegen die Depressivitätswerte bei Studentinnen in allen Phasen des Studiums (Beginn, Mitte, Ende) höher als vor Beginn des Studiums. So zeigten sich auch bei den Studentinnen in der Endphase des Studiums höhere Depressivitätswerte als bei ihren Kommilitonen[10]

Stock & Krämer (in diesem Band) untersuchen Veränderungen im Studienverlauf zwischen dem 1. und dem 5. Semester und konstatieren einen signifikanten Anstieg in der Einschätzung der allgemeinen Belastung und eine zunehmende Bedeutung des fehlenden Praxisbezuges des Studiums als studienspezifischen Belastungsfaktor. Das könnte darauf hindeuten, daß insbesondere die Thematik des nahenden Berufseinstieges und die Antizipation von Anforderungen in der Studienendphase zunehmend als Belastung wahrgenommen werden. Zu den strukturellen Ressourcen gehört also neben den fachlichen Inhalten auch das Lehrangebot. Wird der fehlende Praxisbezug von Studierenden als Belastung erlebt, muß sich eine gesundheitsfördernde Hochschule auch mit Aspekten des Lehrangebotes und seiner Ausgestaltung beschäftigen. Die stärkere Integration von Lerninhalten, die sich auf die berufliche Praxis beziehen, können so in einem präventiven Sinne dazu beitragen, die Belastung zu reduzieren.

Auch die mangelnde Qualität des Studienangebotes wird von den Studierenden der Universität als Belastung erlebt (Brunner & Bachmann, 1999). Außerdem nimmt die Angst, sich in Veranstaltungen mündlich zu beteiligen, im Studienverlauf zu und wird am Ende als starke Belastung erlebt. Dieses interessante Ergebnis verweist auf die Relevanz von Lehr- und Lernformen in der Gestaltung der Lehre und unterstützt die Bedeutung der strukturellen Voraussetzungen der Hochschule als Bildungsinstitution für das Wohlbefinden der Studierenden. So gehören zu den strukturellen Bedingungen auch die Inhalte der Curricula, ihr Berufsbezug, die Studien- und Prüfungsordnungen, die angebotenen Lehrformen wie Vorlesungen, Seminare, Workshops oder Projekte und die angewandten didaktischen Methoden (wie z.B. Gruppenarbeitsverfahren). In diesem Sinne könnten z.B. hochschuldidaktische Qualifizierungsangebote für Lehrende an den Hochschulen zu gesundheitsfördernden Maßnahmen sowohl für Lehrende als auch für Studierende werden.

Die Bedeutung der sozialen Unterstützung als eine wichtige protektive Ressource ist mittlerweile gut erforscht und nachgewiesen (vgl. Schwarzer & Leppin 1989, 1994). Aspekte der sozialen Unterstützung nehmen auch in der Studienabschlußphase eine wichtige Rolle ein. Gefragt nach Unterstützungsaspekten in der Endphase des Studiums nannten Studierende in der Studie von Brunner und Bachmann vor allem die soziale Unterstützung durch KommilitonInnen (Brunner & Bachmann, 1999). Das soziale Netzwerk scheint sich jedoch zum Ende des Studiums hin stark zu reduzieren. Es zeigt sich, daß am Ende des Studiums das soziale Netz schrumpft und die Studierenden fast nur noch mit Studierenden sprechen, die auch zu ihrem persönlichen Beziehungsnetz gehören (Bachmann,

---

[10] Frauen beschreiben auch allgemein mehr gesundheitliche Beschwerden wie Stress- und Erschöpfungszustände, Magen-Darm-Beschwerden und Verspannungssymp-tome (Brunner & Bachmann, 1999).

1999). Auch finden sich Hinweise darauf, daß die Zufriedenheit mit sozialer Unterstützung ein Prädiktor für die gesundheitliche Situation z.B. in Hinblick auf die Häufigkeit psychosomatischer Beschwerden ist. "Die Menge der Beziehungen, die man hat, korreliert positiv mit den Einschätzungen des Studiums als Gewinn und Herausforderung. Personen mit wenigen alltäglich aktualisierten Beziehungen erleben das Studium eher als Verlust, was auf die Bedeutung loser, alltäglicher Kontakte hinweist" (Bachmann, 1999). Dabei handelt es sich hier um Beziehungsarten, deren Ausbildung stark durch die Studienfachbedingungen beeinflußt wird, was erneut auf die Bedeutung der strukturellen Ressourcen in den einzelnen Fächern hinweist. Soziale Netzwerke haben demnach eine besondere Bedeutung für die Gestaltung eines gesundheitsfördernden Angebotes am Ende des Studiums (vgl. Stiehler & Nestmann in diesem Band).

Übergangsprozesse gehören zu der Biographie eines Menschen, die geprägt wird durch eine Reihe von normativen Übergängen wie der Beginn der Schulzeit bzw. des Studiums, der Übergang in die Elternschaft, die Pensionierung oder der Übergang von der Hochschule in den Beruf. Im Sinne der Salutogenese (Antonovsky, 1987) handelt es sich bei einem solchen Übergangsprozeß nicht um etwas Ungewöhnliches oder per se Pathologisches, sondern vielmehr entsteht eine Situation, in der der Mensch Ressourcen entdecken oder entwickeln muß, um diesen Übergang im Sinne von Antonovsky zu einem gelingenden werden zu lassen. Dabei können gesundheitspsychologisch betrachtet Protektivfaktoren, also Schutzfaktoren zum Tragen kommen. Als einen solchen Schutzfaktor wird in der Psychologie die Selbstwirksamkeitserwartung als eine personale Ressource diskutiert (vgl. Bandura, 1977; Schwarzer, 1997).

Eggli (1999) konstatiert in einer Untersuchung zur Ausprägung der personalen Ressourcen über den Studienverlauf, daß die Selbstwirksamkeit zum Ende des Studiums seinen Tiefpunkt erreicht. Je fortgeschrittener im Studium, desto niedriger die Selbstwirksamkeit. Vermutet man negative Auswirkungen des Studiums auf die Selbstwirksamkeit, eröffnet sich hier ein wichtiges Interventionsfeld. Auch in bezug auf die Selbstwirksamkeit lassen sich geschlechtsspezifische Unterschiede feststellen; so liegen die durchschnittlichen Werte zur Selbstwirksamkeit bei den Studentinnen niedriger. Dabei ist die Überzeugung, daß die eigenen Kompetenzen ausreichen, um das Studium abzuschließen, offensichtlich ein wichtiger Faktor. Sie wurde bei den meisten (hier untersuchten) Studierendengruppen zum Ende hin wichtiger (Brunner & Bachmann, 1999).

PsyBe – Ein Modell gesundheitsfördernder Interventionen zum Studienende

Seit dem WS 1997/98 gibt es im Fachbereich Psychologie der Universität Oldenburg das Projekt "PsyBe" (Psychologie als Beruf), eine Angebotsstruktur zur gesundheitsfördernden Gestaltung der Studienabschlußphase. Dabei ist PsyBe ein fachspezifisches Angebot, das sich vorwiegend an Studierende und AbsolventInnen des Studienganges Psychologie richtet. Damit wird der Vermutung Rechnung getragen, daß ein fachspezifisches Angebot besser dazu geeignet ist, auf die ganz spezifischen Bedürfnisse der Studierenden einzugehen. Darüber hinaus wird durch die Koppelung mit fachübergreifenden Angeboten wie z.B. Seminaren zu Präsentations- und Moderationstechniken, Seminaren zum wissenschaftlichen Schreiben oder zur Vorbereitung auf die Bewerbung eine sinnvolle Angebotsstruktur geschaffen.

Die Angebote von PsyBe sind grundsätzlich an Prinzipien der Gesundheitsförderung ausgerichtet, d.h. es werden Umsetzungswege gesucht, die dem Ansatz von Gesundheitsförderung entsprechen. Zentrale Begrifflichkeiten des Modells sind *Partizipation, Antizipation, Kooperation* und *Transfer*; sie bilden das PAKT-Modell, auf dessen Grundlage die Angebote von PsyBe konzipiert sind. Das PAKT-Modell steht exemplarisch für die praktische Umsetzung von Gesundheitsförderung in einer existentiellen Phase im Studienverlauf.

Partizipation und Empowerment

Die Zeit des Studienendes kann zu einer Zeit der Unsicherheit und Desorientierung werden, für die sich viele Studierende nicht ausreichend gerüstet fühlen. Als "ein großes schwarzes Loch" wird die Situation des Studienabschlusses oft bereits in der Diplomarbeitsphase empfunden. Die Situation am Ende des Studiums ist geprägt von einem Gefühl, das eher einem Kontrollverlust entspricht, wie er sich auch in den sinkenden Selbstwirksamkeitserwartungen manifestiert. Die Informationsstrukturen in den Hochschulen kranken derzeit immer noch an einer (wenn auch abnehmenden) Ignoranz beruflich relevanter Inhalte, sowohl in den Curricula als auch in den darüber hinausgehenden Angeboten. Eine berufliche Orientierung kann so nicht erfolgen. Die Studierenden sind über Berufsfelder und Perspektiven oft unzureichend informiert und ungenügend darauf vorbereitet, Unsicherheiten in Hinblick auf die Zeit nach dem Studium nehmen zu und lassen so die Studienendphase zu einer Zeit werden, die weder vorhersehbar noch kontrollierbar erscheint. Die Antizipation des Transitionsereignisses soll durch PsyBe positiv unterstützt werden. Durch eine frühzeitige Antizipation und Informationsvermittlung können so das Ereignis der Transition und dessen Auswirkungen von den Studierenden besser eingeschätzt werden.

Gesundheitsförderung umzusetzen bedeutet auch, sich an Prinzipien von Partizipation und Empowerment zu orientieren und ein Gefühl von Teilhabe und Ermächtigung zu vermitteln. Der Begriff des Empowerment (Ermächtigung) bedeutet, Menschen in ihrem Lebenskontext zu ermächtigen und zu befähigen, Kontrolle über ihre Lebenssituation (wieder) zu erlangen (vgl. Rappaport, 1984). Empowerment und Partizipation sind grundlegende Strategien einer gesundheitsfördernden Hochschule und so auch der gesundheitsfördernden Gestaltung der Studienabschlußphase.

Kooperation und Vernetzung

Kooperation ist eine zentrale Strategie und Handlungsform der Gesundheitsförderung, die Grundlage einer professionellen Haltung bildet. Gesundheitsförderung kann über Kooperation und Vernetzung als Arbeitsweisen im institutionellen

Rahmen organisationsentwickelnd wirken. Neben der professionellen Haltung selbst, die die Organisationsform beeinflußt, gehört Vernetzung zu dem zentralen Anliegen einer gesundheitsfördernden Gestaltung der Studienabschlußphase, denn gerade in der Endphase des Studiums scheint sich die soziale Unterstützung zu reduzieren (vgl. Bachmann, 1999). Im Sinne einer Ressourcenorientierung müssen soziale Netzwerke und soziale Unterstützung bei den Studierenden reaktiviert werden. Konkret bedeutet das, daß Kooperation und Vernetzung nicht nur zentrale Handlungsformen von PsyBe sind, sondern auch eine Zielvorgabe bilden. Die Bildung und Unterstützung von sozialen Netzwerken ist ein wesentlicher Aufgabenbereich eines gesundheitsfördernden Ansatzes.

Transfer

Transfer beschreibt ein strukturelles Merkmal und weist auf die systemische Sichtweise von Gesundheitsförderung explizit hin. Denn Transfer bedeutet nicht nur den unmittelbaren Austausch zwischen Studierenden und AbsolventInnen, sondern schließt die allgemeine Kommunikationskultur in einer Organisation mit ein. Neue oder umstrukturierte Kommunikationswege sind strukturierende Maßnahmen, die Studierenden mehr Orientierung und Sicherheit geben und so ihr Wohlbefinden steigern können. Dabei weist Transfer auf die auf Kommunikation ausgerichtete Vorgehensweise des Projektes hin. Eine verbesserte Kommunikationsstruktur als zentrales Thema wird von den Studierenden (z.B. in Zukunftswerkstätten) immer wieder als Anliegen geäußert.

Das PAKT-Modell in der Praxis - Die Angebote von PsyBe (Psychologie als Beruf)

Die wesentlichen Elemente des PAKT-Modelles bestimmen auch die einzelnen Angebote von PsyBe. Dabei unternimmt PsyBe den Versuch, diese zentralen Prinzipien auf ein themenspezifisches Feld, die Studienabschlußphase, zu fokussieren.

STAB – Das Studierenden-AbsolventInnen-Netzwerk

Als zentrales Element von PsyBe wurde 1997 das Studierenden-AbsolventInnen-Netzwerk gegründet. In diesem Netzwerk sind sowohl Studierende als auch AbsolventInnen der Psychologie organisiert. Zielsetzung ist es, einen Transfer zwischen den Erfahrungen der AbsolventInnen und der Studierenden anzuregen und zu fördern. Dabei können einerseits die Studierenden von den Erfahrungen der AbsolventInnen profitieren, andererseits bietet das Netzwerk eine über das Studium hinausgehende Organisationsform, die den Kontakt von AbsolventInnen zur Hochschule unterstützt und den AbsolventInnen auch nach dem Studienabschluß ein Informationsangebot und eine Vernetzungsstruktur anbietet.

Das Netzwerk setzt sich aus verschiedenen Angebotsteilen zusammen: die Studierenden-AbsolventInnen-Treffen (STAB), eine Email-Liste sowie verschiedene Informationsangebote und Workshops, die sich jeweils sowohl an Studierende als auch an AbsolventInnen richten.

Die STAB-Treffen finden einmal pro Semester statt und bieten jeweils zu unterschiedlichen beruflichen Feldern (z.B. Klinische Psychologie, Arbeits-, Betriebs- und Organisationspsychologie, Gesundheitsförderung) Erfahrungsberichte von AbsolventInnen oder Studierenden aus der Praxis an.

Die Treffen dienen nicht nur dem Austausch auf der Informationsebene, sondern sollen darüber hinaus partizipative Elemente und soziale Netzwerkbildung anregen. Diese Treffen sind im Sinne eines Empowerment angelegt, also im Sinne einer "Ermächtigung" der Betroffenen. In diesem Sinne ist auch die Veranstaltungsform konzipiert, d.h. die Treffen werden moderiert, nicht angeleitet. Vielmehr sind die Studierenden und die AbsolventInnen hier als ExpertInnen ihrer Lebenssituation gefragt, so daß es möglich wird, *ihre* Interessen in den Mittelpunkt zu stellen. So ergeben sich auch die jeweiligen Themen der Treffen durch die TeilnehmerInnen.

absolvent.psychologie.uni-oldenburg.de – Die Email-Liste

Kommunikationsförderung ist eine gesundheitsfördernde Intervention. Hochschulen haben oft umfängliche Angebote, deren Nutzung an mangelnden Kommunikationsstrukturen scheitert. Die Förderung und Etablierung solcher Strukturen stellt demnach ein sinnvolles Einsatzfeld dar, wie es auch die WHO (vgl. Tsouros in diesem Band) als einen Aspekt gesundheitsfördernder Hochschulen versteht. Mit der zunehmenden Nutzung neuer Medien wie Internet oder Email bieten sich diese als Instrumente der Vernetzung an. Hier bieten sich interessante Ansatzpunkte, um neue Kommunikationswege zu beschreiten, die auch für gesundheitsfördernde Interventionen im Sinne von Vernetzung und Transfer nutzbar gemacht werden können.

Im Netzwerk entstand die Idee einer Email-Liste zum Thema Berufseinstieg, die mittlerweile ca. 60 Studierende und AbsolventInnen der Psychologie umfaßt. Die Email-Liste hat einen eingegrenzten NutzerInnenkreis, d.h. Interessierte melden sich an und bekommen alle Nachrichten, die an die Email-Liste geschickt werden, automatisch zugeschickt. Darüber hinaus gibt es dadurch ein Angebot, interaktiv mit anderen Studierenden oder AbsolventInnen in Kontakt zu kommen und gleichzeitig ein spezifisches, auf die Bedürfnisse der Psychologie-Studierenden abgestimmtes Informationsforum in Anspruch zu nehmen. Auf der Email-Liste gibt es Veranstaltungshinweise von PsyBe oder anderen Institutionen inner- und außerhalb der Hochschule zum Thema Berufseinstieg, zu ergänzenden Angeboten in Hinblick auf Schlüsselqualifikationen, aber auch Literaturtips und Praktikumsplätze oder Stellenangebote. Für neue TeilnehmerInnen der Liste werden nach Bedarf Email-Schulungen angeboten. Email-Listen bieten Ansatzpunkte für eine interaktive Vernetzung und können ein niedrigschwelliges Angebot mit einer guten Zugänglichkeit schaffen. Dabei können Email-Listen den direkten Kontakt nicht ersetzen, aber die Vernetzung von

Studierenden und AbsolventInnen befördern und herbeiführen. Dabei kann die Email-Liste folgende Funktionen übernehmen:

- Diskussionsforum sein
- Informationsaustausch fördern
- Größere Transparenz relevanter Angebote sichern
- Spezifische Informationen bereitstellen
- Netzwerkbildung unterstützen und Synergie-Effekte nutzbar machen
- Die Entwicklung gemeinsamer studentischer oder von AbsolventInnen und Studierenden gemeinsam getragener Projekte unterstützen
- Einen Austausch zwischen Studierenden und AbsolventInnen und somit zwischen Studium und Berufspraxis herstellen
- Partizipationsmöglichkeiten anbieten
- Soziale Unterstützung (durch Einbindung in ein soziales Netzwerk) fördern
- Antizipation der Übergangssituation ermöglichen

Berufsspezifische Informationsveranstaltungen

Bedeutsam ist auch die Weitergabe von spezifischen berufsständischen und berufsrechtlichen Informationen an die Studierenden. Im Sinne einer salutogenen Intervention wird in der Antizipation des Ereignisses Transition so ein Gefühl von Kontrolle über die bevorstehende Situation unterstützt. Hier sollte den fachspezifischen Informationsbedürfnissen in den einzelnen Studiengängen Rechnung getragen werden. So interessieren sich die Psychologie-Studierenden für das Psychotherapeutengesetz, während eine zentrale Frage bei Chemie-Studierenden die Berufschancen ohne den Doktortitel darstellen. Ebenso mag es Unterschiede in den einzelnen Universitäten geben, die abhängig sind von dem jeweiligen Profil der Hochschule, so mag es in der Universität Oldenburg mit einem stark ausgeprägten ökologischen Profil einen Physikstudenten mehr beschäftigen, ob er eine Beschäftigung in einem ökologischen Feld oder in der Rüstungsindustrie findet. Es gibt also in Abhängigkeit von der jeweiligen Fachrichtung ganz spezielle Fragen, die sich auf den Übergang von der Hochschule in den Beruf beziehen.

Die scheinbar triviale Aufgabe der Informationsweitergabe und -zusammenführung ist essentiell, um auf den Übergang von der Hochschule in den Beruf vorzubereiten. Aus diesem Grunde gehören Informationsveranstaltungen und Workshops zu spezifischen beruflich relevanten Themen zum Standard-Repertoire von PsyBe. In Kooperation mit dem BDP (Berufsverband Deutscher Diplom PsychologInnen und Psychologen) werden z.B. Vorträge über Berufsfelder oder neue gesetzliche Grundlagen organisiert oder Workshops zur Existenzgründung mit kommunalen Institutionen wie EFA (Existenzgründungsagentur für Frauen) durchgeführt.

Zukunftswerkstätten zur gesundheitsfördernden Hochschule

Um partizipative Momente auch in die Gestaltung struktureller Voraussetzungen unmittelbar einfließen zu lassen, wurden in gemeinsamer Vorbereitung mit Studierenden Zukunftswerkstätten angeboten. Eine Zukunftswerkstatt (Jungk & Müllert, 1995) ist ein kreatives Gruppenarbeitsverfahren, in dem Zukunft gemeinsam geplant und gestaltet wird und in dem vor allem Aspekte von Beteiligung und Partizipation im Sinne einer Teilhabe an strukturellen Veränderungen unterstützt werden. Als Problemlöse- und Ideenfindungsverfahren orientiert sich die Zukunftswerkstatt an den Bedürfnissen und Erfahrungen der TeilnehmerInnen der Werkstatt. Angewandt vor allem in Bereichen mit ökologischer oder gesundheitsfördernder Orientierung wird das Verfahren überall dort eingesetzt, wo Partizipation als zentrales Element mitgedacht werden soll. Dabei werden die Gruppenmitglieder als SpezialistInnen ihres Lebenskontextes verstanden, die selbstbestimmt und selbstwirksam ihre Zukunft gestalten können.

Zentrale Elemente der Zukunftswerkstatt sind die drei Phasen Kritikphase, Utopiephase und Umsetzungsphase. In der Kritikphase werden zu dem zentralen Thema Kritikpunkte gesammelt und diese dann systematisiert und bewertet. In der zweiten Phase, der Utopiephase, wird ein neuer Zugang zu dem Thema gesucht, indem jetzt die Phantasien und Utopien zum Thema im Mittelpunkt stehen. Diese utopischen Ideen werden gesammelt und dann erneut systematisiert. In der letzten Phase, der Umsetzungsphase, geht es darum, die utopischen Ideen und Einfälle schließlich zu fokussieren auf realistisch umsetzbare Projekte und diese Projekte möglichst detailliert zu planen. Eine Zukunftswerkstatt ist ergebnisorientiert, d.h. konkrete Projekte sollen geplant werden und über das Festlegen von Nachfolgeaktivitäten möglichst auch umgesetzt werden. In den bisherigen Zukunftswerkstätten genannte Kritik- und Ansatzpunkte beziehen sich vor allem auf Bereiche von Kommunikationsstrukturen innerhalb der Hochschule, eine gewünschte stärkere Vernetzung mit anderen Institutionen, eine stärkere Praxisorientierung und die Unterstützung des Überganges von der Hochschule in das Berufsleben. Projektansätze sind z.B. ein MentorInnen-Programm zur Betreuung der Studierenden oder ein MultiplikatorInnen-Programm zur Vermittlung berufspraktischer Fähigkeiten.

Von Gesundheitsförderung in der Hochschule zu einer gesundheitsfördernden Hochschule

Am Beispiel der Studienabschlußphase wird deutlich, welche vielfältigen Aufgaben Gesundheitsförderung in der Hochschule übernehmen kann, aber auch wie strukturelle und individuelle Faktoren das Wohlbefinden von Studierenden und Lehrenden beeinflussen. So sollte es in Hinblick auf die Studienabschlußphase eine spezifische Angebotsstruktur in den einzelnen Fachbereichen geben, die dann durch eine koordinierende Stelle mit weiteren fachübergreifenden Angeboten angereichert werden könnte. Im Sinne einer gesundheitsfördernden Hochschule wäre eine weitere sinnvolle Strategie die Bildung einer themenspezifischen Arbeitsgruppe, die im Sinne eines "Runden Tisches" (unter Einbeziehung aller relevanten Institutionen inner- und außerhalb der Hochschule und der Studierenden) Problembereiche identifiziert und Lösungsvorschläge erarbeitet und umsetzt. Auf diese Weise wären dann auch neue Kommunikationswege in die Organisation Hochschule eingeführt, die über das einzelne Anliegen hinaus Synergie-Effekte erzeugen können.

Weissinger (1996) hat in seiner ersten Zusammenfassung gesundheitsförderndder Angebote im Studium dargestellt, welche Formen von Gesundheitsförderung bislang umgesetzt wurden. So gibt es an vielen Hochschulen zu den unterschiedlichen Themenfeldern von Gesundheit bereits eine Reihe spezifischer Angebote durch verschiedene Institutionen innerhalb und außerhalb der Hochschule (wie z.B. Zentrale Studienberatungen, Psychosoziale Beratungsstellen, das Deutsche Studentenwerk mit unterschiedlichen Arbeitsschwerpunkten, Initiativen zur Vermittlung von Schlüsselkompetenzen, zur Existenzgründung oder zum Übergang in die Arbeitswelt, der Hochschulsport, Suchtberatungen, Sicherheitsingenieure und BetriebsärztInnen etc.), die sinnvoll unter dem Aspekt einer gesundheitsfördernden Hochschule vernetzt werden könnten.

Eine gesundheitsfördernde Hochschule hat viele Themen; sie betrifft die Studierenden in ihrem Studienkontext ebenso wie die Beschäftigten der Hochschule in ihrer Arbeitswelt. Mit diesen wesentlichen Zielgruppen für Gesundheitsförderung eröffnen sich auch vielfältige Themen und Felder, die im Sinne einer gesundheitsfördernden Hochschule gestaltet werden können. Die Umsetzung einer gesundheitsfördernden Hochschule ist ein Prozeß, der sowohl die Unterstützung der Hochschulleitung braucht wie auch die Beteiligung der Hochschulangehörigen; nur in diesem Zusammenspiel von Top-Down- und Bottom-Up-Strategien wird eine gesundheitsfördernde Hochschule ermöglicht. Essentiell ist daher eine Koordinierungsstelle für die gesundheitsfördernden Angebote der einzelnen Hochschule, die diese aufwendige und strategisch anspruchsvolle Aufgabe übernehmen kann; nur sie kann eine kontinuierliche Struktur bieten, um Gesundheitsförderung im Setting Hochschule umzusetzen (vgl. auch Dooris in diesem Band; Weissinger, 1996; Tsouros & Dowding, 1998) und die Weiterentwicklung bereits vorhandener Ressourcen zu einzelnen Themenbereichen ermöglichen.

Literatur

Antonovsky A (1987). Unraveling the Mystery of Health – How People manage stress and stay well. Jossey-Bass Publishers, San Francisco

Bachmann N (1999). Die Bedeutung sozialer Ressourcen im Studium. In: Bachmann N, Berta D, Eggli, P, Hornung R (Hrsg.). Macht Studieren krank? Die Bedeutung von Belastung und Ressourcen für die Gesundheit der Studierenden. Hans Huber, Bern

Bandura A (1977). Self-Efficacy: Toward a unifying theory of behavioral change. Psychological Review, 84:191-215

Brösskamp-Stone U, Kickbusch I, Walter U (1998). Gesundheitsförderung. In: Schwartz FW, Badura B, Leidl R, Raspe H, Siegrist J (Hrsg.). Das Public

Health Buch – Gesundheit und Gesundheitswesen. Urban & Schwarzenberg, München
Brunner S & Bachmann N (1999). Psychische und physische Gesundheit im Verlauf des Studiums. In: Bachmann N, Berta D, Eggli P, Hornung R (Hrsg.). Macht Studieren krank? Die Bedeutung von Belastung und Ressourcen für die Gesundheit der Studierenden. Hans Huber, Bern
Dooris M, Dowding G, Thompson J, Wynne C (1998). The setting-based approach to health promotion. In: Tsouros AD, Dowding G, Thompson J, Dooris M (Hrsg.) (1998). Health Promoting Universities. WHO Regional Office for Europe, Copenhagen
Eggli P (1999). Personale Ressourcen. In: Bachmann N, Berta D, Eggli P, Hornung R (Hrsg.). Macht Studieren krank? Die Bedeutung von Belastung und Ressourcen für die Gesundheit der Studierenden. Hans Huber, Bern
Filipp S (1995). Kritische Lebensereignisse. Beltz Psychologie Verlags Union, Weinheim
Grossmann R & Scala K (1994). Gesundheit durch Projekte fördern. Juventa, Weinheim
Jungk R & Müllert NR (1995). Zukunftswerkstätten - Mit Phantasie gegen Routine und Resignation. 5.Auflage. Heyne, München
Rappaport J (1984). Studies in Empowerment: Steps toward understanding and action. The Haworth Press, Prevention in Human Services, New York
Schwarzer R (1997). Gesundheitspsychologie. Hogrefe, Göttingen
Schwarzer R & Leppin A (1989). Sozialer Rückhalt und Gesundheit. Hogrefe, Göttingen
Schwarzer R & Leppin A (1994). Soziale Unterstützung und Wohlbefinden. In: Abele A & Becker P (Hrsg.). Wohlbefinden. Juventa, Weinheim
Tsouros AD & Dowding G (1998). A framework for action by a European network of Health Promoting Universities. In: Tsouros A, Dowding G, Thompson J, Dooris M (Hrsg.). Health Promoting Universities – Concept, experience and framework for action. WHO Regional Office for Europe, Copenhagen
Weissinger V (1996). Gesundheitsförderung im Studium - Aspekte zum Wohlbefinden im Lebensraum Hochschule. Lorenz-von-Stein-Institut für Verwaltungswissenschaften an der Christian-Albrechts-Universität Kiel
WHO (1986). Ottawa-Charta der Ersten Internationalen Konferenz zur Gesundheitsförderung in Ottawa. In: Trojan A & Stumm B (1992, Hrsg.). Gesundheit fördern statt kontrollieren. Fischer, Frankfurt am Main

Hans-Jürgen Simm, Kristin Unnold

Personalentwicklung als Mittel der Gesundheitsförderung an der Universität Bielefeld

Hintergründe des Projekts

In einer gemeinsamen Initiative von Personaldezernat, Personalräten und der Fakultät für Gesundheitswissenschaften wurden 1994 Möglichkeiten gesucht, einen integrierten Ansatz betrieblicher Gesundheitsförderung an der Universität Bielefeld zu realisieren. Hierzu wurden die besonderen Rahmenbedingungen an der Universität sowie denkbare Aktivitäten betrieblicher Gesundheitsförderung von einer Vorbereitungsgruppe beraten. Das Ergebnis war ein Konzept für einen integrierten Ansatz betrieblicher Gesundheitsförderung an der Universität Bielefeld.

Ende des Jahres 1994 beschloß das Rektorat, in Anlehnung an Modelle in Wirtschaftsunternehmen, die Etablierung eines Gesamtansatzes zur betrieblichen Gesundheitsförderung zu unterstützen. So wurden erstmals im universitären Bereich Gesundheit und Wohlbefinden am Arbeitsplatz zu einem zentralen Zielbereich der "Organisationskultur" gemacht. Das vorgelegte Konzept bindet die betriebliche Gesundheitsförderung in Rahmenkonzepte von Personalentwicklung, Qualifikation und Organisationsgestaltung ein. Das heißt, die isolierte Sichtweise auf Fragen des Arbeitsschutzes (Unfallverhütung, Gefahrstoffe, Vermeidung von Berufskrankheiten und Ergonomie) oder betriebliche Sozialleistungen (z.B. Suchtberatung) wurde durch eine zunehmende Orientierung an den Interessen der Beschäftigten ersetzt.

Betriebliche Gesundheitsförderung ist hier in einem zweifachen Interessenzusammenhang zu sehen: Neben dem Interesse der Universitätsleitung an Personalförderung steht das Interesse der Beschäftigten an gesundheitsorientierten Arbeitsplätzen und an einer unternehmerischen Gesamtverantwortung für die Lebensqualität der Beschäftigten. Ausgangspunkt eines solchen Ansatzes ist eine partizipative und komplexe Philosophie von Gesundheits- und Arbeitsgestaltung, deren Ziel die kontinuierliche Verbesserung der Arbeitsumgebung ist. Entsprechend steht ein Angebot zum Dialog, zum Aushandeln und zur Teilhabe aller Beteiligten an Gesundheitsschutz und Arbeitsgestaltung im Vordergrund des Vorgehens. Die technischen Aspekte der Arbeitsumgebung sind hier ebenso zu berücksichtigen wie die Auswirkungen von Arbeitsorganisation und Arbeitsbeziehungen auf Gesundheit. Kooperationsformen, denen es gelingt, das Erfahrungswissen der Beschäftigten mit dem Expertenwissen der Leitungsebenen für eine gesundheitsorientierte Gestaltung der konkreten Arbeitswelt in einem kontinuierlichen Optimierungsprozeß zu aktivieren und zu verbinden, haben sich an der Universität Bielefeld als Verfahren für Gesundheitsförderung im Arbeitsleben etabliert (vgl.: Erfahrungsberichte aus den Gesundheitszirkeln).

Bedingungen an der Hochschule

Die besonderen Bedingungen des Dienstleistungsbetriebs Universität erfordern die Entwicklung differenzierter Verfahren, die die bisherigen Instrumente der Gesundheitsförderung in Betrieben modifizieren und ergänzen. Die Universität ist sowohl durch dezentrale Organisationsformen gekennzeichnet (Fakultäten und Einrichtungen mit akademischer Selbstverwaltung sowie hoher Autonomie), als auch durch zentrale Organisationseinheiten (Universitätsverwaltung und technische Dienste), durch Dienstleistungsbereiche (Bibliothek, Hochschulrechenzentrum und Hochschulsport) und durch integrierte Einrichtungen mit eigener Verwaltung (Studentenwerk/Mensabetriebe). Darüber hinaus gibt es noch externe Anbieter und Dienste.

Es liegt in der Natur der Sache, daß Hochschulen, wenn sie an die Förderung der in ihnen arbeitenden Menschen denken, zuerst die Studierenden im Blick haben. Diese gilt es so gut es geht zu fördern und ihnen eine angemessene wissenschaftliche Ausbildung zu geben. Das ist neben der Forschung die Primäraufgabe der Universität. Daneben hat die Förderung der Beschäftigten lange nur eine untergeordnete Rolle gespielt. Es gab natürlich schon immer Weiterbildungs- und Qualifizierungsmaßnahmen, aber die hierfür vom Land vorgesehenen Mittel von 12,50 DM pro MitarbeiterIn und Jahr zeigen den Umfang und damit auch die Förderung, welche dieser zugemessen wurde. Erst in den letzten Jahren ist auch in den Universitäten die Erkenntnis gewachsen, daß deutlich mehr für das Personal getan werden muß. An dieser Stelle seien einige Zahlen genannt, die die Veränderungen in den zurückliegenden 30 Jahre verdeutlichen:

Die Universität Bielefeld, 1969 für zunächst 3.600 Studierende gegründet, hat heute 20.000 Studierende. Dieser drastischen Steigerung der Studierendenzahlen steht auf der anderen Seite ein deutlicher Rückgang der vom Land zur Verfügung gestellten Stellen, in den Jahren seit 1981 von 1.709 Stellen auf 1.650 Stellen 1998, gegenüber (Informations- und Pressestelle der Universität Bielefeld, 1998). Insgesamt bestehen an der Universität Bielefeld heute etwa 3.600 Beschäftigungsverhältnisse: ca. 2.400 hauptamtlich Beschäftigte, davon 1.350 wissenschaftlich und 1.050 nichtwissenschaftlich tätige Mitarbeiter und Mitarbeiterinnen, sowie 1.000 studentische oder wissenschaftliche Hilfskräfte und 200 Lehrbeauftragte. Das Finanzvolumen beträgt heute 254 Mio. DM, inklusive 45 Mio. DM sogenannter Drittmittel, die nicht über den Landeshaushalt, sondern von Dritten zur Verfügung gestellt werden. Im Bereich der Drittmittel hat eine Steigerung der eingeworbenen Mittel von 10 Mio. im Jahr 1981 auf 45 Mio. 1997 stattgefunden – das entspricht einer 450%igen Erhöhung. Der Personaletat selber umfasst 205 Mio. DM. Neben dieser Entwicklung hat auf Grund der technologischen Erneuerungen, insbesondere durch EDV, eine rasante Veränderung von Arbeitsverfahren an den Arbeitsplätzen eingesetzt. Für die Bewältigung der Aufgaben stehen der Universität zunehmend weniger Mittel und weniger Personal zur Verfügung. Hinzu kommen sich ständig verändernde Rahmenbedingungen, z.B. die stärkere Berücksichtigung betriebswirtschaftlicher und qualitätssichernder Aspekte, die eine weitere Qualifizierung des Personals notwendig werden lassen.

Betriebliche Gesundheitsförderung im Rahmen der Personalentwicklung an der Hochschule

Die Konsequenzen aus dieser Entwicklung waren die Einrichtung einer Abteilung für Personalentwicklung im Personaldezernat, eine deutliche Erhöhung der Mittel für die Weiterbildung des Personals, gezielte Schulungen unserer Führungskräfte, die Etablierung neuer Personalauswahlverfahren, die Einführung neuer Arbeitszeitmodelle sowie die Einrichtung partizipatorisch zusammengesetzter Arbeitsgruppen zur Erarbeitung von Vorschlägen für Entwicklungs- und Qualifizierungskonzepte für bestimmte Gruppen von Beschäftigten (z.B. für Büro- und Schreibkräfte). Diese Maßnahmen beziehen sich zunächst auf die nichtwissenschaftlichen Mitarbeiterinnen und Mitarbeiter, teilweise erreichen sie noch den wissenschaftlichen Mittelbau, weniger auf Professoren und Professorinnen sowie Lehrbeauftragte.

Im Verlauf der Überlegungen zur Personalentwicklung wurde deutlich, daß über die Qualifizierung, Weiterentwicklung und Leistung der Beschäftigten hinaus der Blick erweitert werden muß auf die Bedingungen an Arbeitsplätzen, die einen Einfluß auf die Qualität der geleisteten Arbeit haben. Die Motivation der Beschäftigen, unter anderem abhängig vom sozialen Klima am Arbeitsplatz - sowohl was die Atmosphäre unter den Kollegen und Kolleginnen, als auch die zwischen Vorgesetzten und Beschäftigten, angeht - hat einen großen Einfluß auf die Qualität der Arbeit. Ob die psychischen und physischen Belastungen am Arbeitsplatz gut bewältigt werden können oder ob sie krank machen, sind wichtige Fragen, deren Beantwortung im Rahmen der Personalentwicklung zu leisten ist.

Erste Schritte und konkrete Ergebnisse

Auf gemeinsame Initiative von Personalräten und Personaldezernat wurde 1994 unter der Moderation der Abteilung für Personalentwicklung die weiter oben erwähnte Arbeitsgruppe eingerichtet, die erste Überlegungen zur betrieblichen Gesundheitsförderung anstellen sollte. Dieser Arbeitsgruppe gehörten der Leiter des Personaldezernats und der Personalentwickler, Vertreterinnen der Personalräte der wissenschaftlichen sowie der technisch-administrativen Mitarbeiterinnen und Mitarbeiter, der Dezernent für Organisation, Vertreterinnen und Vertreter der Fakultät für Gesundheitswissenschaften, der Leiter der Abteilung für das Sicherheitswesen, der Betriebsarzt sowie eine Vertreterin des Hochschulsports an. Eine erste Analyse der gesundheitlichen Risiken der Arbeitsplätze an der Universität zeigte Belastungen durch Schadstoffe und Lärm trotz der Einhaltung von Grenzwerten (z.B. an Laborarbeitsplätzen), Verspannungen und insbesondere Rückenschmerzen an den Büroarbeitsplätzen, Beeinträchtigungen durch Klimaanlagen und Zugluft sowie Streß durch arbeitsorganisatorische Mängel und falsches Führungsverhalten.

Drei Erkenntnisse standen im Mittelpunkt unserer Überlegungen, deren Ergebnis die im folgenden beschriebenen sieben Bausteine unseres Konzepts für betriebliche Gesundheitsförderung bilden: Zum einen die Erkenntnis, daß es bei der Umsetzung solcher Konzepte nicht so sehr an Ideen und Initiativen mangelt, sondern vielmehr an integrierenden Konzepten und einer koordinierten Steuerung. Zum zweiten die Einsicht, daß es nicht so sehr darum geht, Angebote für bestimmte Personen zu entwickeln, sondern diese mit ihnen zu gestalten. Und zum dritten die Erfahrung, daß ohne ein Engagement der Leitungsebene derartige Konzepte sich nicht produktiv entfalten können.

Baustein 1: Arbeitskreis Gesundheit

Als Leitlinie eines hochschulspezifischen Konzepts gilt es, das bestehende Potential an Initiativen und Ressourcen zu nutzen und die Tradition der Kooperation und Selbstregulation in der Universität auch in diesem Bereich fortzuführen und einen fachlich-organisatorischen Rahmen für Anregung und Zusammenarbeit zu schaffen. So wird in diesem Arbeitskreis der an der Universität vertretene Sachverstand für Gesundheitsaktivitäten gebündelt. Der Arbeitskreis Gesundheit ist inhaltliches Forum und Koordinationsgremium. Er hat keine Entscheidungskompetenz, sondern erleichtert die Zusammenarbeit, lotet Erfordernisse und Handlungsmöglichkeiten aus, begleitet laufende und initiiert neue Programmaktivitäten und gibt Anregungen und Empfehlungen. Er tagt durchschnittlich einmal im Monat. Regelmäßig nehmen die beiden Personalräte (nicht-wissenschaftlicher und wissenschaftlicher Personalrat) sowie der Leiter der Personalentwicklung, ein Betriebsarzt, der Leiter der Abteilung Sicherheitswesen/Umwelt, Vertreterinnen und Vertreter der Fakultät für Gesundheitswissenschaften, die Leitung des Hochschulsports und der Fortbildungsbeauftragte der Universität an diesen Sitzungen teil. Darüber hinaus werden je nach Thema der Sitzung gezielt Vertreterinnen und Vertreter aus den jeweiligen Fakultäten und Einrichtungen eingeladen.

Baustein 2: Koordinationsstelle

Die Universität Bielefeld ist zur Zeit eine der wenigen Universitäten, die betriebliche Gesundheitsförderung auf konzeptioneller Basis betreibt. Aufgrund fehlender Stellenkapazität konnte die Einrichtung einer Koordinationsstelle bis Anfang 1999 nicht erfolgen. Die Folge war, daß die Geschäftsführung des Arbeitskreises durch den Personalentwickler erfolgen und die nötigen Zuarbeiten von den Mitgliedern des Arbeitskreises geleistet werden mußte. Derzeit unterstützt eine Mitarbeiterin auf einer halben Stelle die Koordination der Aktivitäten und Projekte der betrieblichen Gesundheitsförderung. Damit sind die Rahmenbedingungen insbesondere im Zusammenhang mit der Herstellung und Pflege von Kontakten (z.B. mit Krankenkassen, Landesunfallkassen, Ministerien und Sponsorenorganisationen) und der inhaltlichen Weiterentwicklung von Konzepten zur betrieblichen Gesundheitsförderung verbessert. Auch die Bearbeitung von Informationen und die Vorbereitung sowie Förderung von Projekten kann nun von dieser Stelle aus organisiert werden.

Baustein 3: Gesundheitszirkel

Der Arbeitskreis Gesundheit hat zum Thema, "Aufgaben, Ziele und Durchführung von Gesundheitszirkeln" Grundsätze entwickelt, die sich in der praktischen Durchführung als sinnvoll erwiesen haben. Aufgabe eines Gesundheitszirkels ist es zu klären, welche Arbeitsverrichtungen besonders fordernd und beanspruchend sind, wie oft sie auftreten und welche Möglichkeiten der Situationsbewältigung bestehen, ferner, ob die Arbeitssituation mit körperlichen oder psychischen Beschwerden einhergeht. Die Zirkelmitglieder haben die Aufgabe, für beschwerderelevante Situationen Verbesserungsvorschläge zu entwickeln. Im Mittelpunkt stehen Gestaltungsmaßnahmen technischer, organisatorischer oder personenbezogener Art. Die entwickelten Vorschläge beziehen sich sowohl auf das Verhalten am Arbeitsplatz als auch auf die Arbeitsverhältnisse. Vorrangiges Ziel eines Gesundheitszirkels ist es, das Wissen der direkt Beteiligten über Problemursachen und Lösungsmöglichkeiten zu aktivieren und Störungen, soweit wie möglich, auch durch die Beteiligten abzustellen. Im Einzelnen werden zunächst die vorhandenen Probleme gesammelt, dann wird eine Prioritätenliste der gesundheitlichen Beschwerden in ihrem unmittelbaren Arbeitszusammenhang erstellt, und nach einer Analyse der konkreten Situation werden Verbesserungsvorschläge erarbeitet. Diese werden vom Arbeitskreis Gesundheit ausgewertet der außerdem ihre Umsetzung begleitet. Einige Zeit nach Abschluß eines Gesundheitszirkels organisiert der Arbeitskreis ein erneutes Treffen der Zirkelgruppe zur Vornahme einer Erfolgskontrolle. Den Abschluß bildet dann eine vom Arbeitskreis koordinierte Informationsveranstaltung aller Beschäftigten des Bereichs.

Der Erfolg von Gesundheitszirkeln liegt darin begründet, daß hier ein organisatorischer Rahmen geschaffen wird, in dem wertvolles Erfahrungswissen der Mitarbeiterinnen und Mitarbeiter mit dem Sachverstand von Expertinnen und Experten und Führungskräften zusammengeführt wird. Auf der Grundlage eines partizipatorischen Ansatzes, d.h. einer gleichberechtigten Beteiligung aller Mitglieder im Zirkel, unabhängig von ihrer Position in der Universität, setzt sich der Gesundheitszirkel aus einer gemischten Kleingruppe von Beschäftigten einer homogenen Tätigkeitsgruppe (z.B. Ausleiharbeitsplätze), Vorgesetzten, Arbeitsschutzbeauftragten, Personalräten und Dienststellenleitung zusammen. Dieser Anspruch stellt hohe Anforderungen an alle Mitglieder des Zirkels. Die Diskussion um eine Bewertung der Problemkataloge sowie die Entwicklung konkreter Änderungsvorschläge soll sachbezogen geführt werden und nicht durch das status- und funktionsbezogene Rollenverhalten geprägt sein. Die Gesundheitszirkel sind eine vom Kanzler eingesetzte und durch die zuständigen Vorgesetzten unterstützte offizielle Arbeitsgruppe der Beschäftigten. Die Gesundheitszirkel finden in der Regel während der Arbeitszeit statt; die Teilnahme der Beschäftigten ist freiwillig. Insgesamt werden 8-10 Sitzungen von je 1-2 Stunden Dauer im Abstand von ca. 2 Wochen angesetzt.

Bisher wurden in der Universität Bielefeld zwei Gesundheitszirkel - einer in der Bibliothek und einer im Hochschulrechenzentrum - durchgeführt. Ein dritter - in einem Teil der Zentralverwaltung - befindet sich gerade in der Durchführung. Dabei handelt es sich um Bereiche, von denen bekannt war, daß unterschiedliche gesundheitliche Belastungen vorhanden waren.

Praxiserfahrung:
Der Gesundheitszirkel in der Universitätsbibliothek

Die Universitätsbibliothek ist eine Gesamtbibliothek mit 10 Ausleiharbeitsplätzen, an denen in der Zeit von 8.00 Uhr morgens bis 1.00 Uhr nachts 25 Mitarbeiter und Mitarbeiterinnen im Schichtbetrieb tätig sind. Der Buchbestand beläuft sich auf 1,8 Mio. Bände und 24.500 aktive Nutzer/innen. 1,4 Mio. Bücher werden pro Jahr ausgeliehen, das sind ca. 3.900 Ausleihen pro Tag. Der Gesundheitszirkel setzte sich aus sechs Beschäftigten, einer Vertreterin des Personalrats, einem Vertreter der Abteilung für Sicherheitswesen, einem Vertreter der Bibliotheksleitung, ein bis zwei Vorgesetzten und dem Betriebsarzt zusammen. Moderiert wurde er von einer geschulten Mitarbeiterin einer Krankenkasse. In 18 Sitzungen hat der Gesundheitszirkel zwei Arten von Belastungen, die gehäuft zu gesundheitlichen Beschwerden führen, herausgearbeitet: Zum einen handelt es sich um ergonomisch ungünstige Gestaltung von Arbeitsplätzen, die vor allem zu Beschwerden im Bereich der Schulter- und Nackenmuskulatur führt. Der andere Belastungskomplex bezieht sich auf psychosoziale Belastungen. Voneinander abgrenzen ließen sich in diesem Zusammenhang die Bereiche Betriebsklima und Arbeitsorganisation mit den Unterpunkten Führung, Informationspolitik sowie das Verhältnis der Mitarbeiterinnen und Mitarbeiter untereinander.

An konkreten gesundheitlichen Beschwerden wurden genannt: Kopfschmerzen, Augenbrennen, Schnupfen, Probleme mit Nasennebenhöhlen sowie Schmerzen im Schulter-Nackenbereich und Rücken. Diese Beschwerden wurden einerseits im Zusammenhang mit ergonomisch ungünstig gestalteten Arbeitsplätzen und andererseits im Rahmen von Umgebungseinflüssen, wie Zugluft, Lichtverhältnissen und Temperatur (bedingt durch die Klimaanlage) gesehen. Nachdem im Zirkel die wahrgenommenen Belastungs-Beschwerde-Zusammenhänge aufgenommen wurden, konnten Vorschläge zur Verbesserung entwickelt werden. Diese wurden in zwei Berichten verschriftlicht und dann im Arbeitskreis Gesundheit in Abstimmung mit den für die Umsetzung zuständigen Abteilungen der Universitätsverwaltung diskutiert.

Einige Verbesserungsvorschläge konnten kurzfristig realisiert werden, zu anderen, insbesondere bei den im Zusammenhang mit den Belastungen durch die Klimaanlage und den allgemeinen Auswirkungen von Innenraumbelastungen (Sick-Building-Syndrom) geforderten Veränderungen, konnte noch keine Einigung gefunden werden. Der umfangreichste Verbesserungsvorschlag, nämlich die Einführung eines Modellarbeitsplatzes, konnte jedoch inzwischen umgesetzt werden und befindet sich derzeit in der Testphase. Es handelt sich um einen unter modernsten Kriterien zusammengestellten integrierten Steh- und Sitzarbeitsplatz mit höhenverstellbarer und schwenkbarer Plattform.

Praxiserfahrung:
Der Gesundheitszirkel im Hochschulrechenzentrum

Der Gesundheitszirkel im Hochschulrechenzentrum sollte Vorschläge erarbeiten zu Verbesserungen der Arbeitsplatzgestaltung, des Arbeitsklimas und zur Übertragbarkeit auf andere Einrichtungen. Im Anschluß daran sollte ein universitätsweites Programm "Sitzen - Stehen - Gehen am Arbeitsplatz" erstellt werden. Teilgenommen haben 7 Beschäftigte, 1 Vorgesetzter (Leitung), 1 Vertreter und 1 Vertreterin vom Personalrat sowie nach Bedarf der Betriebsarzt. Im Unterschied zu dem Gesundheitszirkel in der Universitätsbibliothek standen von Anfang an Fragen der psychosozialen Arbeitsbelastung im Vordergrund. Mit Hilfe der externen Moderation konnten bereits nach wenigen Zirkelsitzungen umfangreiche Verbesserungsvorschläge zu Belastungen und Beanspruchungen, vor allem bezogen auf das Arbeitsklima der Mitarbeiter/innen untereinander sowie auf das Vorgesetztenverhalten, vorgelegt werden. Eine Reihe der Verbesserungsvorschläge wurde schnell aufgegriffen und umgesetzt. So wurden regelmäßige Besprechungen für alle Mitarbeiterinnen und Mitarbeiter eingerichtet, in denen wichtige Informationen ausgetauscht und die Arbeit betreffende Probleme bearbeitet werden können. Dadurch konnte die Kommunikation gefördert und die Zusammenarbeit zwischen den einzelnen Arbeitsgruppen verbessert werden. Informationswege wurden verkürzt, Veränderungen konnten transparent gemacht und schneller umgesetzt werden. Im Anschluß an die Auseinandersetzung über die psychosozialen Belastungen befaßte sich der Gesundheitszirkel mit konkreten Wirbelsäulenproblemen. Die Beschäftigten erlernten praktische Übungen und konnten sie auf ihre Tauglichkeit am Arbeitsplatz prüfen. Das Ergebnis ist ein spezielles Übungsprogramm, das während der Arbeitszeit am Arbeitsplatz durchgeführt werden kann. Außerdem wurde im Hochschulrechenzentrum eine Sprossenwand für Streckübungen und zur Entspannung der Muskulatur fest installiert.

Auswertung der Praxiserfahrungen

Bewertend kann nach Durchführung dieser Gesundheitszirkel festhalten werden, daß es den Beschäftigten in der angstfreien Atmosphäre der Zirkel leicht fiel, die Probleme zu benennen. Sehr positiv bewertet wurde von allen Betroffenen die Möglichkeit, ihre Probleme aufzeigen zu können, die Erfahrung zu machen, dabei ernst genommen zu werden, und insbesondere die Chance zu haben, an der Erarbeitung von denkbaren Lösungen aktiv mitwirken zu können. Durch die gleichberechtigte Position von Vorgesetzten und Mitarbeiterinnen und Mitarbeitern im Zirkel konnte die Kommunikation zwischen diesen Hierarchieebenen verbessert werden. Insgesamt hat sich der Zirkel auch positiv auf die Arbeitsatmosphäre an den Arbeitsplätzen ausgewirkt.

Baustein 4: Gesundheitsberichterstattung

Dem Anliegen, den Mangel an Information über die gesundheitliche Situation der Beschäftigten durch eine effiziente Gesundheitsberichterstattung auszugleichen, stehen die Befürchtungen insbesondere der Personalräte gegenüber, verwaltungsintern zusammengestellte Daten könnten zu Kontrollzwecken genutzt werden und zu einer individualisierenden Betrachtung des Themas Krankheit am Arbeitsplatz führen. Dennoch besteht Konsens darüber, daß nach datenschutzrechtlich abgesicherten Wegen für aussagekräftige Informationsgrundlagen gesucht werden sollte, um Zusammenhänge im Bereich von Arbeit und Gesundheit erkennen zu können und Hinweise auf Handlungsbedarf zu erhalten. Die Sondierung der verschiedenen Optionen geschieht im Arbeitskreis Gesundheit, eine abschließende Klärung steht jedoch noch aus.

Baustein 5: Projekte

An dieser Stelle sollen die Erfahrungen mit den an der Universität durchgeführten Gesundheitstagen sowie dem Gesundheitsprojekt: "Sitzen-Stehen-Gehen am Arbeitsplatz" berichtet werden.

Praxisbericht:
Gesundheitstage

An der Universität wurden bisher zwei Gesundheitstage durchgeführt. Ein dritter Gesundheitstag zum Themenschwerpunkt "Auswirkung von Führungsverhalten auf die Gesundheit" ist zur Zeit in Planung. Der erste Gesundheitstag im Juni 1995 diente dem Ziel, die Idee der betrieblichen Gesundheitsförderung in der Universität bekannt zu machen, und war insofern der Auftakt zu einer betrieblichen Gesundheitsförderung an der Universität Bielefeld. Das Konzept zur betrieblichen Gesundheitsförderung als Teil der Personalentwicklung, die Aufgabe des Arbeitskreises Gesundheit, Funktion und Ziele von Gesundheitszirkeln konnten somit einer großen Zahl von Beschäftigten (und Studierenden) vorgestellt werden. Anhand von Praxisbeispielen und Erfahrungen mit betrieblicher Gesundheitsförderung aus anderen wirtschaftlichen Bereichen konnte die Übertragbarkeit solcher Konzepte auf die Universität diskutiert werden. Daneben gab es eine Reihe von Veranstaltungen zu so unterschiedlichen Bereichen wie Bewegung/Spannung-Entspannung, Theater/Musik, Streßbewältigung, Mobbing, Ernährung, Lärm, Sucht, Arbeit und Umwelt, Arbeitsschutz, Unfallverhütung und vieles mehr.

Der 2. Gesundheitstag im November 1997 widmete sich schwerpunktmäßig dem Thema "Sitzen-Stehen-Gehen am Arbeitsplatz". Das vom Arbeitskreis Gesundheit zusammengestellte Programm war eine Mischung aus Messe, Präsentationen, Vorträgen und praktischen Übungen. Es bot den Beschäftigten Informationen und Anregungen zu gesundheitsbewußtem Verhalten und zu gesundheitsorientierten Verhältnissen am Arbeitsplatz. Im Mittelpunkt standen die Veranstaltungen rund um den gesunden Arbeitsplatz. Die Spannbreite der Veranstaltungen reichte von "Rückenfreundlichem Verhalten" über "Gesund gegessen – Schmerz vergessen" und "Ergonomie am Bildschirmarbeitsplatz" bis zur Möglichkeit, einen Sehtest durchzuführen, oder den Blutzucker bestimmen zu lassen. Einige Veranstaltungen wurden zum Thema Sportliches und Sportmedizinisches angeboten, unter anderem gab es im Fitneß-Center der Universität, Unifit, einen Tag der offenen Tür. Vorträge zu den Themen Feldenkrais oder Psychosomatik im Zusammenhang mit Rückenschmerzen und Wirbelsäule rundeten diesen Tag ab. Beide Gesundheitstage stießen auf große Resonanz, sowohl bei den Beschäftigten als auch bei den Studierenden.

Praxisbericht:
Gesundheitsprojekt "Sitzen–Stehen–Gehen am Arbeitsplatz"

Definiertes Ziel des Projekts war die Verbesserung des körperlichen, seelischen und sozialen Wohlbefindens der Universitätsangehörigen mit Hilfe der Gesundheitsbeeinflussung durch Verhaltensprävention, d.h. Verbesserung des individuellen Verhaltens bei den alltäglichen Arbeitsabläufen, und Verhältnisprävention, d.h. Verbesserung der Ergonomie und Schaffung eines geeigneten Arbeitsumfelds. Dabei liegt ein Verständnis zugrunde, das Prävention nicht nur im Sinne von "Verhütung der Entstehung von Krankheiten", sondern auch mit dem Ziel des Erlangens von Eigenständigkeit und Selbstverantwortung bei der Pflege der Gesundheit am Arbeitsplatz versteht. Der Arbeitsplatzbezug, die Suche nach einem Konsens aller Beteiligten sowie die Langfristigkeit und Ganzheitlichkeit der Maßnahmen sind Voraussetzung für ihren Erfolg. Konzeptionelles Ziel des Programms "Sitzen-Stehen-Gehen am Arbeitsplatz" ist die Koordination bestehender Angebote und Maßnahmen. Gesundheitsförderung in diesem Sinne ist als kontinuierlicher Lernprozeß zwischen Fachkräften, Beschäftigten und Führung zu institutionalisieren. Darum besteht das gesamte universitätsweite Gesundheitsprojekt "Sitzen-Stehen-Gehen am Arbeitsplatz" aus verschiedenen mehr oder weniger umfangreichen Teilprojekten:

Seit 1997 wird ein eigenständiges Kursprogramm zur betrieblichen Gesundheitsförderung angeboten. Das vom Arbeitskreis Gesundheit zusammengestellte Programm besteht vorwiegend aus bewegungsorientierten Veranstaltungen wie Rückenschulen, Wirbelsäulengymnastik und Entspannungstechniken. Die Kurse werden aus Mitteln der Hochschule finanziert und können zum Teil während der Arbeitszeit absolviert werden.

Im Rahmen des Gesundheitszirkels im Hochschulrechenzentrum wurde der Vorschlag entwickelt in jeder Verwaltungseinheit Personen mit Multiplikatorfunktion in speziellen Schulungen zu sogenannten "Rückenfreundinnen und Rückenfreunden", das heißt zu Ansprechpartnern und Ansprechpartnerinnen bei Rückenproblemen, zu qualifizieren. Nach Auffassung des Arbeitskreises Gesundheit sollten die zu schulenden Multiplikatorinnen und Multiplikatoren in den vorhandenen Strukturen bereits verankert sein, so daß keine neuen Fachleute benötigt werden. So fiel die Entscheidung, die Sicherheitsbeauftragten der Universität für diese Aufgabe auszuwählen. Sicherheitsbeauftragten obliegt die Meldung von Belangen im Zusammenhang mit dem Arbeitsschutz. Für diese Aufgabe sind sie in jeder Verwaltungseinheit benannt. Sie sind Anlaufstelle für alle Sicherheitsfragen und den damit zusammenhängenden gesundheitlichen Problemen. Vor diesem Hintergrund wurden die Sicherheitsbeauftragten zu "Rückenfreundinnen und Rückenfreunden" geschult. Inhalt der Schulung war einerseits die Vermittlung von Fakten- und Fachwissen, andererseits wurde die Handlungskompetenz geschult. Den Schwerpunkt der Schulung bildete der Bereich Kommunikationstraining, denn ohne über geeignete Kenntnisse aus der Gesprächsführung und Ebenen von Kommunikation zu verfügen, können Probleme, die am Arbeitsplatz im Zusammenhang mit Rückenbeschwerden auftreten, nur unzureichend thematisiert werden. Inhaltlich umfaßte die Schulung die Bereiche Ergonomie am Arbeitsplatz, Rückenfreundlichkeiten und Kommunikation über Gesundheit. Über die bereits erwähnten Grundtechniken der Gesprächsführung hinaus wurden universitätsinterne Verfahrenswege besprochen und das Thema Kooperation in der Universität aufgegriffen. Die durchgeführte Evaluation bestätigt den Erfolg dieser Schulung. Knapp die Hälfte hat die Fragebögen ausgefüllt, davon würden zwei Drittel die Schulung sehr empfehlen. Die Übrigen bezeichneten die Schulung als teilweise empfehlenswert. Alle geben an, neue Informationen zu Wirbelsäulenerkrankungen und ihrer Bedeutung für den betrieblichen Gesundheitsschutz erhalten zu haben. Alle haben neue praxisgeeignete Übungen zur Verhütung und Linderung von Rükkenbeschwerden erlernt. Bis auf zwei haben alle Informationen über den konkreten Umgang mit Problemen erhalten. Alle sagten aus, daß ihnen Wege aufgezeigt wurden, wie sie die Mitarbeiterinnen und Mitarbeiter bei ihren Problemen begleiten bzw. ihnen zeigen können, wo sie Unterstützung nachfragen können.

Baustein 6: Personalorientierte Trainings, Kurse und Beratung

Neben dem bereits erwähnten Kursprogramm zur betrieblichen Gesundheitsförderung sind die im Rahmen der Personalentwicklung durchgeführten Führungskräfteschulungen konzeptionell um den wichtigen Gesichtspunkt der betrieblichen Gesundheitsförderung erweitert worden. Heute ist betriebliche Gesundheitsförderung eine zentrale Aufgabe von Führung; dieses Verständnis wurde in die Praxis integriert und umgesetzt.

Baustein 7: Modellbegleitung und Transfer

Es ist beabsichtigt, mit Hilfe der Fakultät für Gesundheitswissenschaften und anderen etwaigen Kooperationspartnern (z.B. der ÖTV) eine Modellbegleitung zu organisieren.

Ausblick

Konkret sind für das Jahr 2000 folgende neue Projekte und Aktivitäten angedacht:

- Ein Projekt zur gesundheitlichen Situation von wissenschaftlich Beschäftigten
- Ein Projekt zur gesundheitlichen Situation von wissenschaftlich und technisch-administrativ Beschäftigten eines Bereichs der Universität (z.B. einer Fakultät)
- Die Durchführung eines Gesundheitstages zum Themenschwerpunkt "Gesundheit und Führung"
- Eine Evaluation zum Stand der Umsetzung des Programms "Rückenfreundlichkeiten am Arbeitsplatz"
- Das Erstellen einer Broschüre zu gesundheitsorientierten Beratungsangeboten an der Universität
- Die Organisation von Veranstaltungen zur betrieblichen Gesundheitsförderung innerhalb der Hochschule
- Die Mitarbeit in den entstehenden bzw. bestehenden Netzwerken zum Thema "Gesundheitsfördernde Hochschulen"
- Die Partizipation an und Initiierung von Tagungen, Diskussionen und Workshops zwecks Erfahrungsaustausch zum Thema "Betriebliche Gesundheitsförderung" in außeruniversitären Bereichen, von privatwirtschaftlichen Unternehmen bis zu kommunalen oder kirchlichen Einrichtungen

Literatur

Informations- und Pressestelle der Universität Bielefeld (Hrsg.) (1998). Statistisches Jahrbuch 1997/98 (Materialien zur Planung 20). Informations- und Pressestelle der Universität Bielefeld, Bielefeld

Verzeichnis der Autorinnen und Autoren

ANNETTE ALLGÖWER, Dr., Postdoctoral Fellow, Health Behavior Unit, Department of Epidemiology and Public Health, University College London, 2-16 Torrington Place, London WC1E 6BT, UK, email: annette@public-health.ucl.ac.uk. Arbeitsschwerpunkte: Gesundheitsverhalten von Studierenden, Eßstörungen, Mentale Gesundheit.

EVA ARNOLD, Dr. habil., Privatdozentin für Pädagogische Psychologie am Fachbereich Erziehungswissenschaft der Universität Hamburg. Institut für Schulpädagogik, Universität Hamburg, Von-Melle-Park 8, 20146 Hamburg, email: arnold.eva@erzwiss.uni-hamburg.de. Arbeitsschwerpunkte: Hochschuldidaktik, Beratung und Evaluation von Bildungseinrichtungen, Berufsethik.

WILFRIED BELSCHNER, Prof. Dr., Universität Oldenburg, FB Psychologie, AE Psychologie im Gesundheitswesen, Postfach 2503, 26111 Oldenburg, email: belschner@psychologie.uni-oldenburg.de. Arbeitsschwerpunkte: Gesundheitspsychologie, Public Health, Transpersonale Psychologie.

DIETMAR CHUR, Diplom-Psychologe, Leiter der Abteilung Schlüsselkompetenzen des Zentrums für Studienberatung und Weiterbildung, Zentrum für Studienberatung und Weiterbildung (ZSW); Ruprecht-Karls-Universität Heidelberg, Bergheimer Str. 20, 69115 Heidelberg, email: dietmar.chur@urz.uni-heidelberg.de. Arbeitsschwerpunkte: Konzeption von Beratung, Erwachsenenbildung, freiberuflich: (Organisations-)Beratung, Training, Psychotherapie.

EVELYNE DE LEEUW, Dr., WHO Collaborating Centre for Research on Healthy Cities, Universiteit Maastricht, PO Box 616, 6200 MD Maastricht, The Netherlands, email: evelyne.deLeeuw@GVO.UNIMAAS.NL.

MARK DOORIS, Senior Lecturer, Co-ordinator of the Health Promoting University Initiative, Department of Health Studies, Faculty of Health, University of Central Lancashire, Preston PR1 2HE, UK, email: m.t.dooris@uclan.ac.uk. Main areas of research: health and sustainable development, arts and health and health promoting settings.

PETER FRANZKOWIAK, Prof. Dr., FB Sozialwesen (früher: Sozialarbeit), Fachhochschule Koblenz, Lehrgebiete: Sozialmedizin und angewandte Gesundheitswissenschaft, Finkenherd 4, 56075 Koblenz, email: fbsa@fh-koblenz.de. Arbeitsschwerpunkte: Sucht- und Aidsprävention, Risikoverhalten Jugendlicher, Geschlechtsbezug in der Prävention, Geschichte, Theorie und Praxis der Gesundheitsförderung, Verhältnis von Sozialer Arbeit und Gesundheitswissenschaften/Public Health.

HEINZ GASTORF, Diplom-Sozialarbeiter (FH), Studium 1996-99 am FB Sozialarbeit der Fachhochschule Koblenz, Stralsunder Str. 9, 56075 Koblenz. Praxisschwerpunkt im Studium in der Gesundheitshilfe.

SILKE GRÄSER, Diplom-Psychologin, Universität Oldenburg, FB Psychologie, AE Psychologie im Gesundheitswesen, 26111 Oldenburg, Postfach 2503, email: graeser@psychologie.uni-oldenburg.de. Arbeitsschwerpunkte: Gesundheitspsychologie, Institutionelle Gesundheitsförderung und Interventionsmethoden, Evaluation.

BURKHARD GUSY, Dr., wissenschaftlicher Angestellter am Institut für Prävention und psychosoziale Gesundheitsforschung, Freie Universität Berlin (FB 12; WE 09), Habelschwerdter Allee 45, 14195 Berlin, email: gusy@zedat.fu-berlin.de. Arbeitsschwerpunkte: Gesundheitspsychologie, Arbeits- und Organisationspsychologie, Evaluation und Qualitätssicherung psychosozialer Arbeit, psychischer Streß am Arbeitsplatz und Burnout.

DIETER KLEIBER, Prof. Dr., Leiter des Institutes für Prävention und psychosoziale Gesundheitsforschung, Freie Universität Berlin (FB 12; WE 09), Habelschwerdter Allee 45, 14195 Berlin, e-mail: kleiber@zedat.fu-berlin.de. Arbeitsschwerpunkte: Gesundheits- und Gemeindepsychologie, Klinische Psychologie und Psychotherapie, Drogen-, Aids- und sexualwissenschaftliche Forschung, Sozialepidemiologie und psychosoziale Versorgung.

DARIA KNOCH, Lic.Phil., Hochschulassistentin am Psychologischen Institut der Universität Zürich, Abt. Sozialpsychologie, Universität Zürich, Raemistr. 66, 8001 Zürich, Schweiz, email: dako@sozpsy.unizh.ch. Arbeitsschwerpunkte: Geschlecht und Gesundheit, Gesundheitsförderung.

GERJO KOK, Professor of health education and health promotion, Dean of the School of Psychology of UM, Universiteit Maastricht, PO Box 616,6200 MD Maastricht, The Netherlands, email: G.Kok@psychology.unimaas.nl. Main areas of research: AIDS prevention.

PETRA KOLIP, Dr. habil., Abteilungsleiterin am Institut für Sozial- und Präventivmedizin der Universität Zürich, Sumatrastr. 30, 8006 Zürich, Schweiz, email: kolip@ifspm.unizh.ch. Arbeitsschwerpunkte: Frauengesundheitsforschung, Jugendgesundheitsforschung, Evaluationsforschung.

ALEXANDER KRÄMER, Prof. Dr., Leiter der AG Bevölkerungsmedizin und biomedizinische Grundlagen, Fakultät für Gesundheitswissenschaften, Universität Bielefeld, Postfach 100 131, 33501 Bielefeld, email: akraemer@uni-bielefeld.de. Arbeitsschwerpunkte: Gesundheit von Studierenden, Infektionsepidemiologie, Public Health and Community Medicine.

FRANK NESTMANN, Prof. Dr., Technische Universität Dresden, Fakultät Erziehungswissenschaften, Institut für Sozialpädagogik und Sozialarbeit, 01062 Dresden. Arbeitsschwerpunkte: Soziale Netzwerke und soziale Unterstützung, Alltägliche Hilfe, Beratung, Counseling Psychology.

GUNDULA NEUKIRCHEN, Diplom-Sozialarbeiterin (FH), Studium 1996-99 am FB Sozialarbeit der Fachhochschule Koblenz, Gartenstr. 21, 56237 Wittgert. Arbeitet selbstständig in der sozialpädagogischen Familienhilfe.

FRANS NIJHUIS, Professor of workplace health promotion, Professor of psychology and work, Department of Healthcare Organisation, Policy and Economics HOPE, Director of a rehabilitation institute, PO Box 616, 6200 MD Maastricht, The Netherlands, email: Frans.Nijhuis@beoz.unimaas.nl.

PETER PAULUS, Prof. Dr., Universität Lüneburg, Institut für Psychologie, FB Erziehungswissenschaft, Scharnhorststr. 1, 21335 Lüneburg, email: paulus@uni-lueneburg.de., Leiter der wissenschaftlichen Begleitung des BLK-Modellversuchs "OPUS – Offenes Partizipationsnetz und Schulgesundheit – Gesundheitsförderung durch vernetztes Lernen (1997-2000)".

LUISE PRÜFER-KRÄMER, Dr., Arbeitsfeld International Public Health, Fakultät für Gesundheitswissenschaften, Universität Bielefeld, Postfach 100 131, 33501 Bielefeld. Arbeitsschwerpunkte: Tropenmedizin, Migration und Gesundheit.

HANS-JÜRGEN SIMM, Jurist, Personaldezernent der Universität Bielefeld, Universität Bielefeld, Dezernat III.3, Postfach 100 131, 33501 Bielefeld.

MICHAEL SOBHAN-SARBANDI, MPH, Diplom-Sportwissenschaftler, c/o health consulting GmbH, August-Bebel-Str. 56, 33602 Bielefeld, email: sarbandi@aol.com.

UTE SONNTAG, Diplom-Psychologin, Referentin für Gesundheitsförderung in der Landesvereinigung für Gesundheit Niedersachsen e.V., Koordinatorin des Arbeitskreises Gesundheitsfördernde Hochschule in der Landesvereinigung, Fenskeweg 2, 30165 Hannover, email: lv-gesundheit.nds@t-online.de. Arbeitsschwerpunkte: Frauengesundheitsforschung, Umsetzung von Gesundheitsförderung, stadtteilorientierte Gesundheitsförderung, Alter(n) und Gesundheit, gesundheitsfördernde Hochschule, sexuelle Übergriffe in Therapie und Beratung.

SABINE STIEHLER, Diplom-Soziologin, Technische Universität Dresden, Zentrale Studienberatung, 01062 Dresden, email: stiehler@Rcs1.urz.tu-dresden.de. Arbeitsschwerpunkte: Familiensoziologie, Beratung.

CHRISTIANE STOCK, Dr., Hochschulassistentin in der AG Bevölkerungsmedizin und biomedizinische Grundlagen, Fakultät für Gesundheitswissenschaften, Universität Bielefeld, Postfach 100 131, 33501 Bielefeld, email: cstock@uni-bielefeld.de. Arbeitsschwerpunkte: Gesundheit von Studierenden, Streßforschung, Gesundheitsförderung.

JAQUES TSCHIANG TSCHIANANGA, Ernährungswissenschaftler, email: Jtschiang@hrz.uni-bielefeld.de. Arbeitsschwerpunkte: Internationale Gesundheit, Ernährung und Gesundheit.

AGIS TSOUROS, MD, PhD, Head WHO Centre for Urban Health, Regional Adviser for Public Health Functions and Infrastructures, Coordinator of the Healthy Cities Programme, World Health Organization, Healthy Cities Office, Centre for Urban Health, 8 Scherfigsvej, 2100 Copenhagen, Denmark, email: ats@who.dk. Main areas of activities: strategic management, policy development, communication and teambuilding.

KRISTIN UNNOLD, Diplom-Psychologin, Koordinatorin für betriebliche Gesundheitsförderung, Universität Bielefeld, Dezernat III.3, Postfach 100 131, 33501 Bielefeld.